Frederik Hetmann
Der Mann der sich verbarg
Nachforschungen über B. Traven

Ernst Klett Stuttgart

CIP-Kurztitelaufnahme der Deutschen Bibliothek
Hetmann, Frederik:
Der Mann der sich verbarg:
Nachforschungen über B. Traven /
Frederik Hetmann. – 1. Aufl. – Stuttgart:
Klett, 1983. (Klett-Kaktus)
ISBN 3–12–920052–5
Vw: Kirsch, Hans Christian [Wirkl. Name] –
Hetmann, Frederik

ISBN 3-12-920052-5

Erste Auflage 1983
Alle Rechte vorbehalten
Fotomechanische Wiedergabe nur mit
Genehmigung des Verlages
© Ernst Klett, Stuttgart 1983
Umschlagentwurf: Manfred Muraro
Satz: Fotosatz A. Grage, Filderstadt
Druck: Gutmann, Heilbronn

Vorrede 6
Geburt 12
Kindheit 18
Café Altamira: Die Frühzeit Mexicos 26
Der Schauspieler 42
Café Altamira: Von Cortes zu Kaiser Maximilian 58
Der Redakteur 70
Café Altamira: Zapata oder die Revolution in Mexico 84
Der Revolutionär 100
Café Altamira: Posada und Rivera oder die Kunst für das Volk 118
Der Flüchtling 136
Marut=Traven=Torsvan 150
Das Totenschiff 168
Photograph und Ingenieur 178
Der Schatz der Sierra Madre 186
Die Detektive der Identität 196
Die Dschungelromane 214
Nachspruch oder Umriß einer Gesinnung 226
Ein Gespräch mit Theo Pinkus 230
Vermutlicher Lebenslauf 248
Bibliographie 252
Worterklärung 254

Vorrede

„... Heiratsdokumente, Sterberegister, Geburtsbücher, Verkaufsregister, Steuerlisten, überhaupt alles, was Papier ist mit Stempel und Schreiberei. Wenn das alles einmal verbrannt ist, dann weiß niemand mehr, wer er ist, wie er heißt, wer sein Vater war und was seinem Vater gehörte. Dann kommen keine Erben mehr angelaufen, die mit Papieren in der Luft herumwedeln. Dann seid ihr die einzigen Erben, und dann bleibt ihr die einzigen Erben, weil niemand mehr etwas beweisen kann. Wozu braucht ihr denn Geburtsregister? Ihr habt Hunger, und das ist Beweis genug, daß ihr geboren wurdet und daß ihr lebt. Und wozu braucht denn die Welt Heiratsregister? Du lebst mit der Frau, die dich gern hat, und machst ihr Kinder, und dann seid ihr eben verheiratet. Was braucht ihr denn da noch Papiere, damit ihr es wißt. Die Papiere sind nur da, damit man euch die Erde, die ihr bebaut, wieder wegnehmen kann. Wer die Erde bebaut, dem gehört sie..."

B. Traven, Die Rebellion der Gehenkten

Wer war dieser Mann, dem wir es verdanken, wenn wir in
unserer Jugend eine Ahnung davon bekamen, wie die
Wirklichkeit dieser Welt aussieht?
Wer war er?
Ich kann mich noch genau daran erinnern, was damals seine
Bücher für mich bedeuteten:
mit dabei zu sein auf dem „Totenschiff", über dessen Mannschaftsquartier der Spruch stand, ähnlich dem, den Dante schrieb für
das Tor der Hölle:

Wer hier eingeht,
Des Nam' und Sein ist ausgelöscht.
Er ist verweht,
Von ihm ist nicht ein Hauch erhalten
In der weiten, weiten Welt.
Er kann zurück nicht gehn,
Nicht vorwärts schreiten,
Da, wo er steht, ist er gebannt.
Ihn kennt nicht Gott und keine Hölle.
Er ist nicht Tag, er ist nicht Nacht.
Er ist das Nichts, das Nie, das Nimmer.
Er ist zu groß für die Unendlichkeit
Und ist zu winzig für das Sandkörnlein,
Das seine Ziele hat im Weltenall.
Er ist das Niegewesen
Und das Niegedacht!

... mit dabei zu sein, als sie herumgingen, gestrandet, arbeitslos,
nur noch ein paar Cents in der Hosentasche, im Hafen
von Tampico.
... mit dabei zu sein, als sie sich gegenseitig an
die Kehle sprangen in wahnwitziger Gier.
... mit dabei zu sein, wenn schließlich der Goldstaub
in alle Winde verweht wird;
... mit dabei gewesen zu sein,
als der General aus dem Dschungel kam,
die alte Ordnung abgeschafft wurde,
und die Revolutionsverfassung in Kraft trat,
Viva la Rebelion! Tierra y Libertad!

als Land an die besitzlosen Campesinos gratis verteilt
wurde. –

Wer war dieser Mann,
der uns auf all diese Reisen und Wege mitnahm,
der unser soziales Gewissen
mit nichts als Wirklichkeit und nocheinmal Wirklichkeit
vielleicht noch mehr aufstachelte
als die Verse der Bergpredigt?
Wer war dieser Mann,
der uns bestätigte,
es gäbe Menschen, die seien schon bei lebendigem
Leibe gestorben, ohne es zu merken,
wer aber der Not ins Gesicht sehe,
wer bereit sei, sich auf die Seite derer zu stellen,
die elend sind,
rechtlos,
ausgebeutet,
betrogen,
getreten,
hungernd, nicht nur nach Brot,
sondern auch nach Wissen und Würde,
der bleibe lebendig, überlebe seinen Tod?
Wer war dieser Mann,
der Gespenster einsetzte in unsere Herzen?
Gespenster, die mein Bewußtsein seit damals
nie mehr völlig verliessen.
Gespenster, die immer wieder aufschreien, toben,
kreischen, randalieren und rebellieren,
die umgehen in meinen Träumen
unter Zähneknirschen,
wenn ich höre von
Mordtaten und abermals Mordtaten
im Auftrag einer christlich-demokratischen Junta
in El Salvador,
von der Enteignung arabischer Bauern auf der Westbank,
wenn ich lese über die Folterungen
von Leningrad bis Santiago de Chile;

von Vietnamesen, die auf löchrigen Planken treiben,
unter die Seeräuber fallen
und denen kein Hafen sich öffnet
zwischen Formosa und Singapur;
wenn ich mich erinnere
an die Gesichter der lebendigen Hungerleichen
von Kindern in den Versorgungsstellen für hungernde und
kranke Kinder des nigerianischen Urwaldes in einem der
vielen Kriege ums Erdöl,
wenn das Bild des Türken
mich von der letzten Seite der Zeitung aus anspringt,
illegal eingereist
in unsere wunderstrahlende Republik
und abgeschoben in seine Heimat
vor die Läufe der Erschiessungskommandos.
Wer war dieser Mann,
der die Macht besaß, Trägheit und Gleichgültigkeit
in unseren Seelen nie ganz obsiegen zu lassen?
Wer?
Ein desertierter amerikanischer Matrose?
Ein vor den Bolschewisten geflüchteter Großfürst?
Ein Farbiger, der es gewagt hatte,
in den Südstaaten der USA eine weiße Frau zu lieben?
Ein deutscher Offizier aus dem Kapp-Putsch?
Ein Leprakranker,
so entstellt im Gesicht,
daß er sich niemandem mehr zeigen wollte?
Jack London,
der eingesehen hat, daß nichts erfolgloser ist
als Erfolg,
der Selbstmord vortäuschte,
in Yucatan untertauchte,
weiterlebte und weiterschrieb?

Die Frage: Wer war der Mann, der sich Traven nannte? haben die Detektive der Literatur weitgehend gelöst. Es war ein mühsames, langwieriges, kostenaufwendiges Geduldsspiel.

Am Ende steht das Bild des Mannes, der sich Anonymität wünschte, der vergessen zu werden wünschte.

Die Stationen seines Lebens sind nun genau bekannt. Er ist seiner Tarnung entkleidet. Als ob man jemandem die Kleider vom Leib gerissen hätte.

Wissensdurst, Neugier, Scharfsinn, Sensationslust haben triumphiert.

Man kann über das Leben dieses Mannes einen Dokumentarfilm drehen. Jeder Fakt, jede Aussage ist mit Dokumenten belegbar. Aber wissen wir damit mehr über diesen Menschen? Wir kennen die Situation, scheinen außerordentlich genau informiert zu sein und wissen doch das Entscheidende nicht.

Eine Frage ist verlorengegangen im Eifer der detektiven Ermittlungen. Es wird jetzt Zeit, sie zu stellen. Die Frage lautet: Warum versucht jemand mit aller Gewalt, die Welt den Namen, unter dem er geboren worden ist, vergessen zu lassen?

Warum versucht jemand unter soviel Eifer, Phantasie und Aufwand, in der Anonymität unterzutauchen?

Diese Frage ist die Frage meines Buches. Die Antwort, so behaupte ich, besagt nicht nur etwas über das Wesen dieses Mannes und über seine Zeit. Sie besagt etwas über uns.

In dem Zimmer, in dem ich schreibe,
hängt ein Jutesack an der Wand,
ein alter Kaffeesack aus Mexiko,
auf dem steht in blauer Farbe,
anzusehen wie eine Tätowierung,
CAFÉ ALTAMIRA
und darüber in verwaschenem Rot
ALTURA CHIAPAS.
Wer ist der Mann, der sich Traven nannte?
Schon längst habe ich mir vorgenommen,
diesen Sack mit Geschichten zu stopfen.
Was erlebte dieser Mann, der sich Traven nannte?
Was hat er gedacht, gefürchtet, gewünscht?
Ich habe ihn für Euch ausgegraben.
Kommt her und beseht sein Leben.

Geburt

„Sie sollten aber Papiere haben, damit Sie mir
beweisen können, wer Sie sind",
sagte der Polizeioffizier.
„Ich brauche keine Papiere; ich weiß,
wer ich bin", sagte ich.

B. Traven, Das Totenschiff

Am 23. Februar 1882 gegen 10 Uhr morgens bringt in der damals zum Deutschen Reich, heute zur Volksrepublik Polen gehörenden Kleinstadt Schwiebus (Swiebodzinie) die 23jährige Textilarbeiterin Hormina Wienecke ein Kind männlichen Geschlechts zur Welt, das den Vornamen Hermann, Albert, Otto, Maximilian erhält. Als Kindsvater gibt die Geburtsurkunde einen Adolf Rudolf Feige an, dessen Beruf mit „Töpfer" bezeichnet wird. Der Standesbeamte könnte aber stattdessen wohl auch Ziegeleiarbeiter geschrieben haben.

Dieser Adolf Rudolf Feige ist der Sohn eines Webers aus Finsterwalde. Er ist um ein Jahr älter als die Kindsmutter. Er erkennt, was ja nicht selbstverständlich ist, die Vaterschaft am 30. Mai 1882 noch einmal ausdrücklich an. An eben diesem 30. Mai heiraten Adolf Rudolf Feige und Hormina Wienecke.

Zu diesen Fakten, die herausgefunden zu haben das Verdienst Will Wyatts ist, muß noch einiges angemerkt werden.

Mit ihren 23 Jahren ist Hormina oder Hermine, wie die deutsche Schreibweise dieses Vornamens lautet, nicht mehr gerade jung.

Daß Mädchen vor der Ehe schwanger werden und darauf erst heiraten, war in der sozialen Gruppe, aus der Hormina kommt, so selten nicht. Die Moralvorstellungen in diesem Punkt sind im Bürgertum damals gewiß strikter als heute gewesen. In der Unterschicht war das nicht unbedingt so. Zu heiraten, das kostete Geld, und wer am Rande des Existenzminimums lebt, der ist gezwungen, sich unter Umständen über die Moral hinwegzusetzen. Der Grund dieser verspäteten Heirat kann ganz einfach gewesen sein.

Adolf Feige leistet zu dieser Zeit seinen Militärdienst ab, der im Deutschen Kaiserreich zwei Jahre dauert. Urlaub zu bekommen, um noch rasch zu heiraten, ehe das Kind geboren wurde, scheint damals nicht ohne weiteres möglich gewesen zu sein.

Adolf hat Hormina geheiratet, sofort nachdem der Militärdienst beendet war.

Auch eine dritte Möglichkeit kann nicht ausgeschlossen werden, und es gibt zumindest einige nicht unwesentliche Indizien, die es nahelegen, diese Situation mit zu bedenken.

Hormina könnte ein Kind von einem anderen Mann erwartet haben. Der zahlt ihr eine Abfindung, mit diesem Geld wird ein Bräutigam gekauft, ein Mann, der etwas Geld gut gebrauchen kann. Später heiratet er die Kindsmutter.

Es gibt Gerüchte, denen zu Folge der tatsächliche Vater des als Otto Feige ins Geburtsregister eingetragenen Kindes niemand anders gewesen sei als der spätere letzte deutsche Kaiser, Wilhelm II.

Wenn man Fotografien von Otto Feige als erwachsener Mann mit denen Wilhelm II. vergleicht, ist eine gewisse Ähnlichkeit vorhanden. Das allein ist natürlich kein hinreichender Beweis für die Vaterschaft des hohen Herren.

Andererseits ist auch der Umstand, daß der damalige Kronprinz Wilhelm um die Zeit der Zeugung des Kindes, genau am 26. Februar 1881, die Prinzessin Auguste Victoria von Schleswig-Holstein geheiratet hat und danach mit seiner jungen Frau als Offizier in Potsdam lebt, kein letztgültiger Beweis gegen den Wahrheitsgehalt solcher Gerüchte.

Mehr dagegen besagen schon die Meinungen seriöser Biographen, Wilhelm sei alles andere als ein Frauenheld gewesen, ja, er habe sich überhaupt Zeit seines Lebens mehr zu Männern als zu Frauen hingezogen gefühlt.

Bei genauerer Betrachtung scheint an den Gerüchten betreffend die Vaterschaft Wilhelms II. kein wahres Wort. Wie sie entstanden sind, ist hingegen leicht erklärbar.

Die Schadenfreude und der Klatsch, als sich Horminas Schwangerschaft herausstellte. Getuschel hinter vorgehaltener Hand. So vielleicht:

„Ein hoher Herr soll's gewesen sein... ein Adeliger, was Besseres eben, du verstehst schon, und der gutmütige Adolf hat sich's dann anhängen lassen müssen. Da sieht man's ja wieder mal. Mit Geld ist eben alles zu machen. Wer genug Geld hat, der kann sich sogar einen Vater für das Kind kaufen, das er so einem armen Ding anhängt."

Die Phantasie der Menschen setzt sich selten enge Grenzen. Das Kitschig-Sensationelle ist manchem Arbeiter und Kleinbürger eine wunderbare Möglichkeit, sich aus der eigenen Bedürftigkeit und dem grauen und monotonen Alltag in das Märchendasein der Prinzen und Könige hineinzuträumen.

Wenn der erste, der ein solches Gerücht aufbrachte, vielleicht noch von irgendeinem vornehmen, adligen Herrn gesprochen hat, wurde beim Zweiten, der das Gerücht weitererzählte, schon ein Herzog und beim Dritten schon ein Prinz daraus.

Auch die Vorbilder für solche Phantasien lassen sich benennen. Die Romane der Marlitt oder andere Trivialromane aus dieser Zeit gegen Ende des 19. Jahrhunderts sind Beispiele. Der Traum vom armen Kind, dessen wirklicher Vater lange verborgen bleibt, und dessen Auftritt mit einem Donnerschlag alle Probleme löst, gehört schon zu den klischeehaften Mustern in der Handlung solcher Romane.

Es ist die Zeit der Gründerjahre, des Imperialismus, eines Deutschen Reiches, das als Weltmacht ernst genommen werden will, eine Zeit, in der das Männliche und das Militärische hoch im Kurs stehen. Die Kehrseite einer solchen Verherrlichung und Bewunderung ist ein Gran Unsicherheit.

Wer die Mutter eines Kindes ist, wird sich zumeist mit großer Sicherheit sagen lassen. Wer der Vater eines Kindes ist, nicht. In Gerüchten, in Tagträumen, in den Handlungen der Geschichten von Trivialliteratur werden Wunschvorstellungen befriedigt, reagieren sich Ängste ab. Wunsch vieler Armer war es, plötzlich ganz reich zu sein. Geheime Angst vieler, mit militaristischem Männlichkeitswahn auftrumpfender Helden ist es vielleicht gewesen, von ihren Frauen hintergangen zu werden. Man fürchtet sich selbst vor dererlei, aber das darf man nicht zugeben. Also überträgt man solche Ängste auf andere: „Dieser Rudolf soll gar nicht der Vater des kleinen Otto sein, hab ich gehört!"

Kindheit

*„Eine Geschichte, die nicht wahr ist,
gut zu erzählen, ist eine Gabe, my boy.
Sie sind ein Künstler, wissen Sie das?"*

B. Traven, Das Totenschiff

Es gibt eine merkwürdige Tatsache, die auch dazu beigetragen haben mag, daß solche Gerüchte entstanden und fortlebten. Adolf hat Hormina geheiratet und ihr seinen ehrlichen Namen gegeben. Das Kind aber, das sie schon vor der Eheschließung zur Welt gebracht hat, der kleine Otto, bleibt bei ihren Eltern.
Otto muß zunächst seine Großeltern als Eltern erlebt haben. Sie haben ihn ausgesprochen verwöhnt. Gerade weil die Großeltern so liebevoll mit dem kleinen Otto umgegangen sind, ist die Bindung an sie stark, wird er sie gar nicht als Großeltern, sondern als Eltern kennengelernt haben.
Der Aufenthalt bei den Großeltern endet, als Otto etwa sechs Jahre alt ist. Um das Jahr 1888 wird der Großvater krank, und Hormina setzt durch, daß sie ihr erstgeborenes Kind zu sich nehmen darf. Sie hat inzwischen zwei weitere Kinder zur Welt gebracht, Willi Ende des Jahres 1884 und Gertrud im Mai 1888. Otto verträgt diese Verpflanzung in die andere Familie schlecht. Außerdem protestieren die bisherigen Pflegeeltern. Großmutter und Großvater fällt es schwer, sich ein Leben ohne ihr Ottochen vorzustellen. Hormina verspricht, den Jungen zurückzubringen, sobald es ihrem Vater besser gehe. Aber es wird nicht mehr besser mit dem Alten, und Otto bleibt bei seinen Eltern.
Es gibt einen naheliegenden Grund, weshalb das Kind in den ersten Lebensjahren bei den Großeltern untergebracht worden ist:
Die finanzielle Lage des Ehepaars Feige scheint in diesen Jahren nicht allzu rosig gewesen zu sein. Die Feiges übersiedeln zunächst in Adolfs Heimatort Finsterwalde. In den nächsten Jahren ziehen sie nach Grünberg. Dort werden ihnen weitere drei Kinder geboren. Als Otto zehn ist, geht es wieder nach Schwiebus zurück. 1893 kommt seine Schwester Margarethe zur Welt, 1895 sein Bruder Ernst. Damit hat nun der reichliche Kindersegen sein Ende.
Die Mutter ist eine regsame Frau. Sie schreibt die Briefe für andere Leute, die nie schreiben gelernt haben. Sie ist geschickt in Handarbeiten. Sie spielt mit den Kindern Theater, und die Amateurgruppe reist mit den einstudierten Stücken sogar zu Gastspielen in die Ortschaften der Umgebung. In der Familie gibt sie den Ton an. Wenn sie sagt, wir müssen dies oder jenes tun, heißt das, ihr Mann hat das zu erledigen.

Ottos Situation in dieser Familie hat seine bis 1981 lebende Schwester mit dem Satz umschrieben:
„Er fühlte sich nie bei uns zu Hause."
Rückschauend schildert sie ihn als „eigenwilligen Einzelgänger", der sehr stark auf seine Kleidung achtete und sein Eigentum behütete. „Er zog sich fast immer von den anderen zurück, las sehr viel." Sein jüngster Bruder Ernst hat es nicht viel anders dargestellt:
„Er war ein eigenartiger, seltsamer Junge, der ganz in seiner eigenen Welt lebte, in einer Welt, in der es für andere keinen Platz gab."
Otto Feige ist ein guter Schüler. Er möchte aufs Gymnasium, später dann Theologie studieren und Pfarrer werden. Für den Sohn eines Ziegeleiarbeiters ist das nur möglich, wenn er ein Stipendium bekommt. Aussichten darauf hat Otto in Schwiebus, allerdings unter der Voraussetzung, daß die Eltern für den Lebensunterhalt des Gymnasiasten und späteren Studenten aufkommen. Genau daran aber scheitern Ottos hochfliegende Pläne.
Die Eltern, die insgesamt für sechs Kinder aufkommen müssen, bestehen darauf, daß der Älteste nach Abschluß der Volksschule abgeht und eine Schlosserlehre bei der Firma Meier in Schwiebus beginnt.
Inzwischen hat sich die Berufssituation des Vaters geändert. Adolf Feige hat in Schwiebus als Hausmeister gearbeitet. Er hat sich umschulen lassen, um in einer in der Nähe liegenden Brikettfarbik den Posten eines Vorarbeiters zu bekommen. 1900 – sein Sohn Otto ist jetzt 18 Jahre alt – hört Adolf Feige, daß eine andere Brikettfabrik in Wallensen, Niedersachsen, Arbeiter sucht. Dort gibt es Werkswohnungen, eine Betriebskrankenkasse, die Aussicht auf eine Altersrente. Also zieht Adolf mit der Familie nach Niedersachsen um.
Nur Otto und sein Bruder Willi bleiben in der Lehre in Schwiebus zurück.
Auch als Otto ausgelernt hat, hält er sich offenbar noch einige Zeit in der Stadt auf. Anfang des Jahres 1902 wird er, nun zwanzigjährig, zum Militär eingezogen und dient für zwei Jahre bei den Bückeburger Jägern. Die Geschwister erzählen später, daß Otto auf seine schmucke grüne Uniform stolz gewesen sei, und daß er in ihr bei den Mädchen Eindruck gemacht habe.

Bis dahin ist, was die äußeren Ereignisse angeht, das Leben des Otto Feige so verlaufen wie das vieler Jugendlicher aus jener sozialen Schicht, in die er hineingeboren worden ist: Volksschule, Handwerkslehre, Militärdienst.
Aber es muß in diesen Jahren in Otto Feige noch anderes vor sich gegangen sein.
Er wirkt auf Menschen, die ihn näher kennen, als Außenseiter. So die Aussagen seiner Geschwister. Er erweist sich als intelligent, will höher hinaus als die Mehrzahl seiner Altersgenossen.
Wie kommt es, daß Otto als „anders" empfunden wird, es wohl tatsächlich auch ist?
Nicht ausgeschlossen, sogar wahrscheinlich, daß er sich diese Frage selbst auch gestellt hat, als es Konflikte gab zwischen seinem eigenen Berufswunsch und der Festsetzung der Eltern: „Du kommst in die Lehre zu Meier, punktum!"
Es ist eine Zeit, in der gemeinhin keine langen Diskussionen zwischen Eltern und Kindern über solche Fragen stattfinden. Was der Vater festsetzt, hat zu geschehen. Die Großmutter, die nach dem Tod des Großvaters mit in der Familie Feige lebt, konnte ihm da wohl auch nicht helfen, wenn man auch weiß, daß sie ihn sonst verwöhnt und den anderen Enkelkindern vorgezogen hat. Die Entscheidung der Eltern ist vernünftig.

Trotzdem wird es heruntergewürgten Zorn bei Otto gegeben haben, vielleicht auch Pläne, wie er sich dem Willen der Eltern entziehen könnte. Einfach durchbrennen, zur See fahren. Aber durchgebrannt ist er nur in der Phantasie.

Genährt werden Phantasien und Tagträume durch die Bücher, die Otto liest, nämlich – und darin nun unterscheidet er sich durchaus nicht von vielen Jungen seines Alters – Coopers „Der letzte Mohikaner" und „Hunderte von Seefahrergeschichten und Piratengarne."
Der Held in Coopers Buch ist das Waisenkind Natty Bumpo. Es wird von Missionaren gefunden und aufgezogen, aber zu seiner wahren Identität findet es erst, als es unter die Indianer gerät. Seine verschiedenen Namen „Lederstrumpf", „Wildtöter", „Falkenauge" und „La Longue Carabine" besagen etwas über die Achtung, die ihm die Indianer entgegenbringen.

Viel später wird der erwachsene Mann, der einmal Otto Feige geheissen hat, die Indianer der südlichsten Provinz Mexikos, Chiapas, kennenlernen, Indianer, die relativ unberührt von den Einflüssen westlicher Zivilisation leben. Indianer, bei denen ein Mensch nicht nach dem beurteilt wird, was in Papieren und offiziellen Dokumenten über ihn steht, sondern spontan, nach den Erfahrungen, die man hier und jetzt mit ihm macht.

Die Pubertät ist auch die Zeit, in der sich in der Auseinandersetzung mit den Eltern das Ich, das Selbst, das Eigenständige im Wesen eines Menschen entwickelt und ausprägt.

Ich habe unterstellt, daß in Schwiebus bei Ottos Geburt Gerüchte herumerzählt worden sind. Eines Tages kommen sie Otto zu Ohren. Er muß sich mit der Vorstellung auseinandersetzen: der Mann, an den ich mich als Kind mühsam genug gewöhnt habe, ist vielleicht gar nicht mein Vater. Mein Vater ist ein Adeliger, ein Prinz, der Kaiser. Toll!

Otto sagt sich: „Kein Wunder, daß ich anders bin als sie."

Was als Klatsch, als Häme auf ihn zukommt, könnte er zur psychologischen Sebstverteidigung benutzt haben: „Ihr könnt mich demütigen, mich verständnislos behandeln. Eines Tages wird sich mein richtiger Vater zeigen. Dann wird sich alles ändern."

Wenn Otto solche „Spinnereien" ausgesprochen hat, mag er von manch einem ausgelacht worden sein.

„Der Kaiser sein Vater ... lächerlich. Warum nicht gleich der liebe Gott!"

Wenn solche Tagträume als Trost, als Schutz gegen die Verletzungen durch eine rauhe Umwelt, der man sich nicht gewachsen fühlt, helfen sollen, muß ihre Glaubwürdigkeit verstärkt werden ... durch eine Geschichte. Sie muß so glaubwürdig klingen, daß sie auch andere überzeugt. Selbst dann, wenn ihr Wahrheitsgehalt gering ist. So könnte Otto begonnen haben Geschichten zu erfinden.

Ich stelle mir vor, einmal erzählte er die unwahrscheinliche Geschichte vom anderen Vater, vom reichen, mächtigen Mann so gut, daß sie ihm einer glaubte, daß sie jemanden beeindruckt, daß sie Otto Ansehen verleiht.

So wird ihm etwas höchst Wunderbares klar: gut Geschichten zu erzählen bedeutet, etwas Wirklichkeit werden lassen, was es vorher nur als Phantasie gegeben hat. Gewöhnlich entsteht so Literatur. Aber diese Fähigkeit taugt unter Umständen auch noch zu etwas anderem. Man kann so das Leben Wirklichkeit werden lassen, das man sich wünscht. Man nimmt einen Namen. Man erfindet zu diesem Namen Erlebnisse, Daten, Ereignisse, die die Daten miteinander verbinden. Ein anderer Mensch ist geboren. Man kann sich selbst durch diesen Vorgang unsichtbar machen. Man kann so das schützen, worauf sonst alle herumtrampeln, was sie mißhandeln, beleidigen, verletzen ... wozu man, allein aus sich selbst heraus, nicht stark genug ist, um es zu bewahren: das Selbst. Es spielt keine Rolle, ob Otto bis zu seinem zwanzigsten Lebensjahr diese mit dem Geschichtenerfinden verbundene Eigenschaft schon genau erkannt hat.

Solche Entdeckungen vollziehen sich unter vielen Proben und Rückschlägen. Man kann eine Begabung dazu haben, aber selbst dann baut sich die Fähigkeit dazu erst langsam auf. Man wird zuerst Aufschneider, Angeber, ja Lügner genannt. Daran erkennt man, daß die Zuhörer das, was Fiktion ist, noch als solches durchschauen, daß es einem noch nicht gelungen ist, sie davon zu überzeugen, hier sei von Wirklichkeit die Rede. Man muß seine Erfindung verbessern. Die Fakten müssen glaubwürdiger gewählt werden. Die Art des Erzählens ist noch nicht raffiniert genug. Bis man dann endlich einmal den Triumph erlebt: Sie haben es geglaubt. Es ist mir gelungen, aus der Möglichkeit Tatsächlichkeit werden zu lassen. Das ist wirklich ein Triumph.

Café Altamira: Die Frühzeit Mexikos

„*Sehen Sie, Señor, unsre indianischen Götter sind nicht tot. Das wissen wir genau. Sie geben uns Regen und Sonnenlicht, sie geben uns Mais und Blumen, ein gesundes und langes Leben.*"

B. Traven, „Land des Frühlings"

Stellen wir uns vor: Es gibt einen Mann, der einen Wunsch solcher Art hat, wie wir ihn hin und wieder alle einmal haben. Er will fort von allem. Fort ans Ende der Welt. Dort, so meint er, könne er allem Ärger, aller Angst, aller Bedrohung entgehen. Dort, so hofft er, werde sich das Paradies auf Erden finden lassen.
Für den Mann, der sich B. Traven nannte, liegt das Paradies auf Erden in Chiapas, dem südlichsten Bundesstaat von Mexiko. Er wird sich am Ende seines Lebens wünschen, daß die Asche seines Leichnams über diesem Land ausgestreut werden solle. Man hat diesem Wunsch entsprochen.

Über Chiapas hat B. Traven ein ungewöhnliches Reisetagebuch verfaßt. Es heißt „Land des Frühlings". Das Buch ist in Deutschland zum ersten Mal 1928 und danach in einer Prachtausgabe mit zahlreichen Originalfotos 1981 bei der Büchergilde Gutenberg, dem Stammverlag Travens, wiedererschienen. Auf den ersten Seiten dieses Buches wird Chiapas beschrieben, beschrieben, wie man nur ein Traumland schildern kann:

„Die gewaltigen Ruinen von Palenque, mit ihren grandiosen Überresten von Palästen und Tempeln, die Ruinen anderer untergegangener, verlassen oder vergessener uralter indianischer Städte bei Tonala, bei Ocosingo und an vielen andern Plätzen sind ein Beweis dafür, daß in Chiapas einstmals eine hochentwickelte Kultur bestand, die keinen Einfluß von Asien oder Europas aufweist und die völlig auf eigener Erde gewachsen war. Was in den Dschungeln und Urwäldern von Chiapas, unter dem überwucherten Schutt von Erdbeben, Vulkanausbrüchen und Bergrutschen noch der Entdeckung wartet, kann vielleicht eines Tages zu der Erkenntnis führen, daß in Chiapas die Anfänge menschlicher Zivilisation und Kultur gesucht werden müssen."

Diese Ansicht Travens wird durch die wissenschaftlichen Forschungen nicht bestätigt. Hans Helfritz schreibt in seinem Buch „Amerika-Inka, Maya und Azteken:
„Nach dem Stand der heutigen Forschung können wir mit einiger Bestimmtheit sagen, daß 20000 bis 12000 Jahre v. Chr. jagende Nomadenstämme von Asien nach Alaska eingewandert sind. Ihr Lebensunterhalt wurde durch die Jagd auf große Tiere des Pleisto-

zän bestimmt. Kulturell standen die paläo-asiatischen Völker etwa auf derselben Stufe wie Gruppen des höheren Paläolithikums in der Alten Welt (...) Nach dieser ersten Einwanderungswelle erschienen auf dem ganzen amerikanischen Kontinent Gruppen von Völkern, die zwar auch noch der Jagd nachgingen, sich aber mehr und mehr mit dem Sammeln von Früchten und Muscheln beschäftigten. Ihre Vertreter könnte man mit den mesolithischen Gruppen der Alten Welt vergleichen. Sie erreichten Südamerika vielleicht zwischen dem 8. und 5. Jahrhundert v. Chr.

Von 5000 bis 3000 v. Chr. erschien eine dritte asiatische Einwanderungswelle in Nordamerika. Sie gehörte einer Zivilisation an, die man die zirkumpolare genannt hat. Man glaubt in diesen Stämmen die ursprünglichen Träger der sogenannten Eskimal-Aleuten-Kultur zu erkennen und stellt sie auf die Stufe des frühen Neolithikums. Am Ende dieser Periode können wir bei dieser Gruppe den Gebrauch des Kupfers, die Herstellung von Keramik, von Geweben und Lederarbeiten und das Halten von Hunden feststellen, die den Polarhunden verwandt sind."

In der Einführung zu „Land des Frühlings" merkt man, daß es sich hier um das Loblied auf eine Wahlheimat handelt, um einen Bericht, in dem Wirklichkeit, die tatsächlich phantastische Züge hat, Wunsch und Traum sich überblenden.

Chiapas wird für Traven zum irdischen Paradies, wie es wohl alle Menschen im Stillen suchen und nur wenige es finden.

„In seinen Tälern und Niederungen hat der Staat durchaus tropisches Klima. Auf dem Hochland der Sierra Madre, die in zwei Armen von Westen nach Osten und von Westen nach Südosten den ganzen Staat durchzieht, ist das Klima, ähnlich dem Spätfrühling in Mitteleuropa, ziemlich beständig das ganze Jahr hindurch. Es gibt auf der Erde keine Pflanze, keine Frucht und auch kein Tier, die nicht in einem Teil dieses Staates ebenso gut gedeihen wie in ihrer Urheimat..."

Auch was die Bevölkerung angeht, so hat Chiapas für Traven eine besondere Bedeutung: Es ist das Land der Indianer schlechthin:

„Der Staat hat (Mitte der Zwanziger Jahre) etwa vierhunderttausend Einwohner, von denen wenigstens dreihunderttausend reinblütige Indianer sind, die ihre eigene Sprache sprechen und die in

ihren eigenen Städten, Dörfern und Siedlungen wohnen, wo sie nur ihren Caciquen, Häuptling, als Bürgermeister oder Ortsvorsteher haben. Diese Indianer haben nicht nur ihre eigene Sprache erhalten, sondern sie leben auch noch nach ihren eignen uralten Sitten und Gebräuchen, die sich von den unsrigen völlig unterscheiden und die durch die Europäer und durch die katholische Religion nur wenig und nur äußerlich beeinflußt worden sind.
Im Staat Chiapas finden wir den Indianer, den Ureinwohner des Kontinents, in allen Stufen der Zivilisation.
Die Lacandonen sind völlig unzivilisiert. Sie leben auf der primitivsten Stufe, sie siedeln nicht in Dörfern, bauen entweder gar keine Wohnhütten oder nur solche aus Zweigen.
Die Mehrzahl der Indianer im Staate darf als halbzivilisiert betrachtet werden. Es sind die Indianer, die als Kleinlandwirte und zumeist in ihren eigenen Kommunen leben..."

Hier wird klar, weswegen Traven die Indianer bewundert: die genossenschaftlichen Formen ihres Zusammenlebens sind dem Anarchisten sympathisch.

Soweit Traven selbst, und nun meine Vorstellung. Ich stelle mir vor, daß es in Chiapas ein Café Altamira gibt, eine armselige Herberge, ein Blockhaus mit Vordach. Der Busch beginnt gleich gegenüber. Es ist Regenzeit, die dort gewöhnlich, wie ich von Traven weiß, von Anfang bis Ende September dauert. Ich weiß aus seinen Aufzeichnungen weiterhin, daß es auch dann nur drei Stunden ununterbrochen regnet und höchstens gegen Abend noch einmal ein heftiger Regenschauer niedergeht. Aber in jenem Jahr – es könnte doch sein! – regnet es mehr als gewöhnlich. Es hat so heftig geregnet, daß sie ihre Reise haben unterbrechen müssen. Der weiße Mann und sein Begleiter, ein Indio, sitzen, zur Untätigkeit verurteilt, in dieser primitiven Herberge, liegen vielleicht auch tagsüber in Hängematten, die langsam schaukeln, wobei die Stricke ein knarrendes Geräusch von sich geben. Durch das Bewußtsein des Weißen, der vor seinen Augen Regen rinnen sieht und dessen Körper gleichmäßig hin- und herbewegt wird, zieht als ein breiter Strom von Bildern die Geschichte jenes Landes, in das es ihn verschlagen hat.

An die Azteken denkt er, jenes Volk, das Mexico City zum ersten Mal begründete, jenes Volk, für das die Begegnung mit den „weißen Göttern" zur Katastrophe wurde.
Was war, ehe die Weißen kamen?
Zuerst lebten die Azteken, wie ihre Annalen berichten, als ein wanderndes Volk. Nach ihrem Stammeshelden nannten sie sich Mexitli und gaben so diesem ganzen Land seinen späteren Namen. Um das Jahr 1090 brachen sie aus dem „Land der weißen Farbe", Aztlan, auf. Ganz ähnlich wie das Volk Israel, dem sein Gott ein gelobtes Land versprochen hatte, vertrauten auch die Azteken auf das Wort ihres Gottes Huitzilopochtli, am Ende aller ihrer Irrfahrten würden sie in einer ihnen vorbestimmten Heimat glücklich werden.
In den Chroniken über die Züge der Azteken werden Namen von Städten und Landschaften erwähnt, die aber nichts anders bedeuten, als daß diese Suche in alle vier Himmelsrichtungen führte. Am Ende – so wieder die mythischen Berichte – kommen die Azteken nach Tollan oder Tula, zum Weltmittelpunkt, unter dem man sich realgeschichtlich das Zentrum des zu dieser Zeit schon bestehenden Toltekenreiches vorzustellen hat. Sie empfangen dort die Gaben der höheren Kultur.
Belegbar durch archäologische Funde ist, daß die Azteken an der Zerstörung Tollans beteiligt gewesen sind und etwa zwanzig Jahre dort gelebt haben. Dann aber setzten sie ihre Wanderung fort. Sie gelangten auf das Gebirgsplateau im Inneren Mexikos, in die Hochebene Anahuac, das Land nahe dem Wasser. Damit war die sich dort befindende Seenplatte gemeint.
Allerdings ist diese Namensgebung erst durch die europäischen Geographen viel später erfolgt. Sie nahmen das aztekische Wort für „Meeresküste" und ordneten es dieser Hochebene voller Seen zu. Über die Wanderungen der Azteken berichten alte Bilderschriften im „Codex Boturini" oder im „Atlas Goupil-Boban", wie die fachmännischen Bezeichnungen für diese Manuskripte lauten. Sie beschreiben die Zeit von der letzten Sintflut bis zur Gründung der Hauptstadt des späteren Aztekenreiches in Tenochtitlan. In einer Schrift wird der Ort dieser Stadt als ein hoher Berg dargestellt, der aus dem Wasser aufragt. In einer anderen sieht man an diesem Ort einen Altar. In einer Höhle am Fuß des Berges gibt Huitzilo-

pochtli Hinweise über den weiteren Verlauf der Reise. Und eine Zahl, die sich auf dem Bild findet, ermöglicht wieder eine historische Zuordnung dieses Ereignisses. Es könnte 1168 stattgefunden haben.
Die Strapazen der Wandernden hatten zunächst noch kein Ende. „Am Berg der Heuschrecken" liefern sie sich mit den Nachkommen der Tolteken eine Schlacht. Sie werden besiegt und danach versklavt. Da sie sich als Krieger Verdienste erwerben – man vermutet, daß sie eine ihren Herren unbekannte Kriegs- oder Waffentechnik gekannt haben – erhalten sie schließlich die Freiheit zurück und nehmen danach ihre Wanderungen über die Hochebene wieder auf. Sie erreichen die Inseln der Seenplatte. Dann vollzieht sich auf einer Insel im Texcocosee ein orakelhaftes Ereignis:

„Hier gewahrten sie einen Adler von außergewöhnlicher Größe und Schönheit, der auf einem Feigenkaktus saß. Seine Flügel waren gegen die aufgehende Sonne hin entfaltet, und in seinen Krallen hielt er eine Schlange. In dieser Erscheinung glaubten die Azteken das Zeichen des Himmels zu erblicken und legten daher dort den Grundstein zu ihrer künftigen Hauptstadt Tenochtitlan. Es ist derselbe Platz, den heute das Zentrum der Stadt Mexico einnimmt."

Zunächst dürfte sich an der Stelle in den Jahren zwischen 1325 und 1370 ein recht bescheidener Altar aus Binsen und Blättern, geschmückt mit den Abzeichen des Schutzgottes Huitzilopochtli, gestanden haben.

Sehr schnell aber entwickelte sich eine blühende Stadt. Voraussetzung dazu war eine agrarkulturelle Großtat: die Anlage der „chinampas" oder der „schwimmenden Gärten".

„Zunächst wurden rechteckige Flöße aus Flechtwerk und Schilf gebaut, auf die man etwa 1 Meter hoch schwarze Erde häufte. Hierauf legte man wieder eine Schicht Flechtwerk und Schilf, dann wieder Erde und so fort, bis die Flöße eine Höhe von 3 bis 5 Metern erreicht hatten. Nun konnte man sie bepflanzen, zunächst mit Gras und Schilf und an den Rändern mit Weiden, die dem Ganzen Halt gaben. Nach etwa vier Jahren haben diese kleinen schwimmenden Inseln durch die ständige Berieselung und Düngung mit immer wieder neu aufgetragenem Schlamm so viel an Boden gewonnen, daß man auf ihnen alle Arten von Gemüse und Blumen ziehen und sogar leichte kleine Strohhütten, chinanales, errichten konnte."

Der kulturelle Sprung, den die Azteken taten, ist erstaunlich. Innerhalb von zwei oder drei Jahrhunderten scheinen sie von primitiven Jägern zu Ackerbauern und Städtebewohnern geworden zu sein, wobei sie allerdings von früheren Kulturvölkern, den Teotihuakanern und den Tolteken viele Errungenschaften übernahmen, um aber danach alle Spuren dieser Einflüsse sorgfältig zu verwischen. Es wäre möglich, daß die Vernichtung der Staatsarchive unter dem Aztekenkönig Itzcoatl im 15. Jahrhundert eben zu diesem Zweck geschah.

Eine weitere wichtige, machtpolitische Grundlage für den raschen und strahlenden Aufstieg des Aztekenreiches war der Bund der Staaten von Mexiko (der Azteken), von Texcoco und Tlocopan. Sie hatten vereinbart, sich in Kriegen gegenseitig zu unterstützen, und die Beute jeweils gerecht untereinander aufzuteilen.

Recht bald führten Wohlstand, Sicherheit und kulturelle Fertigkeiten im Aztekenreich dazu, daß die Bevölkerung beträchtlich zunahm. Das Reich weitete sich bis zum Atlantischen und Stillen Ozean und bis in den Bereich der heutigen Länder Guatemala und Nicaragua hin aus. Die in Kriegen eroberten Gebiete wurden dem Kernland nie einverleibt, sondern mit Hilfe starker Garnisonen besetztgehalten.

Im Reich selbst gab es einerseits eine kleine Elite, zu der Krieger, Priester und Beamte gehörten, die sehr aufwendig und komfortabel lebten. Im Schatten standen die Bauern, die in ihren Stroh- und Lehmhütten inmitten von Maisfeldern und Agavenpflanzungen auch damals ein eher bescheidenes Dasein führten, aber das anspruchsvolle Leben der Oberschicht möglich machten.

Allerdings war es auch genau die Schicht der Bauern, die den Untergang des Reiches nach dem Eindringen der Spanier relativ unbehelligt überstand.

Es ist erstaunlich, daß ein so großes kulturell differenziertes Reich wie das der Azteken praktisch ohne Geld auskam. Die Steuern wurden in Naturalien erhoben. Über ihre Einziehung, die jährlich, in manchen Gegenden sogar alle 80 Tage stattfand, wachten an jedem Ort Beamte. Über ein gutausgebautes Straßennetz liefen nicht nur diese Einnahmen ins Zentrum des Landes, über sie trugen Kuriere auch Nachrichten über alle wichtigen Vorkommnisse nach

Tenochtitlan. „Alle zwei Meilen war eine Poststation, techialoyan genannt. Ein Eilbote lief mit seinen Depeschen, die in der Form von hieroglyphischen Bilderbogen angefertigt waren, bis zur ersten Station. Dort wurden sie von einem anderen Eilboten in Empfang genommen und von ihm zur nächsten Station weiterbefördert. Auf diese Weise durcheilten die Nachrichten mit unglaublicher Schnelligkeit das Land. Besonders gut scheint das Staffettensystem auf dem Weg von der atlantischen Küste zur Hauptstadt funktioniert zu haben, denn schon wenige Tage nachdem die Schiffe des Cortes auf der Reede des heutigen Veracruz Anker geworfen hatten, traf die erste Gesandtschaft Moctezumas (Montezuma ist die spanische Schreibweise des Namens) aus der 450 Kilometer entfernt gelegenen Hauptstadt bei Cortes ein und überreichte ihm Gastgeschenke. Zusammen mit der Gesandtschaft kamen auch Leute, deren Aufgabe es war, von allem, was sie dort bei den fremden Ankömmlingen sahen, Bilderbogen anzufertigen; es waren die ‚Bildreporter Moctezumas'."

Sehr leicht ist es den nach Amerika kommenden Spaniern gefallen, die Religion der Azteken und der mit ihnen in einem kulturellen Zusammenhang stehenden Nachbarvölker als unmenschlich und grausam in Verruf zu bringen und daraus eine Berechtigung für die Unterwerfung und Kolonialisierung dieser Gebiete abzuleiten.
Betrachtet man die Religion der Azteken unvoreingenommen, so kommt man zu einem wesentlich anderen Bild. Bei allem, was man über diese Religion hört, und was einem zunächst vielleicht befremdlich erscheint, sollte man sich des Satzes von George C. Vaillant erinnern:
„Die aztekische Religion erwuchs aus der Begegnung mit den Naturkräften, aus der Furcht vor ihnen und aus dem Versuch, sie in Grenzen zu halten."
Unser immer nur von der Sichtweite des Christentums und Europas als Mittelpunkt der Welt ausgehendes Denken macht in der Beurteilung dessen, was grausam und barbarisch sei, merkwürdige Unterschiede.
Die Menschenopfer der Azteken werden ohne weiteres als primitiv und barbarisch eingestuft. Wenn aber im Alten Testament in frühester Zeit ebenfalls von Menschenopfern die Rede ist (Abraham/

Isaak), wird dies als besonders intensive Form der Gottesliebe interpretiert.

Eine besondere Bedeutung in den religiösen Vorstellungen der Azteken spielte der Mythos von der mehrmaligen Zerstörung und Neuschaffung der Welt, was bestimmt mit den in der Umwelt beobachteten Naturgewalten (Vulkane, Wirbelstürme etc.) zusammenhängt.

Dieser Mythos wiederum, der beispielsweise auch auf dem im Haupttempel Tenochtitlans gefundenen Kalenderstein angedeutet wird, führte zu einer besonderen Entwicklung der Astronomie und des Zahlenwesens.

Die Entstehung der Welt erklärten die Azteken mit einem „allgegenwärtigen Gott, der alle Gedanken kennt". Er war aber so groß, so gewaltig, so allmächtig und wunderbar, daß er vom Menschengeist nicht gedacht werden konnte. Wohl auch, um den verschiedenen Naturerscheinungen gerecht zu werden, erfand man sich 13 Hauptgötter und mehr als 200 Götter niederen Ranges. Der wichtigste unter allen war zweifellos Huitzilopochtli, ein Kriegsgott, der sich den Menschen als Kolibri zeigte und mit der Stimme eines Kolibris zu ihnen sprach. Von seiner Vogelgestalt her meinte man darauf schliessen zu können, daß es sich ursprünglich um einen mächtigen Häuptling mit einem Tanzmantel oder einem Kopfschmuck aus dem Federkleid dieses Vogels handelte, der schließlich zum Gott erhoben wurde. Als Kriegsgott ist Huitzilopochtli der Sohn der Sonne, der Morgenstern, der seine feindliche Schwester, den Mond, besiegt und das Heer der Sterne vor sich hertreibt. Zu Kriegern im Heer der Sterne werden aber die Seelen der gefallenen Krieger und der Geopferten. Hingegen ist Urbild der weiblichen Seele und Ort ihrer Rückkehr nach dem Tod des Menschen der Mond.

Neben Huitzilopochtli steht Tezcatlipoca oder „der rauchende Spiegel".

Man könnte sagen, er sei, auch als ein Doppelgänger Huitzilopochtlis, als Verkörperung des Nachthimmels, des Winters und der Himmelsrichtung Norden, das Böse. Jedenfalls befürchtete man immer, daß er Verbrechen begehe, die die kosmologische Ordnung entscheidend störe. Deswegen wurde ihm einmal im Jahr der schönste gefangene Krieger geopfert. Angeblich waren seit Anfang

der Welt die Götter darum besorgt, den Durst der Sonne mit Blut zu stillen, weil sie sonst das Land verbrennen würde.
Wichtig ist, daß ursprünglich die Azteken Tezcatlipoca und auch ihren anderen Göttern nur Tieropfer, vor allem Hunde und Wachteln darbrachten. Die Menschenopfer, vom Opfer selbst angeblich nicht als Grausamkeit empfunden, kamen erst 200 Jahre vor dem Einfall der Spanier auf.
Ihre Einführung scheint im ursächlichen Zusammenhang mit der Ausweitung des Reiches gestanden zu haben.
Je größer die Macht der Menschen auf Erden war, desto im magischen Sinn machtvoller mußten auch die Opfer werden. Zuerst waren es jeweils immer nur einzelne Menschenopfer. Die Chronisten berichten später von 20000 Menschenopfern in einem Jahr, und 1486 sollen bei der Einweihung eines Tempels zu Ehren Huitzilopochtlis sogar 70000 Menschen haben ihr Leben lassen müssen.
Man könnte sagen, daß die eigenen Taten, das Verlangen nach Macht, Angst vor dem Zorn der Götter hervorriefen. Dies sollte dadurch wiedergutgemacht werden, indem man etwas sehr Wichtiges und Wertvolles an die Götter hingab.
Für eine solche Deutung spricht übrigens auch, daß der beim Großen Opferfest Getötete ein Jahr gehätschelt, verwöhnt, geschmückt, ja regelrecht verehrt wurde.
Überhöhte Besteuerung der Vasallenprovinzen und eine sich immer mehr ins Irrsinnige steigernde Ausweitung der Menschenopfer, sowie eine zunehmende Ausweitung der Rituale gehören bestimmt mit zu den Voraussetzungen für den raschen Sturz des Aztekenreiches nach Eintreffen der Spanier.
Dabei spielte nun die Mythe um eine Gestalt eine wichtige Rolle, deren Wesen und Bedeutung noch heute viele Geheimnisse umgibt, während sie andererseits über den Zusammenbruch des Aztekenreiches hinaus Symbolgestalt indianischen Bewußtseins in Mexiko geblieben ist: Quetzalcoatl.
Bei den Azteken ist er ein Wind- und Regengott. Er verkörperte den Vegetationszyklus. Aber es läßt sich schwer ausmachen, ob da erst ein mächtiger König, ein Mensch mit besonderen Fähigkeiten war, der eben deswegen als göttlich verehrt wurde, oder ob sich ein

König der Gestalt oder Maske eines Gottes zur Verstärkung der eigenen Macht und Würde bediente.
Quetzalcoatl taucht schon bei dem zeitlich früheren Volk, bei den Tolteken, auf und wird dort auf mythische Weise mit der Gründung der Hauptstadt Tollan in Verbindung gebracht:
„Im Jahr 1 Rohr wurde Ce Acatl Topiltzin, der Priester (1 Rohr Federschlange) geboren, der sich Quetzalcoatl nannte. Und es heißt, daß seine Mutter eine Frau namens Chimalman war. Und so, sagt man, kam Quetzalcoatl in den Schoß seiner Mutter: indem sie einen großen, herrlichen grünen Türkis verschluckte."
Dieser Mann wird also zum Priesterkönig und zum mythischen Begründer des Toltekenreiches. Seine Ausbildung in der Jugend erhält er in der Priesterschule von Xochicalco, wo man den damals in Mexiko noch ziemlich unbekannten Regengott verehrte.
Er ist es, der Tula oder Tollan gegen beträchtliche Widerstände zur Hauptstadt des Toltekenreiches macht, dessen fünfter Herrscher er gewesen ist.
Historisch setzt man seine Regierungszeit auf 947 bis 999 n. Chr. an, so steht es in der „Chronik der Königreiche", und für die Richtigkeit dieser Angabe spricht, daß auf einer bildlichen Darstellung Quetzalcoatls sich die Datierung 8 Feuerstein = 980 n. Chr. findet.
Um das Jahr 1000 scheint der heilige König der Tolteken von Feinden oder Widersachern gestürzt worden zu sein. Er konnte entkommen und gelangte auf die Halbinsel Yucatan zu den Mayas, die ihn aufnahmen und verehrten. Die Verschmelzung toltekischer Kunst- und Architekturstile mit denen der Mayas, die sich um diese Zeit vollzieht, könnte hier ihre Wurzeln haben.
Anderen Berichten zufolge wurde der tugendhafte Priesterkönig von Dämonen zur Sünde verführt. Er vernachlässigte seine religiösen Pflichten und verließ, als er seine Verfehlungen erkannte, voll Trauer mit seinem Gefolge die Königsstadt Tollan. Sahagun schildert die Flucht Quetzalcoatls folgendermaßen: „Alle Häuser aus Muschelschalen und Silber, die er besaß, ließ er zerstören, ehe er ging ... die Tropenbäume verwandelte er in Dornenakazien, und die Tropenvögel ließ er davonfliegen ... Auf seinem Weg ruhte er auf einem Stein sitzend aus. Hände und Füße drückten sich in den Felsen ab – er nannte den Ort Temacpalco. Nach Tollan zurück-

blickend, mußte er weinen. Auf seinem weiten Zug kam er durch die Gegend des Schneegebirges; da starben seine Diener, Bucklige und Zwerge, vor Kälte. Traurig weinte er und stimmte Trauergesänge an. Er blickte in die Ferne zum Schneegebirge Poyauhtecatl bei Tecamachalco (womit der Pico de Orizaba gemeint ist). Endlich am Ufer des Meeres angelangt, ließ er coatlapechtli, ein ‚Schlangenfloß', bauen. Darin sitzend wie in einem Schiff, fuhr er über das Meer; niemand weiß, wie er nach Tlapallan, dem ‚Land der Morgenröte' kam."

„Danach", schreibt Hans Helfritz, „verliert sich die Gestalt Quetzalcoatls in einem unentwirrbaren Durcheinander von Mythos und Geschichte. Immer wieder taucht jedoch die Sage auf, daß Quetzalcoatl eines Tages hier als Gott zurückkehren werde."

Mehr über das Gottwesen Quetzalcoatls erfahren wir in dem Buch von Jose Lopez Portillo. Dort heißt es:

„... er ist Gott der Vorsehung, der Ernährung ... ist Herr der Morgenröte, stellt das Gleichgewicht zwischen Geist und Materie her, ist Herr der Buße. Doch über all seine mythischen Taten ragt jene heraus, mit der Quetzalcoatl nach der vierten Zerstörung der Welt die Menschheit neu erschuf.

Die Götter fürchteten sich vor einer unbewohnten Erde. Wie in allen Religionsmythologien brauchten die Götter den Kult der Menschen. In diesem Mythos wird ein Kampf zwischen Leben und Tod begonnen. Als Quetzalcoatl in die Unterwelt hinabsteigt um die Menschheit neu zu schaffen, stellt sich Mictlantecuhtli diesem Vorhaben entgegen und erschwert die Aufgabe Quetzalcoatls. Zuerst stellt er ihn auf die Probe und gibt ihm eine Spiralmuschel zu blasen, welche keine Löcher aufweist. Würmer, Bienen und Hummeln eilen Quetzalcoatl zu Hilfe. Als er die kostbaren Knochen in seinen Besitz gebracht hat, fällt er in ein Loch, eine Falle, welche Mictlantecuhtli hatte graben lassen. Die Knochen werden zerstreut und untereinandergeworfen und von Wachteln angepickt. Xolotl, sein Zwillingsbruder oder nahual, hilft ihm, nach kurzem Tod und Wiederauferstehung nach Tamoanchen zu gelangen. Quulaztli, eine irdische Gottheit, mahlt die Knochen, und Quetzalcoatl tut Buße, indem er sein männliches Glied über ihnen ausbluten läßt; auf diese Art erschafft er die macehuale. Seinem Beispiel folgen auch alle anderen

Götter, welche bereits in Teotihuacan Opfer dargebracht hatten, um die Sonne und den Mond zu schaffen; nun sühnen sie, um die Menschen zu verdienen. So beginnt das Leben in der Fünften Sonne, und aus den genannten Gründen wird der gewöhnliche Mensch macehualli genannt, was heißt 'der, welcher durch das Opfer (der Götter) verdient wurde'."

Damit erweist sich die Funktion Quetzalcoatls als eine ganz ähnliche wie die Jesus im jüdisch-christlichen Religionszusammenhang. Man begreift damit besser, in welche Aufregungen, Schwierigkeiten und Zweifel die Ankunft Cortes, den die Azteken für Quetzalcoatl hielten, diese gestürzt haben mag.

Die Situation ist durchaus jener vergleichbar, die entstehen würde, wenn in unsere Welt der abermals auferstandene Christus käme. Indem Quetzalcoatl mit der Erschaffung der jetzigen Menschen verbunden ist, die er durch Selbstopfer erreicht hat, klärt sich einmal die Bedeutung der Menschenopfer, und man sieht diese in einem nicht mehr so grausamen Licht. Wie sich der Gott für die Menschen opferte, will sich der Mensch für den Gott opfern.

Darüber hinaus wird auch verständlich, warum, über die Katastrophe des Untergangs des Aztekenreiches hinaus, gerade diese mythologische Gestalt in der Volkstradition und Folklore Mexikos weitergelebt hat. Sie hat mit dem Beginn der indianischen Welt zu tun. Sie steht für einen der wichtigsten religiösen Bezüge dieses Kulturkreises.

Der Mann, der in der Hängematte im Cafe Altamira liegt, der Mann, dem die Bilder aus der frühen Geschichte jenes Landes durch den Kopf gehen, in das er entflohen ist, um vergessen zu werden und das Paradies zu suchen, kennt das Argument, daß die Spanier nur deshalb Mexiko erobern konnten, weil sie mit ihren Musketen und Feldschlangen das überlegene Waffensystem besaßen.

Aber haben die Waffen wirklich alles entschieden? Wenn ihn diese Frage nicht losläßt, so deshalb, weil hinter ihr eine andere Frage steht, die ihn seit langem beschäftigt. Wer siegt im Lauf der Geschichte? Wer geht unter? Wer überlebt? Nach welchen Gesetzmäßigkeiten regeln sich Überleben oder Untergang?

Es fallen ihm Sätze ein, die er kürzlich gelesen hat.

„Wenn die Azteken auch nicht selten überraschend aus dem Hinterhalt zuschlugen, so hielten sie sich doch an die altüberlieferten Kriegsregeln, und wenn sie Verträge schlossen, so hielten sie sich auch daran. Den Spaniern aber, die einen ‚totalen Krieg' führten, war jedes Mittel recht.
Sie kannten keine Gnade und keine Duldung einer fremden Religion; für sie gab es nur eine einzige Religion, die Religion ihres Kaisers Karl V. ‚Die Mexikaner unterlagen', sagte Jaques Soustelle, ‚weil ihr Denken, das auf politischem und religiösem Gebiet einer überlieferten Vielheit gehorchte, einem Kampf gegen die Dogmatik der staatlichen und religiösen Einheit nicht gewachsen war.'"

Rel.:	/
Zuname:	Carit
Vorname:	Kät
Stand oder Gewerbe:	Schauspielerin
Geburts-Datum:	25. 2. 1882
Ort:	S. Francisko
Kr.:	Californien
Mil.-Verh.:	Amerika Staatsang. Hausfrau
Letzt. Wohnort:	Danzig

Datum	Wohnung	
8.8.12	Friedrichstr. 49 I	
7.11.12	Herzogstr. 32	
6/9 14	Heerespl. 6	
1915	ab v. Frankfurt a/M	

Der Schauspieler

„ . . . ein Wahlrecht, das demjenigen Mann, der eine oder zwanzig große Zeitungen besitzt oder sich die Mühe macht, einige Millionen geschickt abgefaßter Flugblätter drucken und verbreiten zu lassen, die Möglichkeit bietet, soviel Einfluß auf die Wahl zu gewinnen, als er nur immer mag. Ein Wahlrecht, das den Beichtstuhl und die Kanzel, das Ehebett und das Sterbelager zu politischen Propaganda-Zwecken gebrauchen läßt, ist in der Tat das freieste Wahlrecht der Welt."

B. Traven, „Im Freiesten Staate der Welt"

Zurück durch die Zeit. Zurück durch den Raum. Zurück aus der Provinz Chiapas nach Wallensen in Niedersachsen, in die gute Stube der Familie Feige.
Aus dem Militärdienst heimgekehrt, hat sich dort der älteste Sohn eingerichtet. Er ist völlig verändert. Er bekennt sich plötzlich zu einer sehr radikalen Form des Sozialismus. Oder war es gar Anarchismus? Durch seine Geschwister, die fast 80 Jahre später glaubhaft über sein plötzlich erwachtes Interesse an Politik berichten, wissen wir um die Spannungen in der Familie, die sich dadurch ergaben. Wir wissen gar nichts darüber, wie es zu diese Radikalisierung bei ihm gekommen ist.
Vermutungen sind möglich: Die Wut über den Drill und den Schliff bei den „Preußen", also beim Militär; die Begegnung mit einem Menschen, der Eindruck auf ihn gemacht hat und ihm solche Gedanken nahebrachte, könnten der Anlaß gewesen sein. Vielleicht aber ist er auch in einem Buch darauf gestoßen. Denkbar auch, daß die Aktionen der Anarchisten in Frankreich, die „Politik der Tat", von der er in jeder Tageszeitung hätte lesen können, ihn begeisterten und mitrissen.
Nun klebt er Plakate an die Wände der guten Stube, und auf dem Buffet stapeln sich Flugblätter. Er nimmt keine Arbeit an, statt dessen probt er Reden. Die Arbeiter müssen über die Ausbeutung durch die Fabrikherren aufgeklärt werden.

„Die Arbeiter haben nichts zu verlieren als ihre Ketten, aber eine Welt zu gewinnen." *„Der Arbeiter muß eines Tages die politische Gewalt ergreifen, um die neue Organisation der Arbeit aufzubauen; er muß die alte Politik, die die alten Institutionen aufrechterhält, umstürzen, wenn er nicht, wie die alten Christen, die das vernachlässigt und verachtet haben, des Himmelreichs auf Erden verlustig gehen will . . . Gewalt ist es, an die man eines Tages appellieren muß, um die Herrschaft der Arbeit zu errichten."*

Solche Sätze kommen in den Reden vor, die er übt. Die Eltern und Geschwister lauschen hinter der geschlossenen Tür, und was sie da hören, verstört sie beträchtlich. Was ist nur aus ihrem Otto geworden? Wer hat dem Jungen dieses rote Gift in die Hirnwindungen gespritzt? Kaum hat man einigermaßen sein Auskommen, ist gesichert gegen Krankheit und Alter, da muß dies geschehen. Wenn er noch wenigstens ein Sozi wäre. Die Sozialistengesetze, die die Partei in die Illegalität zwangen, sind 1890 aufgehoben worden. Daß man sozialdemokratisch wählt, dafür hätten zumindest die Landarbeiter in Wallensen noch Verständnis. Aber ihr Otto ist ja einer, der vor Gewalt nicht zurückschreckt. In seinen Reden kommt auch der Satz vor: *"Dem guten Willen die offene Hand, dem schlechten die Faust."* Er findet die Sozialdemokratie, die auf parlamentarischem Weg Reformen anstrebt, zu zahm. Von ihm kann man hören, daß die Sozialdemokratie ein Papsttum züchte, schlimmer als die katholische Kirche.

"Kannst du dich nicht ein bißchen mäßigen, Junge", bittet die Mutter, "wir werden in Verruf kommen, wenn das so weitergeht. Und immer diese Zänkereien mit Vater beim Abendbrot. Es hat doch nun mal keinen Zweck. Du wirst ihn nicht überzeugen. Und er dich nicht. Und die Welt ist auch immer noch die gleiche, seit sie Gott geschaffen hat."

Er liest ihr als Antwort ein Zitat vor, das von seinem Lieblingsdichter Shelley stammt, ein Zitat, mit dem die biedere Frau wohl nicht viel anfangen konnte:

"Kein Gesetz hat das Recht, die Menschen abzuschrecken, Wahrhaftigkeit und Aufrichtigkeit zu üben. Der Mensch soll die Wahrheit sprechen, bei welcher Gelegenheit auch immer. Eine Pflicht kann niemals ein Verbrechen sein; und was nicht verbrecherisch ist, kann folgerichtig auch nicht schädlich sein."

Er war doch immer still, schüchtern, unauffällig, aber laß ihn reden oder schreiben, und plötzlich wird er frech, aufsässig, rücksichtslos und ungebärdig. Er denkt nicht daran, seine Ansichten zu verbergen. Es macht ihm ausgesprochenen Spaß, die Familie und seine Umgebung damit zu schockieren. Ein wenig ist es auch die Rache dafür, daß man ihn um die Chance gebracht hat, aufs Gymnasium und danach auf die Universität zu gehen. Der Vater sagt eines Tages: "So geht das nicht weiter. Solange du die Füße noch unter unseren Tisch streckst, hast du dich anständig zu benehmen."

"Und was ist anständig, lieber Vater?" fragt Otto. "Ist es etwa anständig, eine Frau für drei Monate ins Gefängnis zu schicken, nur weil sie behauptet hat, der deutsche Kaiser wisse wenig davon, wie ein Arbeiter lebe?"

„Laß den hohen Herrn aus dem Spiel!"
Otto schießt der Gedanke durch den Kopf, daß dieser hohe Herr vielleicht sein Vater ist. Nein, das kann nicht sein. So ein Scheißkerl ist nicht sein Vater, darf nicht sein Vater sein. Er verbittet sich das. Und dann fällt ihm ein, daß niemand sich seinen Vater aussuchen kann. Er muß grinsen. Das reizt Adolf Feige. Er springt plötzlich auf, haut die Faust auf den Tisch. Er nennt Otto einen Tagdieb, einen Faulenzer, einen Schmarotzer, einen vaterlandslosen Gesellen und was nicht alles noch. Adolf Feige stellt seinem Sohn ein Ultimatum:
„Entweder du hast dir bis nächste Woche eine Arbeit gesucht, oder ich werde deinen Krempel eigenhändig raus auf die Gass' werfen."
„Ich gehe schon von allein", sagt Otto, „und du kannst gewiß sein: für immer!"
Das nimmt niemand ernst. Am nächsten Morgen ist Otto verschwunden. Er hat, wie sich später herausstellt, alles Geld von seinem Sparbuch abgehoben. Er hat seinen Koffer gepackt, den er während seiner Militärzeit gekauft hat.
„Wenn er nichts mehr zu fressen hat, wird er schon wieder heimkriechen, der Lauser", sagt der Vater grob. „Das glaube ich nicht", wagte die Mutter zu erwidern, „dazu ist er viel zu stolz".
„Stolz würde ich das nicht nennen . . . hochnäsig . . . hat ja immer gemeint, er sei was Besseres. Und du und deine Leut, ihr habt ihn auch noch darin bestärkt."
„Und du und seine Geschwister . . . ihr habt, seitdem er bei uns ist, immer auf ihm herumgehackt. Das hat auch alles noch schlimmer werden lassen."

Otto kommt nicht zurück.
Sie werden sich nach ihm umgehört haben, nachdem ihre erste Wut verraucht war.
Bei ihrem engen Familienzusammenhang müssen sie erklären, warum Otto an diesem Geburtstag oder jener Hochzeit nicht teil nimmt.
Es gibt ein Bild von der Silberhochzeit der Eltern. Da hat man einfach einen anderen jungen Mann mitfotografiert, dem den Kopf abgeschnitten und Ottos Kopf auf diesen Hals gesetzt.
Otto selbst finden sie nicht.

Zum ersten Mal in seinem Leben hat er es verstanden, sich unauffindbar zu machen. Was er treibt, wovon er lebt, wie er sich durchschlägt, ist ein Rätsel.
Niemand hat es je in Erfahrung bringen können.
Er selbst hat später nur Andeutungen gemacht. Er habe als Agitator unter den Arbeitern im Ruhrgebiet gelebt und sei von dem kompromißlerhaften Verhalten der Sozialdemokratischen Partei schwer enttäuscht worden.
Nach den Erfahrungen der Revolution 1918, nach der Niederschlagung der Räteherrschaft im Freistaate Bayern und des sogenannten Spartakusaufstandes in Berlin durch die von einer sozialdemokratischen Regierung herbeigerufenen Freikorpsverbände wird er schreiben:

„Der freiste Staat der Welt in der Tat: Wucherer und Schieber, Raubmörder und Mörder von Revolutionären leben in Wonne und Wollust. Arbeiter und Revolutionäre werden hingeschlachtet, in Gefängnissen und Zuchthäusern gemartert. Daß es einmal so kommen würde, wenn die Sozialdemokraten die Macht hätten, habe ich sozialdemokratischen Arbeitern bereits im Jahr 1905 gesagt."

Wenn das stimmt, und man traut ihm solche Äußerungen durchaus zu, dann sind die Folgen vorstellbar.
Ist er als Agitator dieser Partei oder einer Gewerkschaft aufgetreten, so dürfte ihn nach der Familie auch noch die Partei hinausgeworfen haben.
Eine Kommunistische Partei gibt es damals in Deutschland nicht. Es gibt einen linken Flügel, eine kleine Gruppe innerhalb der Sozialdemokratie, die dem Revisionismus, wie ihn Eduard Bernstein Ende des Jahrhunderts vorgeschlagen hat, energischer widerspricht als die Mehrheit der Partei, ein Grüppchen von Männern und Frauen, das unter Umständen mit Massenstreiks die bürgerliche Gesellschaftsordnung umstürzen will, wie das eben in diesen Jahren im zaristischen Rußland versucht worden ist, eine Gruppe, die entschieden jedem Militarismus und allen Rüstungsprogrammen entgegentritt. Und sie haben es schwer, diese Männer und Frauen. Schwer auch mit den eigenen Genossen. Eine wichtige Persönlichkeit auf diesem Flügel der Partei ist Rosa Luxemburg,

die sich allerdings zu diesem Zeitpunkt in Warschau in Haft befindet. Sie hat geholfen, die Revolution von 1905 vorzubereiten und ist festgenommen worden. Die deutsche Sozialdemokratie wird sie freikaufen.

Es fällt schwer, sich Otto Feige, der sich nun bald Ret Marut nennen wird, als linientreues, dem Revisionismus zuneigendes Parteimitglied vorzustellen. Aber bei aller Radikalität seiner Kritik an der bürgerlichen Gesellschaft und dem Wirtschaftssystem des Kapitalismus wird er auch immer ein eifriger Verteidiger der Rechte des Individuums sein. Er wird klar zu machen wissen, daß der Sowjetkommunismus mit seinem Gesellschaftsideal wenig zu tun hat. Im Grund kritisiert er schon sehr früh, zunächst im Rahmen der bürgerlich-monarchistischen Gesellschaft, eine Form der Herrschaft, die später gerade in sozialistischen Staaten zu den fürchterlichsten Auswüchsen führt: die Bürokratie. Er widersetzt sich *„der entsetzlichen Angewohnheit, alles ... in ein Register einzutragen, in eine Rubrik zu bringen."* Verlogenheit empört ihn, Heuchelei ebenso.

Standesdünkel, die sinnlosen Kriege der imperialistischen Mächte, die das Lebensglück einfacher Menschen zerstören; die wahnwitzige Gewohnheit, Glück oder Unglück des Menschen von einem Stück Papier oder einem Stempel abhängig zu machen.

Hier muß nun auf einige Schriftsteller und einen Philosophen hingewiesen werden, mit deren Werken Otto Feige bzw. Ret Marut in dieser Zeit in Berührung gekommen ist.

Da ist vor allem der Philosoph Max Stirner mit seinem Werk „Der Einzige und sein Eigentum". Um besser Widerstand gegen Zeitgeist und Gesellschaft leisten zu können, wird darin dem Menschen geraten, ein Doppelleben zu führen: Als registrierte Person soll er sich untergehen lassen, für die Öffentlichkeit tot sein. Hinter der Maske eines Pseudonyms, die ihn tarnt und schützt, soll er die Position des „Empörers" um so entscheidender vertreten.

Ein anderer Gedanke knüpft sich an die geometrische Figur der Spirale. Das Leben ist eine Folge von Toden und Auferstehungen. Man muß untergehen, um sich in Wahrheit zu erfahren. Man muß sterben, um lebendig zu werden. Oder, um Stirner wörtlich zu zitieren: „Die Wahrheit besteht in nichts anderem als in dem Offenbaren seiner selbst" (man könnte auch sagen der eigenen Identität) „die Befreiung von allem Fremdem, die äußerste Abstraktion oder Entledigung von aller Autorität, die wiedergewonnene Naivität."

Es ist hier nicht die Frage, wie originell diese Philosophie ist, und was sich für oder gegen sie sagen läßt. In unserem Zusammenhang ist entscheidend, daß sie doch offenbar auf eine ganze Anzahl von Schriftstellern auf der Schwelle zwischen dem 19. und 20. Jahrhundert beträchtlichen Eindruck gemacht hat.

Romain Rolland greift in seinem großen Entwicklungsroman „Johann Christof" solche Gedanken auf, wenn er in der Einleitung zum letzten Band schreibt: „ . . . was meine Seele war, ich werfe sie hinter mich wie eine leere Hülle. Das Leben ist eine Folge von Toden und Auferstehungen. Laß uns sterben, Christof, auf daß wir wiedergeboren werden."

Der anarchistische Schriftsteller und Philosoph Dr. Ernst Samuel publiziert unter dem aus einem Anagramm gebildeten Pseudonym Anselm Ruest. Ein Verwandter von ihm, Salomo Friedlaender, der heute gerade wieder als Autor von phantastischen Kunstmärchen bekannt wird, dreht einfach das Wort „anonym" um und nennt sich Mynona. Gustav Landauer benutzt für frühe Arbeiten den Decknamen „Kaspar Schmidt", bei dem es sich nun wiederum um den bürgerlichen Namen von Max Stirner selbst handelt. Inwieweit auch Tucholskys zahlreiche Pseudonyme – sieben an der Zahl – unter denen er in der „Weltbühne" schrieb, solche Wurzeln haben, wäre zu untersuchen. Fragt man sich ganz allgemein nach dem Grund für diese Lust am Pseudonym, so gibt darauf Rolf Recknagel in der Einleitung zu B. Traven/Ret Maruts „Frühwerk" eine meiner Ansicht nach sehr einleuchtende Antwort „All diese Autoren," so schreibt er, „gerieten meist als Jugendliche in krassen Widerspruch zu ihrem Elternhaus einschließlich der ganzen Sippschaft und Klasse. Sie brachen aus, entschwanden hinter Decknamen für ihre Attacken..."

Hinzuzufügen ist höchstens noch, daß vielen – und unter ihnen auch Otto Feige/Ret Marut – das Land, in das sie hineingeboren waren, Deutschland, zuwider war:

„Könnte ich doch nur ein Fremdstämmiger werden, um keine Blutgemeinschaft mit diesem . . . Deutschland mehr zu besitzen."

Und es entspricht nun gewiss auch der literarischen Zeitströmung des Expressionismus, wenn man die ganze alte Welt als dem Untergang geweiht ansieht und Hoffnung nur in einer neuen Welt zu sein scheint, in die man aufbrechen will, um neu geboren zu werden.

„Rettung kommt durch Fragen und Suchen und Wandern! Deshalb laßt uns dorthin wandern, wo Wahrheit, Weisheit, Errettung und Licht ist.
Und als er so gesprochen hatte, brach er auf in ein fernes Land noch am selben Abend."

In diesem Zusammenhang ist dann auch die Wahl des Pseudonyms „Marut" zu verstehen. Die Marut (Plural) kommen in den altindischen Gesängen der „Rigweda" vor. „Sie treten auf als Sturmwesen, welche die Wolken lockern und weich machen; sie sind Rudras Genossen beim Sieg über die Dämonen . . . **ihren Ursprung weiß keiner**; nur sie allein wissen um ihren Geburtsort untereinander. Mit Schwingen bedecken sie einer den anderen und kämpfen zusammen." (Max Schmid)

Bilder der Anonymität und der Solidarität sind also in Ottos neuem Namen verbunden. Es ist, als ob dieser Name ausdrücken solle: ich will einer von jenen Empörern sein, die sich mit einem Pseudonym vermummen, um wirksamer kämpfen zu können.

Nach drei Jahren, die im Dunkel liegen, und die Otto als politischer Agitator, auf jeden Fall aber unter höchst unsicheren und schwierigen materiellen Verhältnissen verbracht hat, taucht er unter dem Namen Ret Marut und als Schauspieler wieder auf.

Diese Berufswahl scheint so konsequent, daß man von selbst darauf kommen könnte, auch, wenn sie sich durch kein Dokument belegen ließe.

Wie der Geschichtenerzähler, der aus der Phantasie Wirklichkeit werden läßt, sich ganz und gar in seine Geschichte versenken und in ihr aufgehen muß, so muß der Schauspieler sich vollkommen mit seiner Rolle identifizieren.

Schauspieler sein heißt unter anderem, in eine andere Gestalt schlüpfen, sie zu Leben erstehen und sie sterben zu lassen.

Es ist dies ein ganz ähnlicher Prozess, wie ihn Ottos Lieblingsphilosoph als Lebenshaltung empfiehlt. Eine gewisse Begabung für die Schauspielerei mag Otto durch seine Mutter gehabt haben, die, wie wir hörten, mit den Kindern Laientheater spielte. Man muß dazu bedenken, daß Schauspieler einer der wenigen Berufe ist, in die man unter Umständen auch ohne Zeugnisse und Papiere hineinspringen kann. Jedenfalls war dies zu Anfang des Jahrhunderts noch möglich.

Daß man sich als Schauspieler durchaus im Widerstand gegen die bestehende Gesellschaftsordnung empfinden kann, erweist sich an einer von Ret Marut verfaßten Groteske mit dem Titel „Der Schauspieler und der König". Ein König und ein Schauspieler sind befreundet. Sie treffen sich gelegentlich. Es ist das vermeintlich so ganz Andere des Künstlerdaseins, was den Schauspieler für den König interessant macht. Der Schauspieler hingegen scheint ein Mensch zu sein, der genau weiß: man darf nur spielen, was dem König gefällt, sonst ist es bald mit dessen Theater-Begeisterung und der Freundschaft zwischen zwei Menschen aus so unterschiedlichen sozialen Gruppen vorbei. Wörtlich heißt es bei Ret Marut weiter:

Eines Nachmittags gingen beide im Park spazieren. Den Abend vorher hatte der Künstler einen König gespielt. Ein Shakespear'scher König war es nicht. Die mochte der königliche Theaterfreund nicht leiden. Denn die Könige Shakespeares waren trotz ihres Gottesgnadentums ganz richtige Menschen, die lieben und hassen, morden und regieren – je nachdem, wie es ihnen gerade in den Kram paßte.
Die Rolle des am letzten Abend dargestellten Königs hatte jedoch ein Dichter geschrieben, der mit achtzehn Jahren Anarchist, später aber Geheimer Hofrat wurde.
Begreiflich, daß diese Rolle dem König sehr gefiel und Anlaß wurde, daß er sich mit dem Schauspieler über das Königsproblem unterhielt.
„Was hast du für ein Empfinden, lieber Freund, wenn Du einen König darstellst?"
„Ich fühle mich ganz und gar als König, so daß ich keine Geste machen könnte, die dem Charakter des Königs nicht entsprechen würde."
„Das begreife ich sehr gut. Die Masse Statisten, die sich, den Regie-Anordnungen folgend, vor Dir zu beugen haben, halten das Gefühl

königlicher Würde in Dir wach und suggerieren dem Publikum, Du seiest ein echter König."
„Für das Publikum bleibe ich auch ohne Statisterie ein König – selbst dann noch, wenn ich ganz allein auf der Szene stehe und einen Monolog spreche!"
Diese rein künstlerische Auffassung des Schauspielers reizte den König, zwischen sich und dem Bühnenkönig einen scharf begrenzten Vergleich zu ziehen: „Eine unüberbrückbare Kluft zwischen dem wirklichen und dem Theaterkönig ist aber doch vorhanden. Du magst noch so vorzüglich den König gespielt haben: Mit dem Augenblick, wo sich der Vorhang senkt, hörst du auf, König zu sein. Die Suggestion und die Statisterie machen Deiner Herrlichkeit ein Ende, sobald sie versagen. Ich aber, mein Lieber, bleibe König, selbst, wenn ich im Bett liege!"
Darauf sagte der Schauspieler: „Mein lieber Freund, der Vergleich paßt auf uns beide. Wir fuhren vorhin im Wagen bis zum Tor des Parkes. Auf den Straßen standen und liefen unzählige Leute. Sie grüßten – Du danktest. Sie schrien aus Leibeskräften: Vivat – und Hoch – Du lächeltest. Etwas blasiert. Aber wenn diese Leute einmal aufhören, freiwillig Statisterie zu bilden, dann hörst Du – nicht nur im Bett, sondern am hellen Tage – dann hörst auch Du, mein Freund, auf, ein wirklicher König zu sein!"
Der König blieb mit einem scharfen Ruck stehen.
Er sah den Schauspieler fest an.
Seine Lippen wurden blaß und zuckten.
Plötzlich drehte er sich um.
Mit raschen Schritten ging er zum Wagen und fuhr zurück.
Allein.
Die Freundschaft war aus.
Die Freunde sahen sich nie wieder.
Und nie wieder besuchte der König ein Theater.
Er wurde ein Denker.
Bekam die fixe Idee, ein ganz gewöhnlicher Sterblicher zu sein.
Mußte infolgedessen abdanken.
Starb fünf Jahre später.
Im Wahnsinn.
Sagte man.

Für die Spielzeit 1907/08 erwirbt Ret Marut am Theater in Essen eine Mitgliedskarte der Genossenschaft Deutscher Bühnen-Angehöriger. 1908 spielt er in Suhl im Thüringer Wald, in der nächsten Saison in dem ebenfalls im Thüringer Wald gelegenen Ohrdruf. Von dort ist eine polizeiliche Meldekarte erhalten, in der als Geburtsort San Franzisco, als Geburtsdatum der 25.2.1882 angegeben ist. Von Ohrdruf geht Marut nach Crimmitschau in Sachsen, eine Stadt mit Textilindustrie, eine "der ältesten Zentren der deutschen Arbeiterbewegung". Dort hat es 1903/04 einen großen Streik gegeben. Bei einer Rede vor Streikenden in Chemnitz ist jener Satz gefallen, der 1904 zu Rosa Luxemburgs erster Gefängnisstrafe wegen Majestätsbeleidigung geführt hat:
„Der Mann, der von der guten und gesicherten Existenz der deutschen Arbeiter spricht, hat keine Ahnung von den Tatsachen."
Eines der ersten Stücke, in denen Marut in Crimmitschau auftritt, ist das Lustspiel „Im bunten Rock". Der ihn betreffende Abschnitt in der Theaterkritik der Lokalpresse lautet:
„Der im Waffenrock steckende junge Gelehrte Dr. Wendland machte einen vortrefflichen Eindruck; wir wollen Herrn Marut unsere Anerkennung dazu aussprechen." Auch als Pfarrvikar weiß er durch „Haltung, Gang und Mienenspiel" zu gefallen und erregt Heiterkeit, während er in dem Schauspiel „Die Else vom Erlenhof" den jähzornigen Heiratskandidaten Bertel „recht effektvoll" spielt.
Das ist alles „Schmiere", oder wie Marut es später selbst nennt „Zirkus". Aber auch an einer „Schmiere" kann man lernen. Vielleicht wird die Heuchelei und doppelte Moral bürgerlicher Gesellschaft selten so augenscheinlich wie im Milieu dieser kleinen Bühnen. Einerseits sind Schauspielerinnen und Schauspieler Ausgestoßene, andererseits braucht man sie doch ... zur Ablenkung, für einen Pseudokunstgenuß. Kunst soll schon sein, Theater: damit man sich zeigen kann, weil der Mensch nun mal etwas fürs Gefühl braucht und sich nach soviel Gewerbefleiß auch mal entspannen muß. Aber bitte, Kunst möge nur nicht ernst machen. Sie soll schmücken, bestätigen, verklären, erheben, nicht aufschrekken, kritisieren, die Zähne zeigen.
Im März 1909 tritt nach allerlei Komödien und Possen, nach viel Schmieren- und Klamauktheater, Marut in einem Theaterstück auf,

das vom Thema her sehr wohl kritisch, desillusionierend, entlarvend sein könnte. Es heißt „Heines Leiden". Es schildert den Aufenthalt des jungen Heine in Hamburg. Ein junger Mann, der seine ersten Gedichte geschrieben hat, soll partout Kaufmann werden, im Kontor des reichen Onkels Salomo. Und er hat auch noch das Unglück, sich in seine schnippische Cousine zu verlieben. Heine wird später über diese Situation den knapp-ironischen Vers schreiben:

> Es ist die alte Geschichte
> doch ist sie ewig neu
> und wem sie just passieret,
> dem bricht das Herz dabei.

Marut spielt den jungen Heine. Und was schreibt der „Crimmitschauer Anzeiger"? – Mit Wohlwollen?
„Wir freuen uns, Ret Marut einmal in einer größeren Rolle gesehen zu haben, die uns sein Spiel besser würdigen ließ. Er ist in unsern Berichten des öfteren vielleicht sehr knapp weggekommen. Um so mehr ist es uns ein Bedürfnis, heute durch rückhaltlose Anerkennung seiner gestrigen Leistung Versäumtes nachzuholen. Über Heine liegt der Zauber der Jugend, des Werdenden, des Großes Versprechenden; die Begeisterung für die Kunst, der eigenartige Reiz des in heißer stürmischer Liebe entbrannten Jünglings, dessen Herz zugleich innige Dankbarkeit gegen den Onkel erfüllt, der ihm viel Gutes erwiesen; oft aber erfüllte ihn tiefe schmerzliche Bitterkeit, daß er den Erwartungen aller derer, die ihn lieben, nicht entsprechen kann. Alles dies wußte Ret Marut in überraschend lebenswahrer Weise zur Darstellung zu bringen. Vornehm in Miene, Wort und Haltung, packend in seiner Leidenschaftlichkeit war sein Heine eine durchaus sympathische Persönlichkeit, der man die wärmste Anteilnahme nicht versagen konnte..."
Da hat man die Kunstgesinnung der Kleinbürger, die auch den jungen Brecht so aufreizte.
In Crimmitschau verliebt sich Ret Marut in die Schauspielerin Elfriede Zielke, die häufig, wie aus den Theaterkritiken zu ersehen, in denselben Stücken wie er aufgetreten ist. 1910 geht Marut mit ihr vorübergehend nach Berlin. Vielleicht um seine Ausbildung als Schauspieler zu vervollständigen, vielleicht aber auch, um den Versuch zu unternehmen, als freier Schriftsteller zu leben, denn schon

zu dieser Zeit hat er kleine Satiren, Kurzgeschichten, bösartige Parabeln verfaßt.
Elfriede Zielke erzählt er den ersten jener zahllosen von ihm erfundenen Lebensromane. Er will auf einem Schiff geboren worden sein. Die Geburtsurkunde liege in San Franzisco bzw. habe sich dort befunden. Das Erdbeben oder der sich anschließende große Brand in der Stadt im Jahre 1906 hätte das Dokument leider vernichtet. (Auffällig, daß die Jahreszahl 1906 in etwa mit Ottos neuem Leben als Ret Marut übereinstimmt.)
Seine Mutter, sie soll eine Irin gewesen sein, hat angeblich, als er zwölf Jahre alt war, Selbstmord begangen. Danach sei er von einer Gouvernante erzogen worden, und als Tänzer in der ganzen Welt herumgekommen.
Rudolf Recknagel weist in seinem Buch über B. Traven darauf hin, daß dieser Lebenslauf ganz offensichtlich aus der Handlung eines Romans von Hermann Bang mit dem Titel „Die Vaterlandslosen" abgeleitet worden ist.
„Der Geigenvirtuose Graf Joan Ujhazy befindet sich immerfort ruhe- und heimatlos auf Tournee. Geboren wurde er auf der ‚Insel der Vaterlandslosen', das ist die Donauinsel Adah-Kaleh unweit des Eisernen Tores. Seine Mutter, eine Dänin, starb aus Schwermut und Sehnsucht nach ihrer Heimat. Die Erziehung Joans erfolgt durch eine Gouvernante. Der Vater weilt meist in London. Joan bleibt bis zu seinem Lebensende heimatlos und einsam."

Interessant ist in diesem Zusammenhang auch, daß Ret Marut Kollegen erzählt, sein Vater sei rumänischer Abstammung.
Als das Gespräch aufs Heiraten kommt, erklärt Marut seiner Freundin, die inzwischen ein Kind von ihm erwartet, sie müsse ihn nach England begleiten. Nur dort seien die nötigen Papiere zu beschaffen.
Am 20. März 1912 kommt das Kind Elfriede Zielkes und Ret Maruts zur Welt: eine Tochter, die den Namen Irene erhält.

Marut hat inzwischen eine Tour mit einer Wanderbühne durch Pommern, Ost- und Westpreußen, die Provinz Posen und Schlesien hinter sich und ist am Stadttheater in Danzig engagiert. Auch Elfriede spielt bald wieder. Im August 1913 treffen sie sich noch

einmal zu einem vierzehntägigen Urlaub in Tangermünde, wo Elfriede ein Engagement hat.
Ende 1914 kommt es zwischen ihnen endgültig zum Bruch und zwar unter bühnenreifen Umständen.
Elfriede Zielke hat einen Verehrer, den sie offenbar in der Erwartung, Ret Marut werde sie doch noch heiraten, mehrfach abgewiesen hat. Nun – der I. Weltkrieg ist inzwischen ausgebrochen – hat sich jener Herr Garding hinter die Mutter seiner Angebeteten gesteckt, die ihre Tochter gern unter der Haube sähe. Herr Garding ist zum Militär einberufen worden. Über die Mutter gelingt es ihm, von Elfriede die Zustimmung zur Eheschließung zu erpressen, „weil er sonst im Krieg den Freitod suchen würde."
Seit Mai 1912 hat Marut ein Engagement am Schauspielhaus Düsseldorf. Er erhält ein Monatsgehalt von 170 Mark brutto, spielt meist Nebenrollen. Ohne zusätzliches Entgelt arbeitet er auch noch an der Theaterzeitschrift „Masken" mit. Im Sommer 1914 spielt er am Künstlertheater in München, das aber nach Kriegsausbruch schließt. Marut tingelt in Solingen, Köln, Metz und Straßburg. Am 30. Juni wird ein mit dem Düsseldorfer Schauspielhaus bestehender Vertrag für die nächste Saison nicht erneuert. Er will gleich Urlaub nehmen. Als die Leitung des Theaters das ablehnt, kündigt er mit einem Brief, der einen einzigen geheimnisvoll klingenden Satz enthält:

„Ich stehe vor dem Abschluß sehr weitgehender Verpflichtungen, die meine absolute Objektivität und völlige Parteilosigkeit dem Schauspielhaus gegenüber bedingen."

In Düsseldorf hat er die Schauspielschülerin Irene Mermet (Bühnenname: Irena Alda) kennengelernt. Das Mädchen ist 1893 in Köln geboren. Sie ist die Adoptivtochter des Kaufmanns Fritz Mermet, hat 1913/14 der frei-sozialistischen Siedlungsgemeinde (Volkslandbund) angehört. Sie hat dann für kurze Zeit eine Schauspielschule besucht, die sie mit 450 Mark Schulden verläßt. Mit ihr zusammen reist Marut nach München, um dort einen Kleinverlag für anarchistisch-pazifistische Schriften zu eröffnen, der Irene Mermets Namen trägt, während er ab September 1917 damit beginnt, die Zeitschrift „Der Ziegelbrenner" herauszugeben. Schon die Notiz im Impressum verrät etwas von der rabiat-anarchistischen Nonkonformität dieses Blattes. Sie ist zugleich auch ein bissiger Tadel über gewisse damals wie heute übliche Unarten im Pressewesen:

Der Ziegelbrenner

bringt in seinen, in zwangloser Folge erscheinenden Heften
Aufsätze über:
Politik, Handelspolitik, Volkswirtschaft,
Staatsphilosophie, Soziologie;
ferner:
schöngeistige Beiträge, Buchbesprechungen, Theaterberichte und Randbemerkungen zu Streit- und Tagesfragen.

Preis des einzelnen Heftes: 40 Pfg.
Preis für 6 aufeinanderfolgende Hefte unter Streifband: 2.— M., für 12 Hefte: 3.60.

Je nach Umfang oder Herstellungskosten kann der Preis des einzelnen Heftes zuweilen auch höher oder geringer sein. Die vorauszahlenden Bezieher kommen hierbei nicht zu kurz.

Geschäftsstelle des Verlags:
München 23, Clemensstrasse.
Postscheck-Konto: 8350 Amt München.

Zur Beachtung: Bücher, die dem Herausgeber, der Schriftleitung oder den Mitarbeitern des „Ziegelbrenner" wichtig genug erscheinen, um besprochen oder empfohlen zu werden, kauft der Verlag der Zeitschrift an. Deshalb wird die Zusendung von Büchern, sogenannten Rezensions-Exemplaren, höflichst verboten. Waschzettel kommen dahin, wohin sie gehören; aufgenommen werden sie jedenfalls nicht.
Ebenso höflichst und ebenso bestimmt verbittet sich die Schriftleitung das Zusenden von Freikarten für Theater-Vorstellungen, Konzerte, Vorträge, Kino-Eröffnungen, Fest-Essen, Empfangs-Feierlichkeiten und Denkmals-Enthüllungen. Was hiervon wichtig ist, weiss die Schriftleitung selbst. Sie bedarf darum keiner Mithilfe, die sie, wie die Umstände nun einmal liegen, als Beleidigung auffassen würde. Die Vertreter dieser Zeitschrift legen gar keinen Wert darauf, in der ersten Parkett-Reihe gesehen zu werden und fühlen sich, wenn die Sache wirklich wichtig ist, notwendigenfalls auf einem Galerie-Stehplatz genau ebenso wohl.
Die vielleicht damit verknüpften Unbequemlichkeiten werden reichlich wettgemacht dadurch, für Bücher und Freikarten nicht Danke schön sagen zu müssen und statt dessen das Urteil unabhängiger zu erhalten.
In diesem Sinne wünschen Schriftleitung und Verlag alles aufgefasst zu wissen, was ähnlichen Zwecken und Absichten dient. Ausdrücklich sei auch denen gesagt, die in dieser Zeitschrift zu inserieren gedenken. In dieser Zeitschrift erscheinende Inserate sollen dem Leser dienen, nicht dem, der das Inserat bezahlt. Aus diesem Grunde behalten sich Schriftleitung und Verlag das Recht vor, jedes eingehende Inserat ohne Angabe von Gründen abzulehnen. Eine Zensur auszuüben, masst sich die Schriftleitung damit durchaus nicht an, weil dem, der inserieren will, ja unzählige andere Gelegenheiten, seine vollen Wünsche erfüllt zu sehen, zur Verfügung stehen.
Es scheint, dass mehr wohl nicht gesagt zu werden braucht, um jedem zu zeigen, was gemeint ist und wie es gemeint ist.

Verlag: Der Ziegelbrenner.

Wenn es diesen Begriff damals schon gegeben hätte – ‚alternative Zeitschrift' wäre eine zutreffende Bezeichnung für den „Ziegelbrenner". Der Name der Zeitschrift wird viel später Anlaß zu Spekulationen. Ist es ein Zufall, daß der Mann, der mit großer Wahrscheinlichkeit Maruts Vater war, den Beruf eines Ziegeleiarbeiters ausgeübt hat?

Café Altamira:
Von Cortez zu Kaiser Maximilian

„Ich betrachte den mexianischen Indianer und den mexikanischen Proletarier, der zu fünfundneunzig Prozent Indianer ist, als meinen Herzensbruder;"

B. Traven in einem Brief vom 18. Okt. 1927

Der Mann in der Hängematte starrt in den Regen, der in ein grünes Blattgewirr fällt, und plötzlich ist es ihm, als verwandelten sich diese Spritzer in das Aufblitzen von Helmen und Lanzen, in die Rüstungen der spanischen Invasoren...

300 000 Einwohner zählte die Hauptstadt des Aztekenreiches. Drei mächtige Dämme aus Stein und Mörtel schützten sie vor den Fluten des Sees. Tlatelolco, ein von einem anderen Stammeszweig gegründeter Ort, erhob sich auf einer aufgeschütteten Erdinsel. Die Wasserstraße zwischen den beiden Städten überspannte eine Brücke. Bernal Diaz, der Chronist der Cortes Expedition, der auf die Stadt von der Plattform einer großen Pyramide hinsah, zu deren Spitze 124 Stufen hinaufführten, vergleicht den Grundriß der Stadt mit einem gewaltigen Schachbrett, dessen ziemlich regelmäßigen Vierecke durch unzählige Kanäle voneinander getrennt sind. „Um zwei Mittelpunkte gruppierte sich das Stadtbild: um den großen Tempelplatz Tenochtitlans einerseits, der mit weißen Steinen gepflastert war, und den Palast Moctezumas, tepac genannt, und andererseits um die prachtvollen ins Wasser gebauten Gebäude und Tempel von Tlatelolco als zweiten Mittelpunkt. Eine große Hauptstraße durchschnitt vom südlichen Dammweg aus die Stadt in ihrer ganzen Länge. Es war die Prunkstraße Tenochtitlans, an der sich herrliche Paläste und zahlreiche terrassenförmige Blumenanlagen hinzogen. Zwei Tore begrenzten die Straße, die man vom Festland aus nur über hölzerne Zugbrücken erreichen konnte. Auch in der Stadt selbst gab es eine Menge aus Balken zusammengesetzte Brücken."

Zeitgenössische Schriftsteller, die das pulsierende Leben der aztekischen Hauptstadt noch miterlebt haben, veranschlagen in ihren Berichten die Zahl der Boote und Pirogen, die die Hauptstadt durchkreuzen und den Verkehr nach allen Richtungen des Festlandes vermitteln, auf 30 000 bis 50 000.

Am Gründonnerstag des Jahres 1519, am 21. April, geht Hernan Cortes mit elf Schiffen bei San Juan de Ulua, einer kleinen, der mexikanischen Küste unweit der heutigen Stadt Veracruz vorgelagerten Insel, vor Anker. Seine Truppe besteht aus 16 gepanzerten Reitern und über fünfhundert Landsknechten, zehn Kanonen und vier Feldschlangen.

Bis zu dem Tag, da diese Europäer die Hauptstadt des Aztekenreiches, zu deren Schönheit den Eroberern kein passender Vergleich einfallen wird, dem Erdboden gleichgemacht haben, vergehen 28 Monate.

Schon in Cempoalla wird der Plan klar, nach dem Hernan Cortes vorzugehen beschlossen hat. Er läßt die aztekischen Steuerbeamten festnehmen. Als die Bevölkerung sich ob dieser Anmaßung fürchtet, wird ihr zu verstehen gegeben, wenn sie sich auf Seiten der Spanier stelle, werde sie in Zukunft keinen Tribut zahlen müssen. Dann werden die Tempel gestürmt, verwüstet und verbrannt. Eine erste Messe wird gelesen. Die Bevölkerung wird im Kerzenziehen unterrichtet. Was man tatsächlich im Sinn hat, beschreibt Bernal Diaz del Castillo, der Chronist des Unternehmens, so:

„Gott und seiner Majestät zu dienen und denen Licht zu bringen, die in der Finsternis waren, auch Reichtümer zu erlangen, wie wir Menschen das gemeinhin zu halten pflegen."

Nachdem die neugegründete Stadt Veracruz ausgebaut und befestigt worden ist, setzt sich die spanische Streitmacht am 16. August 1519 ins Landesinnere in Marsch.

Bei dem Stamm der Tlaxcatexen findet Cortes keine Unterstützung. Man hat davon gehört, daß Sendboten Moctezumas schon mit den Spaniern gesprochen haben. Man fürchtet, die Spanier könnten auf Seiten des Erzfeindes stehen. Dennoch gelingt es den Spaniern, im Triumph in der Hauptstadt Tlaxcala einzuziehen. Der Friedensschluß wird dadurch bewerkstelligt und gesichert, daß die Töchter der vornehmen Leute unter den spanischen Offizieren aufgeteilt werden. Großzügig verteilen die Spanier als Gastgeschenke blaue und grüne Glasperlen.

Unterdessen hat Moctezuma seine Bereitschaft bekunden lassen, die Invasoren in Tenochtitlan zu empfangen. Er hält Cortes für Quetzalcoatl, der übers Meer in sein altes Reich zurückgekehrt ist. In der von den Azteken beherrschten Stadt Cholollan richten die Spanier, offenbar lediglich um die Eingeborenen zu beeindrucken, ein Massaker unter einer großen Versammlung in einem Tempelhof an. Die spanischen Chronisten sprechen von einem Hinterhalt, gegen den ein Präventivschlag notwendig geworden sei.

Moctezumas Begrüßungsworte – Warnungen seines Bruders Cuitlahuac, die Fremden zu verjagen, ehe es zu spät sei, hat er in den Wind geschlagen – beweisen, daß er in den Ankömmlingen Götter sieht: Er spricht zu Cortes:

„Herr, du bist müde. Die Reise muß dich erschöpft haben, aber nun bist du auf die Erde gekommen. Du bist gekommen in deine Stadt, nach Mexico. Du bist hierhergekommen, um auf deinem Thron zu sitzen. (...) Die Könige, die schon dahingegangen sind, deine Stellvertreter, haben ihn bewahrt für deine Ankunft." (Codex Florentino) Die Spanier fühlen sich in der Stadt in ein Zauberreich versetzt. „Einige unserer Männer", schreibt Bernal Diaz del Castillo, „meinten, das seien alles nur Traumgeschichten."

Die Spanier werden sehr ehrerbietig behandelt. Man weist ihnen gute Quartiere an. Die Bewirtung läßt in nichts zu wünschen übrig. Aber Cortes hört, daß die zum Widerstand gegen die Spanier drängende Partei langsam Einfluß gewinnt. Da läßt er Moctezuma im Handstreich gefangennehmen und gefesselt zu sich bringen. Darauf zieht der Konquistador sich mit einem Teil der Truppen zur Küste zurück. Dort ist nämlich ein anderer Spanier, Narvaez, gelandet und schickt sich an, ihm seine Beute streitig zu machen.

Während seiner Abwesenheit überfällt sein Stellvertreter Alvarado in der Hauptstadt am 23.5.1520 während des Toxcatlfestes den versammelten aztekischen Adel:

„Da hub ein groß Gemetzel an, bis die Leichen sich im Tempelhof häuften... die Mexikaner konnten sich nur mit Holzstäben wehren, sie wurden mit den Schwertern in Stücke geschlagen."

Cortes besiegt Narvaez, kehrt zurück. Nach ihren schlechten Erfahrungen sind die Azteken jetzt nicht mehr bereit, die Spanier weiter in Tenochtitlan zu dulden. Als Moctezuma zu vermitteln versucht, wird er von den eigenen Leuten mit einem Steinwurf getötet.

Andere Quellen behaupten, die Spanier hätten ihn erdrosseln lassen. Cortes muß danach aus der Stadt fliehen. In dieser „noche triste" (traurigen Nacht) kommt ein großer Teil seiner Soldaten ums Leben.

Mit dem Rest seiner Truppen zieht er sich nach Tlaxcala zurück. Als er wieder am See auftaucht, hat er indianische Verbündete gewonnen. Nun ist er auch zahlenmäßig den Azteken überlegen. Den-

noch dauert es drei Monate, ehe er die Stadt, die von jeglicher Trinkwasserversorgung abgeschnitten ist und in die die Spanier die Pocken eingeschleppt hatten, einnehmen kann. Während der Belagerung und der nachfolgenden Zerstörung kommen nach vorsichtigen Schätzungen zweihunderttausend Indianer ums Leben.
Nach dem Tod von Cuitlahuac hat Cuauhtemoc den Befehl über die Verteidiger übernommen. Als die Spanier ihn aufspüren, foltern sie ihn grausam.
Sie hoffen, so das Versteck des aztekischen Thronschatzes in Erfahrung zu bringen.
Danach muß er sie auf einer Expedition begleiten. Unterwegs läßt ihn Cortes unter dem Vorwand, er habe versucht eine Verschwörung anzuzetteln, beseitigen.
Mit großer Brutalität sichert nun Cortes das eroberte Land. Bernal Diaz berichtet von Verbrennungen bei lebendigem Leib und vom Brennen der Eingeborenen durch glühende Eisen, in der Art wie man Pferde und Rinder mit Brandzeichen versieht.

Die Rechtfertigung für ein solches Vorgehen haben zeitgenössische Theologen und Philosophen geliefert. Weil die Spanier in höherem Maße der Vernunft teilhaftig sind als die Indios, ist die Herrschaft der einen über die anderen, notfalls mit Waffengewalt erzwungen, richtig und Gott wohlgefällig.

Natürlich ist der Bericht der ersten europäischen Chronisten der Eroberung Mexikos für uns von großem Interesse. Diaz schildert die Ereignisse aus der Sicht eines einfachen Soldaten. Er schreibt weniger parteiisch als Cortes selbst, der in seinen „Cartas" als gebildeter Renaissance-Mensch in politisch-ethischen Fragen vor allem an Macchiavelli orientiert ist und sich als ein guter Propagandist seiner Taten erweist. Freilich, auch Diaz ist ein Kind seiner Zeit: Er glaubte, die Spanier hätten eine religiöse Mission in Amerika zu erfüllen und die Krone hätte das Recht, die Indios zu erobern. Aber er wußte auch um die Verbrechen der Eroberer und meinte, daß die Indios nicht wie Sklaven behandelt werden dürften. Obwohl er einige Eingeborenensprachen erlernte, hat er den wirklichen Sinn ihrer Religion und Bräuche nie recht verstanden. Er ist bereit zu glauben, daß Moctezuma Kinderfleisch ißt. Er sieht die Polygamie (Vielweiberei) und Sodomie (Mißbrauch von Tieren) mit tadelnden Blicken. Dennoch ist er der erste Spanier, der einen Eingeborenenfürsten als dem spanischen Eroberer ebenbürtig darstellte. Sein Doppelporträt von Cortes und Moctezuma ist ein Meisterwerk dramatischer Kunst.

Drei Jahre nach Cortes kommt Fra Bernadino de Sahagun, geboren 1499, nach Mexiko. Er hat noch 60 Jahre zu leben. Bis 1590 bereist er predigend und missionierend fast alle Teile Mexikos. Vor allem aber stellt er dabei eine Enzyklopädie der aztekischen Kultur zusammen, die 1548 unter dem Titel „Historia des las Cosas de la Nueva España" erscheint.

Mit ihr schafft er die Voraussetzungen für ein anderes, Jahrhunderte später entstehendes Buch, der „"Vision de los vencidos" von Miguel Leon Portilla, in dem wie in einem Spiegel das „mitleiderregende, fürchterliche Bild des Völkermordes" gezeigt wird.

Es beginnt nun eine lange Zeit, in der die Indios ihrer Zivilisation beraubt, in Schuldsklaverei gepreßt, der Willkür der königlichen

Behörden, des Großgrundbesitzes und der Kirche preisgegeben bleiben.

Auch der geringste Versuch eines Widerstandes wird mit drakonischen Strafgerichten und Vergeltungsmaßnahmen geahndet.

Diese Phase der mexikanischen Geschichte ist gekennzeichnet durch den Raub von Edelmetallen, insbesondere von Gold.

Welches Ausmaß die Unterdrückung hatte, wieviel Opfer sie kostete, wird klar, wenn man hört, daß vom Beginn der spanischen Eroberung bis Anfang des 16. Jahrhunderts die Zahl der indianischen Bevölkerung von 11 Millionen auf 2,5 Millionen (in Zentralmexico) abgesunken ist. Für eine zweite Phase der Kolonialzeit ist die Herausbildung von Großgrundbesitz und die wirtschaftliche Ausbeutung der neuen Kolonien durch die spanische Krone bezeichnend. Die Gewinne aus Bergbau und Landwirtschaft fließen nach Spanien. Die Wirtschaft wird in Neu-Spanien (Mexiko) auf den Silberexport ausgerichtet. Mexiko wird zeitweilig zum größten Silberproduzenten der Welt, aber die Verarbeitung des Rohstoffes im Land selbst wird durch die Krone verboten.

Im einzelnen sieht die Gesellschaft bzw. ihre Gruppen in den Jahrhunderten spanischer Kolonialherrschaft etwa wie folgt aus:

„An der Spitze die gebürtigen Europaspanier (höchsten 140 der Bevölkerung); sie besetzen die wichtigsten Ämter der staatlichen Verwaltung. Es folgt die einheimische Oberschicht der kreolischen Großgrundbesitzer, Bergwerksunternehmer und Eigentümer von Manufakturen: sie verfügen über Privilegien; Kreolen besetzen mittlere Ämter in Militär und Verwaltung. Mestizen dominieren im Handwerk, Kleinhandel und kleinerem Landbesitz; kaum Zugang zu Staatsämtern. Die Arbeiterschaft der Bergwerke und Manufakturen besteht aus Mestizen, Indios und verarmten Kreolen. Auf der untersten Stufe: die entrechtete und benachteiligte Masse der indianischen Bauern, Landarbeiter und peones. Als Disziplinierungsmittel fungiert seit 1571 das Tribunal der Inquisition."

(Münzberg/Nungesser)

Erst mit den Kämpfen um die Unabhängigkeit zu Anfang des 19. Jahrhunderts, an denen in größerem Ausmaß auch indianische Truppen teilnehmen, erwacht wieder das Selbstbewußtsein der indianischen Bevölkerung.

In der ersten Phase des Unabhängigkeitskampfes stehen unter der Führung eines Dorfpfarrers Hidalgo die indianische Landbevölkerung, die städtischen Armen und kleinbürgerlichen Gruppen zusammen. Sie verlangen nicht nur die Unabhängigkeit, sondern erheben auch soziale Forderungen wie Rückgabe der indianischen Ländereien, Aufhebung der Kopfsteuer, Abschaffung der Sklaverei und des Sklavenhandels.

Nach einer militärischen Niederlage wird Hidalgo festgenommen und erschossen.

Nicht anders endet 1815 der Aufstandsversuch unter Pfarrer Morelos. Von ihm ist nicht nur die Abschaffung der Sklaverei, sondern sogar auch die Gleichstellung der Rassen gefordert worden.

Als 1820 die Unabhängigkeit durch ein Bündnis von Klerus, Armee und Teilen der Kolonialverwaltung endlich durchgesetzt wird, bleiben wichtige soziale Probleme ungelöst.

1862 kommt es zur zweiten Eroberung Mexikos durch eine europäische Großmacht.

1857 ist eine liberale Verfassung in Mexiko in Kraft getreten. Mit ihr wird bei allgemeinem Wahlrecht die parlamentarische Republik eingeführt. Religiöse Orden werden verboten. Die strikte Trennung von Kirche und Staat wird verfügt.

Als die liberale Regierung die Aussetzung der Rückzahlung von Auslandsschulden beschließt, intervenieren Spanien, Frankreich und England.

Frankreich schickt ein Heer nach Mexiko, das 1863 die Hauptstadt des Landes einnimmt.

Frankreich kann bei diesem Vorgehen mit der Unterstützung des Klerus und der Konservativen im Land rechnen, die lieber Soldaten einer ausländischen Macht in Mexiko sehen als sich mit einem Sieg der Liberalen abfinden wollen.

Die Begründung Frankreichs für seine Einmischung in die inneren Angelegenheiten eines anderen Staates liest sich in einem Brief von Louis Bonaparte an den Oberbefehlshaber des französischen Heeres so:

„Wenn Mexiko mit Hilfe französischer Waffen eine stabile Regierung errichten kann, haben wir den Fluten der Vereinigten Staaten einen undurchdringlichen Wall entgegengesetzt ... wir haben dann unse-

ren heiligen Einfluß im Zentrum Amerikas geltend gemacht und dieser Einfluß wird nach Norden ausstrahlen, riesige Märkte für unseren Handel schaffen und Rohstoffe besorgen, die für unsere Industrie unerläßlich sind."

Ein fabelhaftes Dokument, will man verstehen lernen, was Imperialismus bedeutet.

Maximilian von Habsburg wird mit Hilfe der französischen Truppen 1864 als mexikanischer Kaiser eingesetzt. Er kontrolliert aber während seiner Amtszeit nie ganz Mexiko, da die Republikaner unter Führung von Benito Juarez Widerstand leisten.

1867 erzwingen die Republikaner den Abzug der französischen Truppen.

Maximilian wird gefangengenommen und erschossen.

Die sich anschließende freiheitliche Periode dauert nicht lange. 1872 stirbt Benito Juarez, seit Abzug der Franzosen Präsident der mexikanischen Republik.

1874 ergreift General Porfirio Diaz mit einem Staatsstreich die Macht.

Gestützt auf das Militär, den Großgrundbesitz, die Kaufleute und das ausländische Kapital, errichtet er eine zentralistische Diktatur.

An diesem Tag wird dem Mann in der Hängematte, der in Gedanken die Epochen der Geschichte Mexikos Revue passieren läßt, ein Muster klar, das sich in der Geschichte dieses Landes mit schöner Regelmäßigkeit wiederholt.

Mal offen, mal verdeckt, wird es zum Gegenstand der Begehrlichkeit der weißen Männer nach Profit und Besitz.

Aber ist dies eine besondere Eigenschaft der Weißen, so fragt er sich? Und meint diese Frage, die er sich selbst gestellt hat, nicht unbedingt mit „ja" beantworten zu können.

Diese Begehrlichkeit ist an etwas anderes geknüpft. Sie war auch bei den Azteken vorhanden, als ihr Reich größer und größer wurde.

Was geht da vor? Etwas treibt einen Staat zu Größe und Macht. Zu noch mehr Größe, noch mehr Macht, als jeder Staat ohnehin immer schon besitzt.

Um groß und mächtig zu werden, geht es ohne Gewalttaten nicht ab. Welche Entschuldigungen dafür auch erfunden werden, es kommt zu Angst und Schuldgefühlen. Diese wiederum versucht man durch Prestige zu betäuben.

Prestige leitet sich aber vor allem aus dem Besitz materieller Dinge her. Also noch mehr Profit, noch mehr Macht, noch mehr rücksichtsloser Mißbrauch.

Wollte man diesen Kreislauf, diese Steigerung durchbrechen, müßte man die Anhäufung von materiellem Besitz in Verruf bringen. Man müßte dafür sorgen, daß menschliche Gemeinschaften nicht zu groß werden, weil mit der Größe die Möglichkeit der Kontrolle von Macht abnimmt. Man müßte dafür sorgen, daß Menschen, sofern sie Macht haben, sich nicht an die Bequemlichkeit der Macht gewöhnen und diese durch noch mehr Machtzuwachs zu sichern versuchen.

Der Mann, der im Café Altamira in der Hängematte schaukelt, sieht sich einmal mehr in seiner anarchistischen Gesinnung bestätigt.

Der Redakteur

„Man gebe den Menschen ein bewegteres, ein reicheres, ein vollsaftigeres Leben; man mache ihnen die Arbeit zur Freude und nicht zum bloßen Mittel, die Nahrung schwer genug zu sichern; man gebe den Menschen jede Möglichkeit, ihre ganzen Fähigkeiten und Begabungen anzuwenden und auszunutzen, statt sie verkümmern zu lassen. Dann würden keinerlei Kriegshetzereien irgendwelchen Erfolg haben, in keinem Land."

Der Ziegelbrenner, 1. September 1917

Für einen überzeugten Pazifisten muß der Hurrapatriotismus, der in den ersten Tagen des 1. Weltkriegs herrschte, erschreckend gewesen sein. Niemand hat diese Stimmung von Todesbegeisterung, chauvinistischem Nationalismus, Hetze und Massenhysterie besser beschrieben als Rosa Luxemburg in der sogenannten „Junius-Broschüre", in der sie den Zustand der deutschen Sozialdemokratie kritisiert, die im entscheidenden Augenblick im Reichstag für die Kriegsanleihen und damit für den Krieg stimmte.

„Rausch. Der patriotische Lärm in den Straßen, die Jagd auf Automobile, die einander jagenden falschen Telegramme, die mit Cholerabazillen vergifteten Brunnen, die auf jede Eisenbahnbrücke Berlins bombenwerfenden russischen Studenten, die über Nürnberg fliegenden Franzosen, die Strassenexzesse des spionewitternden Publikums, das wogende Menschengedränge in den Konditoreien, wo ohrenbetäubende Musik und patriotische Gesänge die höchsten Wellen schlagen; ganze Stadtbevölkerungen in Pöbel verwandelt, bereit zu denunzieren, Frauen zu mißhandeln, Hurra zu schreien und sich selbst durch wilde Gerüchte ins Delirium zu steigern, eine Ritualmordatmosphäre, in der der Schutzmann an der Strassenecke der einzige Repräsentant der Menschenwürde ist. Die Reservistenzüge werden vom lauten Jubel der nachstürzenden Jungfrauen begleitet..."

Rosa Luxemburg ist eine Intellektuelle, die jahrelang auf internationalen Kongressen dafür gekämpft hat, durch eine Solidarität der europäischen Arbeiterschaft diesen Krieg zu verhindern.

Aber der einfache Arbeiter, der junge Wähler dieser Partei, von der man als einziger hätte erwarten können, daß sie eine kritische Haltung einnehme und humanistischen Grundsätzen treu bleibe – wie erlebt er diese Tage? Wilhelm Eildermann, der als nächster hier zu Wort kommt, ist damals gerade 17 Jahre alt geworden und gehört einer sozialistischen Jugendorganisation an:

„Am 1. August begann auch Deutschland mit der allgemeinen Mobilmachung. Damit waren wir in den tobenden Strudel des Weltkrieges herangekommen. Ich war mir bewußt, daß etwas Ungeheuerliches herannahte. Der Krieg, über den so viel geredet und geschrieben worden war, dessen Schrecken wir uns noch kurz vorher durch das

Buch von Lamszus ‚Das Menschenschlachthaus' in der Phantasie ausgemalt hatten, der Krieg war nun da. Die unerhörte Spannung durch die Unentschiedenheit der Situation, die nervenzerreißende Erwartung wich bei vielen für einen Augenblick dem Gefühl der Befriedigung darüber, daß die Weltgeschichte sich jetzt in Sprüngen entwickeln würde. Wohin? Die Frage blieb noch unbeantwortet im Raum stehen. Es war schwer, die Situation zu durchschauen. Fehlten uns allen doch auch die nötigen Informationen, um einen Einblick in die raffinierten Schachzüge der Imperialisten gewinnen zu können. Damals wußte das deutsche Volk nicht, daß die Regierung in Berlin die Kriegserklärung an Rußland bewußt nur deshalb forciert hatte, um die Arbeiter zu verwirren und die Sozialdemokratie für den Krieg ‚gegen den Zarismus' zu gewinnen.
Ich verfolgte täglich im Lesesaal der Arbeiterbibliothek im Gewerkschaftshaus die sozialdemokratische und bürgerliche Presse, und sehe heute noch die knallige Schlagzeile des Organs der Schwerindustrie, der ‚Rheinisch-Westfälischen Zeitung', vor mir: ‚Die Kosaken brechen in Deutschland ein!' So wurden die Arbeiter gefügig gemacht.
Eine Woche nach dem 28. Juli mit seinen machtvollen Protestversammlungen der Sozialdemokratie gegen den von Österreich, dem Verbündeten Deutschlands, begonnenen Agressionskrieg – eine Woche später bewilligte die sozialdemokratische Reichstagsfraktion einstimmig die Kriegskredite. Es gab keine Gegenstimme. Und durch den Mund Hugo Haases erklärte die Fraktion: ‚Wir lassen in der Stunde der Gefahr das eigene Vaterland nicht im Stich.' Dieser einstimmige Beschluß der Fraktion brachte die Verwirrung in der Arbeiterschaft auf den Höhepunkt und entwaffnete sie völlig. Tatsächlich hatte bei einem Teil der Arbeiter die Verwirrung schon vor diesem Beschluß eingesetzt, und zwar sowohl durch die Tatenlosigkeit der Sozialdemokratischen Partei, deren Aktivitäten sich auf ‚Willenskundgebungen' beschränkten, als auch durch das Trommelfeuer der nationalistischen Hetze. Mit dem 4. August aber versuchten sozialdemokratische Presseorgane alle anderen Zeitungen an Chauvinismus noch zu übertreffen."

Solche Augenzeugenberichte muß man kennen, will man begreifen, welch mutige Tat es ist, wenn Marut in diesen Jahren eine

Zeitschrift herausgibt, die unbeirrt den Krieg als ein schmutziges Geschäft und als Menschenschlächterei in Verruf zu bringen versucht. Wenn es September 1917 wird, ehe das erste Heft erscheint, so liegt das unter Umständen an der gewiß nicht einfachen persönlichen Situation Maruts. Es entspricht der Philosophie des „Einzelnen", daß seine ersten Vorkehrungen nach dem Schock des Kriegsausbruchs darauf ausgerichtet sein müssen, sich selbst dem Wahnsinn zu entziehen.

Die Chance, in Deutschland zu bleiben, aber nicht mit in den Krieg ziehen zu müssen, hat er vielleicht dann, wenn er nachweisen kann, daß er die Staatsbürgerschaft einer neutralen Nation besitzt.

Seit dem Jahr 1908 (frühere Zeugnisse sind nicht aufgefunden worden!) hat Marut eben darauf systematisch hingearbeitet. Er hat nicht nur versucht, seine amerikanische Staatsbürgerschaft glaubhaft zu machen, sondern auch, sich die entsprechenden Papiere zu verschaffen.

Immer wieder hat er bei den deutschen Einwohnermeldebehörden als Geburtsort San Francisco angegeben. Am 3. Juni 1915 schreibt er an die Gesundheitsbehörde dieser Stadt in den USA und ersucht um die Übersendung einer Geburtsurkunde. Von dort kommt ein Brief, dessen Inhalt Marut so unlieb nicht ist.

Die Behörde bestätigt, daß alle Geburtsregister der Stadt und des County San Francisco im Staat Kalifornien vor dem 18. April 1906 durch den Brand der Stadt am 18., 19. und 20. April 1906 zerstört wurden.

Mit diesem Brief begibt sich Marut im März 1917 auf das amerikanische Konsulat in München und stellt einen Antrag auf einen amerikanischen Paß. Zu diesem Zeitpunkt haben die Vereinigten Staaten die diplomatischen Beziehungen zum Deutschen Reich schon abgebrochen. Der amerikanische Konsul in München übt seine Amtstätigkeit in den Räumen eines spanischen Kollegen aus.

Ret Marut gibt an, er habe sehr wohl einmal eine Geburtsurkunde samt anderer Papiere, die seine amerikanische Staatbürgerschaft beweisen würde, besessen. Leider seien diese bei einem Brand in Pillkallen in Ostpreußen im Dezember 1910 verbrannt. (Wir erinnern uns: zu dieser Zeit ist er mit der Wanderbühne unterwegs gewesen. Tatsächlich hat es zu dieser Zeit in Pillkallen einen großen Brand gegeben.)

Er erzählt auch, er sei schon zweimal um einen amerikanischen Paß eingekommen, nämlich in Bremen im November 1914 und das zweite Mal 1915 oder 1916 in Köln.

Man habe ihm gesagt, solange er nicht vorhabe, in die USA einzureisen, brauche er keinen Paß und er möge sich die zwei Dollar Gebühren sparen.

Am 8. März 1917 beantragt er nun aber ein solches Dokument. Den Namen seines Vaters gibt er mit William Marut an. Angeblich hat er die USA 1904 verlassen. Er will sich in Frankreich und Spanien aufgehalten haben und lebt angeblich in München als Student der Philosophie und der Nationalökonomie. Für einen solchen Paßantrag muß man gewöhnlich Referenzen in den USA nennen. Dazu ist er nicht in der Lage. Er gibt aber, mit auffällig ungenauen Beschreibungen, drei Männer und eine Frau in San Francisco an. Durch den Vornamen „Ret" bei dem ersten dieser Zeugen soll offenbar der Eindruck erweckt werden, es handele sich um einen sehr nahen Bekannten seines Vaters, einen guten Freund, nach dessen Vornamen sein eigener Vorname gewählt worden ist.

Der schwache Punkt bei Maruts Angaben ist, daß „ein Mann von 35 behauptet, sich nicht an die Adresse zu erinnern, an der er mit 20 gewohnt hat." (Wyatt)

Trotzdem wird der Antrag immerhin angenommen und über die spanische Botschaft in Berlin nach Den Haag und von dort nach Washington weitergeleitet. Inzwischen haben die USA dem Deutschen Reich den Krieg erklärt. Maruts Paßantrag wird abgelehnt. Er kann kaum einen anderen Bescheid erwartet haben. Trotzdem hat der durch diesen Versuch einiges gewonnen. Er kann nun mehrere Briefe offizieller Stellen vorweisen, aus denen hervorgeht, daß zumindest die Möglichkeit einer US-Staatsbürgerschaft besteht. Wenn es hart auf hart kommt, wird er erklären, höhere Gewalt (Erdbeben, das Feuer und der Kriegsausbruch) hinderten ihn daran, schlüssige Beweise dafür beizubringen. So kann er sich einer drohenden Einberufung ins deutsche Heer zumindest für eine Weile entziehen, auf jeden Fall eine Entscheidung darüber hinauszögern, vielleicht sogar solange, bis der Krieg vorbei ist.

Nicht Soldat werden zu müssen, das hat er also geschafft. Und dies ist gewiß für den Anhänger der Philosophie des Einzelnen ein nicht unwichtiger Erfolg gewesen.

Zwei Fragen stellen sich im Zusammenhang mit seiner Zeitschrift „Der Ziegelbrenner". Man hat errechnet, daß Marut allein für die Herstellung der ersten vier Hefte zwischen dem 1. September 1917 und dem Juli 1918 6000 Goldmark aufwenden mußte, eine für die damalige Zeit beträchtliche Summe.

Woher nimmt er dieses Geld? Kaum anzunehmen, daß ein kleiner Schauspieler, der 150 Mark im Monat verdient hat, sich in den Jahren zuvor größere Rücklagen machen konnte.

Auch scheint es unwahrscheinlich, daß seine Freundin Irene Mermet soviel Geld aufbringt. Sie hat zwar einen wohlhabenden Adoptivvater; aber als sie die Schauspielschule in Köln verläßt, hat sie dort immer noch beträchtliche Schulden.

Kaum denkbar auch, daß sich „Der Ziegelbrenner" selbst getragen haben könnte. Die erste Nummer kostete 40, die zweite 60 Pfennig, aber die Auflage kann nicht groß gewesen sein. Ein Anzeigenaufkommen gibt es so gut wie nicht. Das unregelmäßige Erscheinen dürfte sich auf den Verkauf der Exemplare auch nicht sehr vorteilhaft ausgewirkt haben.

Begründet wird es bezeichnenderweise so:

„Ein bestimmter Erscheinungs-Tag wird weder diesmal noch überhaupt jemals vorher festgesetzt. Eingehalten würde er doch nicht. Das Unheil, das durch die Zeitung angerichtet wird, rührt nicht zum geringsten Teil daher, daß alle Zeitungen und 99 9/10% der Zeitschriften sich verpflichtet haben, auf die vorher festgesetzte Stunde zu erscheinen, ohne Rücksicht, ob der verwendbare Stoff ihnen zur Verfügung steht oder nicht ... Und wenn das Gute und das Wahre und das was der Menschheit dienen soll, nicht ausreicht, so nimmt man auch das Gegenteil, weil man muß. Aber wir müssen nicht und betrachten das als Vorteil und nicht als Nachteil."

Auch die Tatsache, daß der Herausgeber und Redakteur das Geld als die Wurzel allen Übels ansieht, wird ihn nicht davor bewahrt haben, die Drucker seines Blattes zu bezahlen, ganz abgesehen davon, daß Papierkontingente in diesen Jahren oft nur zu Wucherpreisen erhältlich sind.

Mit der Zensur hat „Der Ziegelbrenner" zwar Probleme gehabt, aber es ist auch erstaunlich, daß ein Blatt, das so schroff gegen Krieg, Nationalismus und Kaptitalismus polemisiert, nicht verboten wird. Auf beide Fragen lassen sich ganz nüchterne Antworten denken. Es mag sein, daß Marut reiche Gönner gehabt hat, die von seinem unbedingten und unbeugsamen Idealismus beeindruckt gewesen sind und ihm unter die Arme gegriffen haben.
Es könnte auch sein, daß die Zensur deshalb kein Verbot aussprach, weil sie den „Ziegelbrenner" als zu unbedeutend ansah, was nicht heißt, daß die in der Zeitschrift geäußerten Ansichten zahm oder harmlos gewesen wären.
Bedenken, sich Geld auch auf nicht sehr feine Weise zu beschaffen, sofern es ums eigene Überleben und das seiner Zeitschrift ging, wird Marut bestimmt nicht gehabt haben. Ähnlich wie der junge Brecht konnte er gesungen haben: „... und jeder nimmt, was er zu nehmen wagt ...!" Der aufsässig-subversive Ton, in dem im „Totenschiff" nur ein paar Jahre später über Pässe, Identitätspapiere und Dokumente gesprochen wird, beweist seine ganz und gar un-bürgerliche Einstellung.

In seinem mit „Wieder-Aufbau nicht Neu-Aufbau" überschriebenen Leitartikel des ersten „Ziegelbrenner"-Heftes schreibt Marut:
„Der Kapitalismus ist es gewesen, der den Menschen eingeredet hat: Das Höchste des Lebensziels ist Geld-Erwerb, weil Geld ... und hier könnte ich nun zwei dicke Bände anfügen, was man mit Geld und für Geld alles kann. Haben wir uns aber erst einmal zu der Auffassung bekannt, daß Geld das Erstrebenswerteste des Erdendaseins ist, so sind wir schon so in seinem Bann, daß uns alles, was nicht mit Geldgewinn zusammenhängt, nichtig erscheint, dagegen alles, was Geld bringt, für gut und richtig und für vernünftig gehalten wird, sei es auch sonst das Niederträchtigste alles Handelns. Nur so konnte es ja kommen, daß man überhaupt zu begreifen vermag, daß England Krieg führt, um bessere Geldgeschäfte zu machen und Deutschland den Krieg führt, um seine besser werdenden Geldgeschäfte zu sichern und zu stützen. Denn man mag das Ding drehen und wenden, wie man will, aus allen Poren dieses Krieges quillt uns der Begriff ‚Geld' entgegen. Selbst die Ideale, für die gekämpft wird, sind scharf und streng betrachtet

letzten Endes nur verzauberte Geldbegriffe. Mehr hierüber zu sagen verbieten die Zeitumstände, der Denkende bedarf dessen übrigens nicht..."
Wer zu so ernüchternden Einsichten über den Wert von Geld gekommen ist, kann keine Skrupel gehabt haben, es sich auch außerhalb der bürgerlichen Verkehrsform zu beschaffen, wenn er es zu einem aufklärerischen Zweck braucht.

Die Quintessenz dessen, was Marut mit seiner Antizeitschrift will, faßt er schon in der ersten Nummer in ein paar Sätzen zusammen: *1. Die Idee, daß der Mensch mehr wert ist als der Staat, darf nicht verloren gehen. 2. Wer nicht lügen will, braucht nicht zu lügen. Man kann alles sagen, selbst die Wahrheit, wenn man die Wahrheit über das persönliche Wohlbefinden stellt.*

Eine solche Haltung ist in Deutschland selten genug. Daß sie so selten war und blieb, hat entscheidend etwas mit der späteren Herrschaft des Nationalsozialismus und der Errichtung eines Systems zum Massenmord an den europäischen Juden zu tun. Was hier angesprochen wird, ist der Mangel an Zivilcourage in diesem Land, die Bereitschaft zum „täglichen Faschismus" oder, um es einfacher auszudrücken: die Unfähigkeit, durch Nein-Sagen und Verweigerung schon die Anfänge eines solchen Systems zu verhindern. Die Wurzeln für dieses System des deutschen Faschismus liegen in den Gesellschaftszuständen im kaiserlichen Deutschland: im Untertanengeist, im Kadavergehorsam, in einem zum Chauvinismus tendierenden Nationalismus, im Militarismus.

Maruts schneidender Zorn gilt den *„Kriegsanleihepredigern und Waffensegnern, diesem Ottergezücht der Tempelschänder, das während des Krieges seine Hauptaufgabe darin erblickte, für den Sieg der Vierzigzentimeter-Mörser, der Gasangriffe, der Zeppelinangriffe, der U-Boote zu beten, für die Kriegsverlängerungsanleihen."*

Er macht in seiner Zeitschrift Reklame für eines der radikalsten Antikriegsbücher, für „Le feu" (Das Feuer) des Franzosen Barbusse.

Er klagt vor allem die Presse an, eine gehörige Mitschuld an der Kriegshysterie 1914 auf sich geladen zu haben. Er erinnert daran, daß der „Berliner Lokalanzeiger" bereits die Mobilmachung bekannt gegeben hat, als ein entsprechender Regierungsbeschluß noch gar nicht gefaßt war.

Er fährt in diesem Artikel fort:
„Ich denke nicht daran zu bestreiten, daß die russischen, französischen und englischen Regierungsleute, die russischen, französischen und englischen Journalisten am Krieg und am Ausbruch des Krieges genau so schuldig sind wie die deutschen Regierenden und die deutschen Journalisten; denn hinter allen diesen Gruppen steht der Kriegs-Interessierte: Der Kapitalismus. Sie sind die Henker von Millionen von Menschen geworden. Sie sind es geworden aus dem nichtswürdigsten Motiv: aus Krämer Habgier."

Marut druckt Leserbriefe von Pazifisten ab, die sonst niemand drucken würde. Er kommentiert Bilder und Texte anderer Zeitungen, stiftet an zu wachem politischen Bewußtsein:

Die Leipziger Illustrierte Zeitung bringt in ihrer Unterseeboot-Nummer die Abbildungen einer ganz ansehnlichen Reihe von Unterseebooten, die bei Krupp in Deutschland für Rußland und Italien gebaut wurden. Natürlich in Friedenszeiten, natürlich. Denn wer denkt im Frieden an einen Krieg; da denkt man doch nur an das Geschäft und an die Dividenden. Es ist keine Geschmacklosigkeit und keine Taktlosigkeit, daß die L.I.Z. diese Bilder heute veröffentlicht, aber eine Rohheit und eine Herzlosigkeit gegen brave deutsche Soldaten und brave deutsche Seeleute, in diesem Fall eine Nichtswürdigkeit gegen brave deutsche U-Bootsmannschaften. Hoffentlich merken sich das die deutschen Soldaten für die kommende Friedenszeit, wenn Krupp wieder Geschäfte machen will. Jetzt macht er ja keine, weil er, wie allseitig bekannt sein dürfte, alles umsonst und portfrei liefert, denn er liebt sein Vaterland.

Und als schließlich der Krieg zu Ende gegangen ist, als durch die Dolchstoßlegende wie durch den Versailler Vertrag ein neuer Krieg in der Welt gewissermaßen schon vorprogrammiert wird, ruft Marut im „Ziegelbrenner" aus:

Im Namen der Menschheit

Keinen Blutstropfen, keine Marschschritte, keinen Pfennig für irgendeine militärische Vereinigung, sie mag heißen und sie mag aussehen, wie sie will. Es ist genug Menschenblut vergossen worden.

Fluch dem neuen Weltkrieg.

Fluch denen, die zu einem neuen Krieg aufrufen.

In Bayern hat das Ende des I. Weltkrieges die Räterepublik gebracht. Auch in Berlin geht die politische Entwicklung an der konservativen, auf ein Arrangement mit den hohen Militärs hinarbeitenden Führung der SPD vorbei, hin zu einer Basisdemokratie, zu einer Sowjetrepublik nach russischem Vorbild. Gleichzeitig aber bilden sich im Lager der Rechten die Freikorps. Und die SPD-Regierung meint ihre Position ohne ein Bündnis mit den Militärs nicht behaupten zu können. Marut schreibt über sein Leben in einem München der Räterepublik, die von vielen schon mit dem Untergang des Abendlandes gleichgesetzt wird:

„Ich fühle mich unter der Diktatur des Proletariats – obgleich ich kein Arbeiter bin und nicht zum Proletariat gehöre – so wohl, wie ich mich in meinem ganzen Leben noch unter keiner Regierung gefühlt habe..."

Eine solche Äußerung allein reicht hin, um auf die schwarze Liste jener „Antibolschewistischen Liga" gesetzt zu werden, die am 1. Dezember 1918 gegründet worden ist und von Großindustriellen mit erheblichen Summen zur Anwerbung von Freiwilligen für die Freikorps und Propaganda gegen Rätedemokratie und Spartakus unterstützt wird.

Andererseits wissen die Kommunisten sehr wohl, daß Ret Marut viel zu sehr Individualist und Anarchist ist, um sich mit ihren Zielen identifizieren zu können. So urteilt Frau Döring-Selinger, eine Freundin von Rosa Luxemburg und Klara Zetkin, über die „Ziegelbrenner":

„... von der ersten Nummer an fesselte mich sein eigenwilliges, manchmal wie von Trotz oder Schmerz verkrampftes und aggressiv überreiztes, immer tapferes und geistvolles Gesicht, nicht von Marx geprägt, sondern von Rousseau und Bakunin, von Kropotkin und Sorel..."

Während der ganzen Zeit, in der Marut den „Ziegelbrenner" schreibt, redigiert und herausgibt, versucht er als Person möglichst im Dunkeln zu bleiben.

Er selbst berichtet, daß unter seinen Freunden und Bekannten verhältnismäßig viele Juden gewesen seien. Auf der anderen Seite schließt dies jedoch Kritik an ihnen nicht aus. Was Marut über Antisemitismus und Rassismus denkt, ergibt sich aus seinen heftigen

Angriffen gegen Dietrich Eckart, den späteren Chefredakteur des „Völkischen Beobachters" und einen der Chefideologen des Rassismus, Housten Stewart Chamberlain.
Einmal schreibt er, daß er an Menschen, mit denen er Freundschaft halte, sehr hohe Anforderungen stelle. Und von dem Schriftsteller Oskar Maria Graf, der ihm in dieser Zeit wiederholt begegnete, stammt die Bemerkung:
„Marut zeigte sich überhaupt nie, und es schwebte immer so ein geheimer Nimbus um ihn."
Er wohnt in einem Zimmer in der Clemensstraße 84 im III. Stock, während Irene Mermet den Verlag J. Mermet in der Herzogstraße betreibt. Außer ihr gibt es noch eine zweite Mitarbeiterin, Marta Haecker. Es läßt sich schwer entscheiden, ob die Geheimniskrämerei in dieser Zeit bei Marut gewissermaßen ein Teil seiner Weltanschauung gewesen ist, ob er es vorzog, halb in Tarnung zu leben, weil er Schwierigkeiten wegen seines Namenswechsels und der beanspruchten amerikanischen Staatsbürgerschaft zu bekommen fürchtete, oder ob er ganz einfach Angst davor gehabt hat, als unbedingter Pazifist und Anarchist von politischen Feinden angegriffen zu werden. Vielleicht haben auch alle drei Motive eine Rolle gespielt. Unbestreitbar ist, daß Ret Marut schon in München die Anonymität liebt und, wo immer dies möglich ist, aus dem Dunkel heraus agiert. In diesem Zusammenhang ist auch ein im „Ziegelbrenner" abgedruckter Bericht über den ersten von zwei Vorleseabenden mit eigenen literarischen Texten interessant:
„Der Saal war verdunkelt, und auch der Vortragende stand im Dunkel; nur auf sein Manuskript fiel ein spärliches Licht" heißt es in den „Münchner Neuesten Nachrichten" und in Maruts Zeitschrift:
„Als das Licht nach dem zweiten Gongzeichen gelöscht wurde, rief man sofort von einer Stelle aus: ‚so eine Gemeinheit, jetzt macht er uns auch noch das Licht aus.' Gleich beim Vortrag der einleitenden Dichtung ‚Es dämmert der Tag' wurde in unverschämter Weise laut gelacht. Die zweite Vorlesung ‚Na also' und ‚Alea jacta est' wurde durch lautes Gähnen unterbrochen, so daß die ernsten Zuhörer sich genötigt sahen, die Störer niederzuzischen. Es gingen dann einige Vorlesungen verhältnismäßig ruhig vorüber, sofern man beabsichtigtes und störendes Stuhlrücken, Füßescharren, lautes

Räuspern und unausgesetztes Husten noch als Ruhe bezeichnen kann. Mit jeder weiteren Vorlesung setzten immer unverschämtere Zwischenrufe ein, wie ‚Gemeinheit', ‚Verräter', ‚das lassen wir uns nicht bieten' usw. Dann plötzlich wie auf Kommando brüllte die Mehrheit (sie erschien als die Mehrzahl, weil die ernsten Zuhörer der Flegelei eines unreifen Gesindels nicht mit gleicher Flegelei zu beantworten gedachten): ‚Licht, wir verlangen Licht, Unverschämtheit, Hundekerl, Lausekerl.' Von der Gegenseite rief es nun: ‚Wir wollen kein Licht, der Vortragende ist im Recht, daß er den Saal verdunkelt!' Darauf die ‚Mehrheit': ‚Raus mit Euch, wir verlangen Licht!'

Der nun folgende Satz ist bezeichnend für Maruts Sinn für Mystifikation:

Der Vortragende gab hierauf die Erklärung ab, daß nur er zu entscheiden habe, ob die Vorlesung im hellen oder im dunklen Saal stattzufinden habe und daß aus künstlerischen Gründen die Verdunklung des Saales notwendig sei.

Die Tumulte nehmen im weiteren Verlauf der Lesung noch zu. Es kommt zu Tätlichkeiten:

Es wurde Licht gemacht, und nun versuchten die ‚Herren' den Vortragenden mit Gewalt vom Podium zu werfen. Mit erhobenen Fäusten stürzten sie drohend auf den Redner los . . . andere stürmten nach hinten zu den billigen Plätzen und tobten wie die Rasenden. Der größte Teil des ‚gebildeten' Packs staute sich vor dem Podium und schrie, die drohenden Fäuste zum Redner erhoben: ‚Du heimtückischer Hund, in den Rücken bist du uns gefallen, während wir draußen waren.' Darauf antwortete der Vortragende: ‚Hätte es nur zweihundert solcher Zeitschriften wie den Ziegelbrenner während des Krieges gegeben, so wäre Deutschland heute kein Trümmerhaufen.'"

Spätestens an dieser Stelle muß jedem Leser klar geworden sein, aus welchen Gruppen und Kreisen die Krakeeler kommen. Es werden jene frustrierten ehemaligen Frontsoldaten und Offiziere gewesen sein, unter denen ein gewisser Adolf Hitler nur wenige Jahre später die ersten Parteimitglieder für die NSDAP rekrutierte.

Während hinten im Saal lang andauernde Beifallsäußerungen hierauf folgten, spielten sich im Parkett und zum großen Teil auf und vor dem Podium die widerlichsten Szenen ab, die sich nur vorstellen lassen. Zum Teil gerieten die ‚Herren' jetzt auch noch selbst aneinander; einige versuchten immer wieder, das Podium zu stürmen. (...) Nachdem die Herren den Saal ausgeräumt hatten, stellten sie sich triumphierend mitten in den Saal und sangen das schöne Lied: ‚Deutschland, Deutschland über alles.'

Wer diese frühe Beschreibung nationalistisch-faschistischen Terrors gegen einen Literaten der kritischen Linken kennt, wird sich nicht allzu sehr wundern, warum sich Marut durch einen „geheimen Nimbus" unsichtbar zu machen versuchte. Im „freiesten Staat der Welt" ist ein Pazifist ein „vaterlandsloser Geselle", ein Verräter, ein Nestbeschmutzer, ein „Schreiberling im Solde des Bolschewismus", wie es wörtlich in einem Angriff auf den „Ziegelbrenner" heißt, und als solcher ist sein Leben nicht allzu viel wert.

Café Altamira:
Zapata oder die Revolution in Mexico

> „Ich hatte mit Indianern gelebt, die nicht wußten, was eine Geldmünze bedeutet, die mir zwei große schwarze Diamanten anboten für meinen Jagdrevolver, den ich aber nicht entbehren konnte, und denen ich statt dessen zweihundert Peso in blankem Gold bot..."
>
> B. Traven, Nachtbesuch im Busch

Sie sind immer noch nicht weitergezogen. Die starken Regenfälle der letzten Tage haben die Wege durch das Land unpassierbar werden lassen. In diesem gottverlassenen Nest mit seiner gottverlassenen Cantina, die „Café Altamira" heißt, ist nichts los. Er hat viel gelesen an diesem Tag. Er schleppt immer Bücher mit sich. Selbst hier im Busch. Aber es gibt einen Punkt, an dem er nicht mehr lesen mag, trotz aller Wißbegierde. Er hat nachgelesen über José Guadalupe Posada, den armen Drucker und großen Holzschneider, für den die Welt schließlich nur noch ein Tanz von Skeletten gewesen ist, dessen primitive Bilder so viel von den Hoffnungen und Ängsten der Menschen in diesem Land spiegeln. Er hat über den Verlauf der mexikanischen Revolution nachgelesen, und er ist um eine Illusion ärmer geworden. Als er noch drüben in Europa gelebt hat, ist ihm diese Revolution immer höchst wunderbar vorgekommen. Bauern kämpfen um das Land, das sie ernährt. Einfache Indios lassen sich von korrupten Politikern und Fabrikherren, von Wissenschaftlern im Dienste der Industrie und aufgeblasenen Generälen nicht unterkriegen. Von drüben aus ist es ihm immer so vorgekommen, als verliefen hier die Fronten klar und einfach, als kämpfe hier tatsächlich Klasse gegen Klasse. Hier die Besitzenden, dort die Armen. Hier die Landräuber, dort die Verteidiger der Mutter Erde. Hier die Eroberer aus einer Zivilisation, die am Ende ist. Dort diese Indios, arm geschunden, aber mit einem instinktiven Wissen um das, was der Mensch tatsächlich zum Leben braucht. Und nun? Er hat dieses Land bereist. Er hat in diesen Büchern, die er mit sich herumschleppt, seine Geschichte der letzten dreißig, vierzig Jahre nachgelesen. Es kann gar keinen Zweifel geben, daß diese Revolution, wie so viele andere Revolutionen, gescheitert ist. Warum? Warum unterliegen immer jene, die das Recht der Lebendigkeit und das Recht der Menschlichkeit auf ihrer Seite haben? Warum?

Porfirio Diaz, der 1876 durch einen Militärputsch an die Macht gekommen ist, ist ein volkstümlicher General, bekannt geworden im Kampf gegen den Kaiser Maximilian, der den Mexikanern von Frankreich aufgezwungen wurde. Er will aus Mexiko einen modernen Staat machen. Er will ein Eisenbahnnetz aufbauen, die Bodenschätze erschließen.

Das ist unmöglich ohne ausländisches Kapital. Bis zur Jahrhundertwende gerät der Präsident immer mehr in die Abhängigkeit von Finanzmagnaten und Wirtschaftsführern. Die Investitionen französischer und englischer Finanzgruppen in Mexiko rufen die Amerikaner auf den Plan, die nicht einsehen, weshalb sie ein Entwicklungsland vor ihrer Haustür den europäischen Großmächten überlassen sollten.

Die großen Haciendas, wie sie im 19. Jahrhundert üblich sind, produzieren vorwiegend zur Selbstversorgung und nicht für den Markt. Die Produktivität der Güter auf dem Hochland und der Getreide anbauenden Güter im Norden war gering. Von daher bestand für ihre Eigentümer bis dahin kein Anlaß, die Anbauflächen auszuweiten.

Nun aber reichen die Eisenbahnstrecken bis in den Süden, wo man Zuckerrohr und Sisal anbauen kann, Produkte, die auf dem Weltmarkt damals gute Preise erzielen. Dort beginnt nun der Landraub, weil guter Boden, der sich für solche Kulturen eignet, knapp ist. Eine unheilvolle Rolle spielt dabei ein zur Verfassung des Jahres 1857 gehörendes Gesetz, das Ley Lerdo. Es ist ursprünglich verabschiedet worden, um der Kirche große Güter enteignen zu können. Von Porfirio Diaz wird es nun dazu benutzt, um den indianischen Dorfgemeinschaften ihren kollektiven Besitz an Grund und Boden zu nehmen.

Diaz, während dessen Regierungszeit es keine politischen Parteien, keine Gewerkschaften gibt, und der jeden Widerstand gegen seine Politik durch eine gefürchtete Ordnungstruppe, die Rurales, brechen läßt, muß sich im Jahre 1910 seine Macht bestätigen lassen. Schon in den Jahren zuvor hat sich, trotz seiner Politik der festen Hand, die manchmal zu einer Politik des Terrors geworden ist, hier und da Kritik geregt, die lauter und lauter wird, je näher die Wahlen rücken.

Eine wichtige Rolle für den wachsenden Widerstand spielen die Corridos oder Calaveras, auf Handzettel gedruckte und mit Holzschnitten oder Kupferstichen illustrierte Balladen, Moritaten und Satiren, wie sie beispielsweise auch Jose Guadalupe Posada in großer Zahl hergestellt hat.

Ab 1900 haben sich in der Hauptstadt und einigen größeren Provinzstädten liberale Clubs gebildet, aus denen sich schließlich 1906 eine Liberale Partei entwickelt. Ihr Gründer, Enrique Flores Magon, wird bei den meisten der entscheidenden politischen Ereignisse entweder im Exil leben oder im Gefängnis einsitzen. Sein Programm der Liberalen Partei, das auf Flugblättern aus den USA nach Mexiko eingeschmuggelt wird, enthält konkrete soziale Forderungen: den 8-Stunden-Arbeitstag, Rückgabe des den indianischen Kommunen geraubten Landes, Aufteilung brachliegender Äcker an die Unterschicht.

In diesen Jahren wirkt sich langsam auch der Einfluß der anarchosyndikalistischen „Wobblies", der Angehörigen der Gewerkschaft „Industrial Workers of the World", von den USA her in Mexiko aus. Es kommt hin und wieder zu Streiks, die sich – von aus den USA kommenden Agitatoren organisiert – gegen besonders krasse Willkürmaßnahmen ausländischer Gesellschaften richten. In solchen Fällen ist Diaz bereit, mit Hilfe von Bundestruppen und nordamerikanischen Söldnern hart durchzugreifen. Sein berühmt-berüchtigter Ausspruch „Gott sei Dank, ich kann noch töten" fällt nach einem Streik in Rio Blanco, bei dessen Niederwerfung die Regierungstruppen 400 Arbeiter erschießen.

Aber nicht nur aus der Unterschicht, auch im Besitzbürgertum wird die Kritik an Diaz und seiner Politik immer lauter, vor allem, als es in einer Wirtschaftskrise zu einem Währungsverfall kommt. Der

Diktator kann nun nicht länger der Unterstützung durch die Großgrundbesitzer und Industriellen sicher sein. Zwar schickt er ihren Wortführer, Reyes, den Gouverneur des Staates Nuevo Leon, ins Exil, aber sogleich erwächst ihm ein neuer Gegenspieler, ein Schwärmer, ein Apostel, ein Idealist, den viele lange nicht ernst nehmen. Dieser Francisco Madero stammt aus einer reichen Familie, die Ländereien und Bergwerke besitzt. Er selbst hat auf seiner Hacienda einen Musterbetrieb geschaffen, ehe er plötzlich beschließt, „sich von heute an einer noblen Sache zu weihen."

1908 veröffentlich er ein Buch, in der er sich mit der zwei Jahre später anstehenden Präsidentschaftswahl auseinandersetzt. Ohne Diaz selbst anzugreifen, fordert er die Einführung einer parlamentarischen Demokratie, frei Presse und freie Gerichte. Trotz dieser konkreten Forderungen ist Maderos Freiheitsbegriff recht nebulös. Wirtschaftliche und soziale Fragen werden in seinem Buch bezeichnender Weise kaum erwähnt.

Er gründet schließlich eine Partei unter dem für die Situation bezeichnenden Motto: „Keine Wiederwahl – freie Wahl!". Zum ersten Mal kommt es in dieser Partei zu Kontakten zwischen Bürgern und Vertretern der Bauern und Arbeiterschaft.

Madero wird als Gegenkandidat zu Diaz aufgestellt. Der Diktator läßt die Partei und ihre Versammlung verbieten. Kurz vor der Wahl wird Madero verhaftet. Wie erwartet, wird unter diesen Umständen Diaz bei der Wahl bestätigt. Madero wird danach gegen Kaution auf freien Fuß gesetzt und geht nach Texas ins Exil. Dort veröffentlicht er im Oktober 1910 den sogenannten Plan San Luis. Die Präsidentschaftswahlen werden als gefälscht bezeichnet. Diaz ist folglich widerrechtlich im Amt. Am 20. November sollen alle Bürger Mexikos sich erheben und den Diktator verjagen. Wiederum wird die soziale Frage eher beiläufig erwähnt. Immerhin, Artikel 3 des Planes von San Luis sagt den widerrechtlich enteigneten Kleinbauern die Rückgabe ihres Landbesitzes zu. Mit diesem Minimalprogramm gelingt es Madero, auch die ländlichen Widerstandsgruppen, die im Norden von Francisco Pancho Villa, Abraham Gonzales und dem späteren Konterrevolutionär, Osozco, im Süden von Emilio Zapata angeführt werden, auf seine Seite zu ziehen. Unter den verschiedenen Führern des „vierten Standes" bei der nun beginnenden revolutionären Auseinandersetzung ist Emiliano Zapata entschieden jene Persönlichkeit, die unserem Mann, der im Café Altamira sitzt und gelesen hat, durch sein Engagement und seine Taten am meisten imponiert haben dürfte.

Die meisten dieser Revolutionsführer haben anarchistische Vorstellungen. Pancho Villa erklärt dem amerikanischen Journalisten John Reed bei einem Interview: „Sobald die neue Republik Fuß gefaßt hat, wird es in Mexiko nie mehr eine Armee geben. Armeen sind die stärkste Stütze der Tyrannei. Es kann keinen Diktator geben ohne Armee." Aber Pancho Villa ist ein Reiterführer, Emilio Zapata ist der gewählte Repräsentant einer Dorfgemeinschaft im Bezirk Cuautla des Bundesstaates Morelos. Die Dörfler haben ihm ihre Stimme gegeben und dabei gesagt: „Wir wollen einen Mann mit Hosen, der für uns einsteht."

In Morelos ist Pablo Escandon, der Stabschef von Diaz, Gouverneur geworden, weil die Großgrundbesitzer sich von ihm Vorteile erhoffen. Die Situation, wie sie John Womack in seinem Buch „Sterben für die Indios" schildert, ist typisch für das Mexiko dieser Jahre: „Der Boden Morelos kostete zwar mehr als überall sonst im Land mit Ausnahme des Bundesdistriktes; aber die Hacendados konnten sich das leisten. Die Schwierigkeit für Araoz (den Mann, dem 12 400 Hektar des fruchtbarsten Bodens im Bundesstaat schon gehörten) und seine Genossen lag darin, daß ihnen gar kein Land zum Kauf angeboten wurde. Öffentliche Grundstücke gab es kaum mehr. So mußten sich die Hacendados an die Dorfbewohner wenden, und diese waren selbst zu attraktivsten Bedingungen nicht dazu zu bewegen, ihre Rechtstitel auf die Latifundistas (Großgrundbesitzer) zu überschreiben. Wenn sie zu Land kommen wollten, mußten sie zu politischen und rechtlichen Tricks greifen, mittels Gerichtsurteilen und Verfügungen, Verfallserklärungen und Pfändungen. Manuel Araoz wollte einen Gouverneur, den er benutzen konnte."

Schon im März 1910 haben sich im Staate Morelos entrechtete Bauern mit dem Schlachtruf „Nieder mit den Haciendas! Es leben die Dörfer!" zu Kampfverbänden zusammengeschlossen. Nach und nach erkennen die Dorfpolitiker, „daß im ganzen Staat nur ein einziger Mann genügend Achtung genießt, um auf die Mitarbeit der Dörfer zählen zu können, und daß es deshalb ihre Pflicht ist, sich mit ihren Gemeinden seiner Autorität zu unterstellen. Dieser Mann ist Zapata – ... die Bauern vertrauen ihm, weil er wie sie gemeinschaftlich das Dorfland bebaut; die Kuhhirten, Peones und Banditen respektieren ihn, weil er Maultiertreiber und Pferdehändler ist. Er ist nicht nur ein entschlossener Krieger, sondern auch ein verantwortungsbewußter Bürger."

Im November 1910 bricht der Aufstand in Puebla und Chihuahua los. Erst im Februar 1911 kehrt Madero nach Mexiko zurück und stellt sich an die Spitze der Rebellion.

Während Villas im Norden und Zapata in Morelos beachtliche Erfolge erringen, sieht sich Madero einer politischen Situation gegenüber, die seine Fähigkeiten bei weitem überfordert. Einerseits steht das Regime Diaz vor dem Zusammenbruch. Andererseits muß er eine Intervention der USA fürchten. Mehr noch vielleicht fürchtet er die zunehmend radikalen Forderungen der Volksmassen und gewisse anarchistische Tendenzen. So ist es nicht weiter erstaunlich, daß er schließlich einer Lösung zustimmt, mit der weitere Konflikte schon vorprogrammiert sind. Zwar geht Diaz nach Europa ins Exil, aber die bis zu Neuwahlen die Amtsgeschäfte weiterführende Regierung besteht nur aus alten Freunden des Diktators. Während die Rebellen so schnell wie möglich entwaffnet werden sollen, bleiben die Armee und der reaktionäre Staatsapparat unangetastet erhalten.

Nachdem die Rebellen gesiegt und doch nicht gesiegt haben, ist es vor allem wieder Zapata, der die im Artikel 3 des Planes von San Luis gemachten Versprechungen einmahnt. Doch die provisorische Regierung verweist die Kleinbauern an die Gerichte, die in ihrer Mehrzahl unter dem Einfluß der Hacendados stehen.

Bei der Präsidentenwahl erhält Madero eine große Mehrheit, aber er bleibt der Gefangene der Armee und der Reaktionäre aus der Ära Diaz.

Er setzt Regierungstruppen gegen die Zapatistas im Süden und gegen Pascual Orozco im Norden in Marsch. Zapata antwortet mit der Proklamation des Planes von Ayala, den ein recht konfuser Schulmeister, Ottilio Montano, ausgearbeitet hat. Gemäß diesem Plan soll alles den Kommunen und Kleinbauern geraubte Land zurückerstattet werden. Die großen Haciendas sollen ein Drittel ihres Grund und Bodens abtreten. Landbesitz von Feinden der Revolution soll konfisziert werden. Die Parole der Zapatistas „Tierra y Liberdad" wird zum Kampfruf der mexikanischen Bauern, der bald in ganz Mittelamerika nachhallt. Hier wird eine revolutionäre Tradition begründet, auf die sich die Indios bis heute berufen.

Die Regierungstruppen können die Zapatistas nicht besiegen. Machthaber in der Hauptstadt ist inzwischen General Victoriano Huerta geworden, der im Februar 1913 Madero ermorden läßt. Die Tat geschieht in Abstimmung und unter Billigung des amerikanischen Gesandten, mit dem man sich auch über die Zusammensetzung der neuen Regierung unter Huerta einigt. Der Alkoholiker

Huerta gewinnt dadurch traurigen Ruhm, daß er seine Kabinettssitzungen nicht selten in Spelunken abzuhalten pflegt.
Gegen ihn putscht im März 1913 der Gouverneur Carranza. Obwohl sein politisches Programm, das als Plan von Guadalupe bekannt wird, nicht einmal die sozialen Minimalforderungen erhält, zu denen sich Madero gezwungen sah, schließen sich ihm doch die einflußreichen Führer der Opposition an. Lediglich Zapata bleibt mißtrauisch. Ohne den Führungsanspruch Caranzas, der sich „Konstitutionalist" nennt, weil es ihm angeblich um die Wiederherstellung der verfassungsmäßigen Ordnung zu tun ist, voll und ganz anzuerkennen, kämpft aber auch er an seiner Seite. Ende des Jahres 1913 kontrollieren die revolutionären Truppen etwa die Hälfte von Mexiko. Anfang 1914 hebt der US-Präsident Wilson das Waffenembargo auf. Diese Entscheidung bringt den revolutionären Streitkräften weitere Vorteile. Als die USA im April 1913 den Hafen von Veracruz bombardieren und besetzen, weil dort Waffenlieferungen aus Deutschland für Huerta ausgeladen worden sind, kommt es zum Abbruch der diplomatischen Beziehungen zwischen den USA und Mexiko. Im Juli 1914 muß Huerta zurücktreten. Zwischen Carranza, Villa und Zapata gibt es protokollarische Streitigkeiten. Es geht um die Ehre, als erster in der Hauptstadt einrücken zu dürfen. Carranza kann sich durchsetzen, weil er mit Huertas Polizeichef paktiert. Die revolutionären Wirren, die immer mehr zu einem Kampf von jedem gegen jeden ausarten, ziehen sich bis 1917 hin. Im Februar dieses Jahres wird eine neue Verfassung verkündet, in der wichtige Forderungen der Unterschicht (Agrarreform, Volksbildung, Nationalisierung der Bodenschätze, fortschrittliche Arbeitsgesetzgebung) berücksichtigt sind. Sie stehen auf dem Papier, sind aber noch längst nicht verwirklicht.
Im Mai 1917 zieht Carranza als Präsident der Republik in die Hauptstadt ein.

Zapata zieht sich auf die für ihn überschaubare Heimatprovinz Morelos zurück und verteidigt dort die Errungenschaften der Agrarreform. Die Intellektuellen in seinem Lager fordern die Ausdehnung seines Programms auf das ganze Land. Aber die Interessen eines vaquero aus dem Norden, eines peon aus Yucatan und eines Kleinbauern aus Morelos erweisen sich als zu verschieden. Die Indios in den revolutionären Verbänden Zapatas kämpfen nur ungern fern der Heimat. Pancho Villa, der revolutionäre Führer im Norden, der über eine Streitmacht verfügt, um das ganze Land zu erobern, interessiert sich neuerdings mehr für Frauen und Pferde als für die allseitige Verwirklichung der Agrarreform. Was die konstitutionalistische Regierung unter Carranza angeht, so benutzt sie den eine Landreform verordnenden Verfassungsartikel vor allem dazu, den Generälen eine Pfründe zu verschaffen. Nach zehn Jahren ist nun die Revolution mehr oder minder zum Machtkampf verkommen.

1919 wird Emiliano Zapata durch Verrat in einen Hinterhalt gelockt. Ein Augenzeuge berichtet, was am 10. April gegen 14.10 Uhr auf der Hacienda Chinameca, 55 Kilometer hinter Villa Ayala am Rio Cuautla geschieht:

„Zehn unserer Leute folgten ihm, wie er befohlen hatte. Die anderen blieben vor den Mauern, ruhten sich im Schatten der Bäume aus und fühlten sich so sicher, daß sie die Gewehre zusammengestellt

hatten. Guajardos Leute hatten sich in Reih und Glied wie eine Ehrengarde aufgestellt. Dreimal blies das Signalhorn den Ehrensalut; und als der letzten Ton verklang und der Chefgeneral die Schwelle des Tors erreichte ... legten die Soldaten, ohne ihm auch nur Zeit zu lassen, seine Pistole zu ziehen, aus nächster Nähe die Gewehre an und feuerten zwei Salven ab, und unser unvergeßlicher General Zapata fiel, um nicht wieder aufzustehen. Die Überraschung war fürchterlich. Die Soldaten des Verräters Guajardo, die überall ... bereitstanden – fast tausend Mann –, richteten ihre Gewehre auf uns. Bald war jeder Widerstand nutzlos. Auf der einen Seite wir, eine Handvoll Männer, tief betroffen über den Verlust unseres Führers, auf der anderen Seite tausend feindliche Soldaten ... die von unserer natürlichen Verwirrung profitierten, um mit größter Grausamkeit zuzuschlagen ... So geschah die Tragödie."

Im Frühjahr 1920 putschen auf einen Wink des Stabschefs, Alvaro Obregon, die Truppen gegen Carranza. Die Korruption hatte wieder einmal selbst für Mexiko unerträgliche Formen angenommen. Vor allem die Menschen in der Großstadt sahen sich um die Erfüllung der sozialen Forderungen betrogen. Obregon, der Führer des Putsches, ist ein langjähriger Freund Carranzas. Nun läßt er diesen im Schlaf erschießen und wird selbst Präsident. Noch einmal versucht Pancho Villa einen Aufstand im Norden. Jetzt ist es zu spät. Enttäuscht will er sich ganz aus der Politik zurückziehen. Aber er ist immer noch eine wichtige Symbolfigur. 1923 wird er auf seiner Hazienda ermordet. Eine amerikanische Zeitung hatte zuvor das Gerücht verbreitet, er plane erneut eine Rebellion.

Als der einarmige Alvaro Obregon seinen alten Freund Carranza stürzt, singen die Straßensänger:

„Das Volk schaut erbaut dem großen Durcheinander zu. Mit stoischer Ruhe meint es: Das sind Familienangelegenheiten!"

Das Fazit von zehn Jahren Revolution fällt bedrückend aus: Keine tatsächliche Demokratie, sondern Vetternwirtschaft und Bestechungssystem. Keine gerechte Landverteilung. Lediglich die Forderung, daß kein Präsident wiedergewählt werden kann, ist durchgesetzt worden ... mit dem Erfolg, daß die meisten Präsidenten in ihrer sechsjährigen Amtszeit so tief in die Staatskasse greifen, daß das Land alle sechs Jahre dem Staatsbankrott nahe ist.

Der Mann im Café Altamira schaut angstvoll auf. Es ist ihm, als seien Gestalten aus dem regennassen Grün dort drüben hervorgetreten, als hätten sie sich lautlos genähert... Indios, viel kleiner als er, unbewaffnet. Sie kommen heran, bilden einen Kreis um ihn, strecken plötzlich anklagend die Finger nach ihm aus. Wohin er sich wendet, wohin er blickt... überall sind sie. Sie sind alle stumm. Und dann macht er eine furchtbare Entdeckung.
Sie haben alle keine Gesichter... keine Münder, keine Augen, keine Nasen, keine Haare, keine Wangen. Auf ihren Hälsen sitzen Totenköpfe. Er möchte aufschreien, aber auch er ist stumm. Dabei ist er doch sicher, nicht in einem Traum zu sein. Denn er hört das Geräusch der Tropfen, die die Abendbrise von den Blättern schüttelt und auch jene Tierlaute, die im Busch immer da sind.
Wenn dieser Zustand der Halluzination andauert, er weiß es, wird sein Herz aussetzen. Der Alb, der auf seiner Brust lastet, wird ihm die Atemluft abschnüren. Was soll er tun? Er möchte fortlaufen, aber

seine Beine versagen. „Geht", schreit er die Wesen mit den Totenschädeln auf den Schultern an, „verschwindet... Ja, ich verspreche es. Eure Totenschädel sollen wieder zu menschlichen Gesichtern werden. Ich werde eure Geschichten schreiben. Eurer aller Geschichten..., und wenn es zehn Jahre dauert."
Da verneigen sie sich steif wie große Holzpuppen, wenden sich ab, marschieren durch die großen Pfützen auf dem Weg und verschwinden drüben im Busch.
Aus dem Dunkeln kommt der Wirt des Cafes.
„Der Herr hat gerufen? Hat der Herr noch einen Wunsch?
Der Mann sieht ihn verwirrt an. Dann besinnt er sich und sagt:
„Ja ja. Bringen Sie mir bitte noch ein Bier!"

Der Revolutionär

Mord ist Mord, ganz gleich, ob er verübt wird von einem preußischen, bayrischen oder einem französischen Soldaten, ob auf Befehl eines Vorgesetzten, ob ohne Befehl, ob für die Ehre des Vaterlandes oder ob für die Erhaltung des Thronsessels eines Kaisers oder des eines sozialdemokratischen oder rechtmässigen Präsidenten. Mord ist Mord, ob von Nosketieren verübt oder von Weißgardisten oder Rotgardisten oder von bezahlten oder unbezahlten Henkern...

Der Ziegelbrenner

Am 11. November 1918 um 5 Uhr morgens unterzeichnet der Unterhändler der deutschen Reichsregierung, Erzberger, im Wald von Compiègne den Waffenstillstand zwischen den Alliierten und dem Deutschen Reich. Kurz zuvor hatte der deutsche Kaiser abgedankt.

In Berlin kommt es nach Machtkämpfen zwischen den verschiedenen Gruppen der Linken in den Monaten November und Dezember und der Gründung der Kommunistischen Partei zum Jahreswechsel 1918 und 1919 zur Entlassung des Berliner Polizeipräsidenten, Emil Eichhorn, weil dieser der radikalen USPD angehört hat. Dagegen protestiert die Arbeiterschaft mit Massendemonstrationen. Der sogenannte „Rat der Volksbeauftragten" knüpft über den Sozialdemokraten Gustav Noske Kontakte zu den Freikorpsverbänden, deren Generäle und höhere Offiziere Monarchisten und Nationalisten sind.

Die Freikorps rücken in Berlin ein und erstürmen die von den Demonstranten besetzten Gebäude.

Während man viele Arbeiter als Spartakisten auf der Stelle erschießt, werden die zwei prominenten Kommunisten, Karl Liebknecht und Rosa Luxemburg, verhaftet und im Tiergarten heimlich ermordet.

Die Mehrheits-Sozialdemokratie unter Friedrich Ebert wird ihren Pakt mit Reaktionären und Militaristen später damit entschuldigen, nur so habe der Weg Deutschlands, fort von der parlamentarischen Demokratie, in die Räterepublik nach sowjetrussischem Vorbild verhindert werden können. In Bayern haben die Ereignisse einen etwas anderen Verlauf genommen als in Berlin.

Dort hat sich noch vor Kriegsende eine starke Bewegung revolutionärer Arbeiter und Bauern gebildet, deren politischer Kopf Kurt Eisner ist. Der jüdische Literat und ehemalige Redakteur des „Vorwärts" ist ein leidenschaftlicher Kriegsgegner und der Gegenspieler des Mehrheits-Sozialdemokraten Erhard Auer, der von revolutionären Aktionen und kämpferischem Pazifismus nicht viel hält. Am 8. November 1918 wird Bayern nach Demonstrationen von Mitgliedern der SPD und USPD Republik. Unter Vorsitz von Eisner, der Ministerpräsident wird, bilden vier SPD-, zwei USPD-Mitglieder und ein Parteiloser eine Regierung.

ARBEITER! SOLDATEN!

Die Versammlung der Betriebs- und Soldatenräte im Hofbräuhaus am 21. April 1919 hat beschlossen, den Generalstreik am Dienstag nachts 12 Uhr für beendigt zu erklären.

Der letzte Tag des Generalstreiks
Dienstag, den 22. April 1919

soll zu einer wuchtigen Demonstration des Münchener klassenbewußten Proletariats werden.

Es ruhen sämtliche Betriebe

mit Ausnahme von Eisenbahn, Post, Telegraph und Telephon, Gas-, Wasser- und Elektrizitätswerk, Feuerwehr, Friedhofsarbeiten. Großmarkthalle und Lebensmittelgeschäfte sind ab 10 Uhr vormittags geschlossen. Brauereien, Eiswerke und Konsum-Anstalten haben ab 12 Uhr mittags den Fuhrbetrieb einzustellen. Milchgeschäfte und Milchfuhrwerke sind vom Streik ausgeschlossen. — Die Straßenbahn verkehrt an diesem Tage nicht.

Die Arbeiterschaft hat selbst für die Durchführung dieser Bestimmungen zu sorgen!

Um 11 Uhr: Truppenschau sämtl. bewaffneter Arbeiter und Soldaten vor dem Kriegsministerium in der Ludwigstraße

Um 3 Uhr: 11 grosse öffentliche Versammlungen

in folgenden Sälen: **Arzberger Keller**, Nymphenburgerstraße; **Bürgerbräukeller**, -Rosenheimerstraße; **Hofbräuhaus-Festsaal**, Platzl. **Löwenbräukeller**, Stiglmayrplatz; **Mathäser-Festsaal**, Bayerstraße; **Münchner Kindlkeller**, Rosenheimerstraße; **Kathol. Gesellschaftshaus** (Kreuzbräu), Brunnstraße. **Schwabingerbräu**, Leopoldstraße; **Thomasbräu**, Kapuzinerplatz. **Tonhalle**, Türkenstraße. **Wagnersaal**, Sonnenstraße. Die Betriebs- und Soldatenräte verteilen sich auf die einzelnen Säle.

5 Uhr: Massenversammlung

sämtlicher revolutionärer Arbeiter und Soldaten *auf der Theresienwiese.*

Die Versammlungsteilnehmer in den obengenannten Sälen ziehen in geschlossenen Zügen dorthin. Nach kurzen Ansprachen bildet sich der

Demonstrationszug

Dieser geht durch die Lindwurm-, Sendlinger-, Theatiner-, Ludwigstraße zum Siegestor, kehrt von da zur Briennerstraße zurück und löst sich vor dem Wittelsbacher Palais in einzelne Trupps auf, welche geschlossen in ihre Sektionslokale, Betriebe, Kasernen abmarschieren. Die Arbeiter-Sängerschaft soll sich gruppenweise auf den Zug verteilen. *Im Demonstrationszug sind rote Fahnen in möglichst grosser Zahl mitzuführen.*

Die Stadt trägt roten Flaggenschmuck!

Arbeiter, Soldaten! Zeigt der Bourgeoisie, daß ihr fest gewillt seid, das Errungene zu behaupten und den Kampf um eure Freiheit bis zum vollen Sieg durchzuführen!

Hoch die Diktatur des Proletariats!
Hoch die rote Armee!
Hoch die proletarische Weltrevolution!

München, 21. April 1919

Der Vollzugsrat der Betriebs- und Soldatenräte Münchens

Am 12. Januar 1919 finden in Bayern Wahlen zu einer verfassungsgebenden Versammlung statt. Eisners politisches Ziel ist eine bayrische Räterepublik, eventuell bei einem vorherigen Austritt Bayerns aus dem Deutschen Reich. Eisner gibt dem Verhalten preußischer Diplomaten die Schuld am Ausbruch des Ersten Weltkriegs. Über der Diskussion dieser Frage ist er in einen immer stärkeren Gegensatz zu der Zentralregierung in Berlin geraten.

Bei den Wahlen erhält die USPD von den drei nichtbürgerlichen Parteien die geringste Stimmenzahl. Sie erringt nur drei Sitze. Der radikale Bauernbund ist mit 16, die Mehrheitssozialdemokraten sind mit 61 Abgeordneten in der Versammlung vertreten. Insgesamt aber machen diese 80 Sitze nur 40 Prozent der Abgeordneten in der Versammlung aus. Trotzdem meint Eisner, eventuell mit Hilfe außerparlamentarischer Gruppen, den bayrischen Arbeiterräten, an der Macht bleiben und seine Pläne verwirklichen zu können. Da wird er am 21. Februar auf dem Weg zur Eröffnung der Verfassungsgebenden Versammlung von einem jungen Nationalisten, Graf Arco, erschossen. Seine aufgebrachten Anhänger rächen sich, indem sie den bayrischen Innenminister Auer schwer verletzen und ihrerseits zwei nichtsozialistische Mitglieder des Landtages umbringen. Die Versammlung wird vorerst vertagt. Die neue Regierung unter Johannes Hoffmann stützt sich auf den Bauernbund und die beiden sozialistischen Parteien. Die politische Situation bleibt unübersichtlich. Es gibt zu dieser Zeit in München 30000 Arbeitslose.

Ein Augenzeuge schildert die Lage so: „Die Arbeitslosen füllten zwar die kommunistischen Versammlungen, aber auch die der anderen Parteien. Sie wählten und unterstützten in erster Linie die Mehrheits-Sozialdemokraten und die Unabhängigen. Zu den Arbeitslosen müssen, entsprechend ihrer Einstellung, auch die Soldaten der Garnison München hinzugerechnet werden. Sie lungerten in den Kasernen herum, schimpften auf alles und jedes und erhofften von der Sozialdemokratie am ehesten Vorteile. Sie wählten in der Mehrheit Sozialdemokraten in die Kasernenräte, daneben sogar einige ihrer früheren Offiziere. Trotzdem mißtrauten sie ihrem sozialdemokratischen Minister für militärische Angelegenheiten, Schneppenhorst. Die Soldaten, die Arbeitslosen, die Bürger wählten in dieser Zeit nicht nach Überzeugung oder Sympathie, sondern wählten diejenigen, von denen sie sich angesichts der verfahrenen Situation den größten Nutzen versprachen."

Es ist klar, daß die Verhältnisse ordnungsliebenden und obrigkeitsgläubigen Bürgern ein Greuel gewesen sein müssen. Tatsächlich drängt alles auf eine Machtprobe zwischen der Regierung und den Arbeiter- Bauern- und Soldatenräten, unter denen viele die Hoffnung auf einen Rätestaat noch immer nicht begraben haben.

Die KPD ist in München schwach. Bei Neugründung sind nur wenige erfahrene Funktionäre aus dem Lager der Sozialdemokratie mit zu ihr übergetreten.

Der eindrucksvollste Redner der Kommunisten ist Max Levien, Doktor der Naturwissenschaften.

Ein weiterer wichtiger Mann in ihren Reihen ist Eugen Leviné. Geboren in Petersburg, hat er 1905 in der ersten russischen Revolution schon eine Rolle gespielt und zählt zu den Mitbegründern der KPD in Berlin.

Einer Einheitsfront der Linken widersetzen sich die Kommunisten. Andererseits machen Nachrichten wie die von der Gründung der Kommunistischen Internationale in Moskau und von der Errichtung einer Räterepublik in Ungarn unter Bela Kun den Anhängern eines Rätestaates Hoffnung!

Eine wichtige politische Gruppe der Linken sind die Anarchisten. Da ist Gustav Landauer, dessen Weltbild von der deutschen Klassik und Romantik geprägt wurde, der von der Philosophie der russischen Anarchisten Kropotkin und Bakunin beeinflußt ist, aber Terror und Gewalt ablehnt. Da sind die beiden Dichter Erich Mühsam und Ernst Toller sowie Silvio Gsell, ein Verfechter der Freigeldtheorie.

Die Erwartung, auch im benachbarten Österreich werde nach dem Umschwung in Ungarn bald eine Räterepublik ausgerufen werden, drängt die Gruppe zum Handeln. Sie wollen keine parlamentarische Demokratie, sondern einen basisdemokratischen sozialistischen Staat, in dem es kein Privateigentum mehr geben soll. Dieser Programmpunkt stößt bei der Gruppe der radikalen Bauern auf Skepsis, sogar Ablehnung. Für die Kommunisten ist und bleibt die Räterepublik ein Abenteuer. Die USPD beteiligt sich nur unter Zweifeln

daran, meint aber den revolutionären Massen eine Teilhabe an der Regierungsverantwortung schuldig zu sein.
Am 7. April 1919 wird dennoch die Räterepublik ausgerufen.
Die neue Regierung besteht aus fünf Mitgliedern der USPD, einem Mehrheitssozialdemokraten, drei Bauernbündlern, zwei Anarchisten und einem Kommunisten. Ministerpräsident und Außenminister wird ein gewisser Dr. Lipp, vor allem wegen seiner angeblich so guten Beziehungen zum Vatikan. Es dauert nicht lange, und man wird feststellen, daß man es mit einem Geisteskranken zu tun hat. Ernst Toller gehört der Regierung selbst zwar nicht an, wird aber als Präsident des Zentralrates der Arbeiter- und Bauernräte das eigentliche Staatsoberhaupt.
Gustav Landauer wird Volksbeauftragter für Volksaufklärung. Er preist die Kooperativgenossenschaft als die Gesellschaftsform der Zukunft und als „ideales Gemeinschaftsleben ohne Obrigkeitszwang und Kapitalistenherrschaft". Der 7. April wird zum Nationalfeiertag erklärt. Es ergehen Dekrete, die die Münchner Presse und die Münchner Universität „sozialisieren".
Die bisherige Regierung Hoffmann flieht nach Bamberg und bereitet von dort aus den Gegenschlag vor. Eine Eliteeinheit der bayerischen Armee unter General von Epp, verstärkt durch preußische und württembergische Truppen wird in Marsch gesetzt, um München zu erobern, wo inzwischen die Aufstellung einer Roten Armee begonnen hat, Revolutionstribunale eingesetzt worden sind. Das Bankgeheimnis ist aufgehoben, die Polizei der bayerischen Hauptstadt entwaffnet worden.
Da putscht die republikanische Schutztruppe mit Billigung der Mehrheits-Sozialdemokratie gegen den Rätestaat. Am Hauptbahnhof kommt es zu heftigen Kämpfen. Die von der KPD beherrschten Betriebs- und Soldatenräte erklären den Zentralrat, die bisherige Regierung, für abgesetzt und übertragen die Exekutive einem vierköpfigen Vollzugsrat, in dem die Kommunisten Leviné und Levien eine führende Rolle spielen. Die neue Regierung ruft den Generalstreik aus. Bei den Kämpfen mit den weißen Verbänden, also den Truppen der Regierung Hoffmann, kommt es an der Front bei Dachau am 26. April zu einer Auseinandersetzung zwischen Toller und Leviné. Toller hat kritisiert, daß man das Volk über die gefähr-

liche militärische Situation im Unklaren lasse. Er nennt die führenden Männer des Vollzugsausschusses „eine Gefahr für den Rätegedanken". Er sagt auch: „Wir Bayern sind keine Russen."
Während sich Kommunisten und Anarchisten in immer neue, für die Masse der Bevölkerung kaum mehr zu durchschauende Konflikte verwickeln, stehen die Weißen unterdessen schon am Stadtrand von München. Im Luitpold-Gymnasium werden von Soldaten der Roten Armee Mitglieder der reaktionären Thule-Gesellschaft, die man als Geiseln gefangenhält, erschossen. Weitere Geiselerschießungen verhindert Ernst Toller.
Die in die Vororte und in die Innenstadt von München eindringenden weißen Truppeneinheiten nehmen blutige Rache. Landauer

wird im Haus Eisners verhaftet und auf bestialische Weise ermordet, nachdem er noch einmal hatte entkommen können. Leviné wird gefangen, zum Tode verurteilt und am 5. Juni erschossen. Insgesamt kommen beim Einmarsch der weißen Verbände an die hundert Menschen ums Leben. Auf Tollers Kopf wird eine Belohnung von 30000 Mark ausgesetzt. Ihn faßt man am 4. Juni. Er und der Dichter Erich Mühsam werden später zu fünf bzw. fünfzehn Jahren Festungshaft verurteilt. Daß ihre Strafe relativ gemäßigt ausfällt, verdanken sie den Protesten und Appellen von Intellektuellen aus dem bürgerlichen Lager. Beispielsweise sagt vor Gericht der bekannte Soziologe Max Weber zugunsten von Toller aus.
Seit der Revolution im November 1918 ist in München die Diskussion über die Funktion der Presse sehr lebhaft geführt worden.
Am 6. und 7. Dezember hatte Erich Mühsam nach einer Rede über die manipulierende Wirkung der bürgerlichen Presse, von der revolutionären Menge dazu aufgefordert, mit 1000 Soldaten alle Redaktionen und Druckereien der bürgerlichen Zeitungen Münchens zu besetzen.

Deren Besitzer riefen den damaligen Ministerpräsidenten Eisner an, der die Aktion rückgängig machte... mit dem Erfolg, daß eben jene bürgerliche Presse, für deren ungehindertes Arbeiten Eisner eingetreten ist, eine Hetzkampagne gegen ihn beginnt, die letztlich in seiner Ermordung durch Graf Arco gipfelt.

Ret Marut hat im „Ziegelbrenner" den Beginn der „Weltrevolution" in der Ausgabe vom 30. Januar 1919 stürmisch begrüßt. Er hat da geschrieben:

„Halloh, Ihr Menschen. Halloh, Ihr Männer und Frauen der Revolution! Halloh! Gruß Euch allen, Ihr Brüder der kommenden Welt-Republik! Gruß Euch, Ihr Menschen des heiligen Weltbürgertums, das auf dem Weg ist..."

In diesem Aufsatz, von dem innerhalb von fünf Tagen im Straßenverkauf 7000 Exemplare allein durch eine Studentin abgesetzt wurden, hat er auch seine politische Position deutlich gemacht:

„Ich gehöre weder der Sozialdemokratischen Partei an, noch bin ich Unabhängiger Sozialist. Ich gehöre weder der Spartacus-Gruppe an, noch bin ich Bolschewist. Ich gehöre keiner Partei, keiner politischen Vereinigung an, welcher Art sie auch immer sei; weil weder Parteien noch Programme... mich vor dem Welt-Unglück beschützen können... ich will frei sein! Ich will froh sein können! Ich will mich aller Schönheiten dieser Welt erfreuen. Ich will glücklich sein! Aber meine Freiheit ist nur dann gesichert, wenn alle anderen Menschen um mich frei sind..."

Das ist ohne Zweifel die Proklamation eines freiheitlichen Anarchisten.

Im „Ziegelbrenner" hat Marut schon vor der Revolution immer wieder die bürgerliche Presse aufs Korn genommen. Am 10. März 1919 schreibt er:

„Der im kapitalistischen Sinne tätige Journalist ist eine Seuche, von der die Menschheit befreit werden muß. Presse-Freiheit ist nur möglich, wenn die Presse nicht mehr um des Geschäfts willen ihre Tätigkeit ausübt. Die Grundlagen für eine wahrhafte Presse-Freiheit zu schaffen, blieb dem kämpferischen Proletariat vorbehalten.

Die Aufforderung, in der Räterepublik Presseleiter des Revolutionären Zentralrates zu werden, hat Ret Marut abgelehnt. Er übernimmt aber Anfang April 1919 die Redaktion der „Münchner-Augsburger Abendzeitung". Es ist dies nicht sein einziges Amt gewesen. Er gehört dem Propaganda-Ausschuß und dem vorbereitenden Ausschuß für ein Revolutionstribunal an. Er entwirft auch einen Sozialisierungsplan für die Presse:

„*Sämtliche Zeitungen gehen in die Verfügungsgewalt der Stadt über, wo sie erscheinen. Die Stadt erhält dadurch keinerlei Bevormundungsrecht für Zeitungen; die Stadt hat nicht das Recht, irgendwelche Disziplinargewalt gegen irgendeinen Zeitungsangestellten auszuüben. Aber die Stadt sichert allen Zeitungsangestellten das vertragliche Einkommen. Für die geschäftliche Leitung wird ein Verwaltungsrat eingesetzt; ihm gehören an: ein Mitglied der Regierung, zwei Mitglieder des Arbeitsrates, je ein Mitglied der Parteien, die eine Zeitung besitzen, ein Mitglied der Vereinigung sozialistischer Lehrer und ein freier sozialistischer Schriftsteller ... über den Inhalt der Zeitung entscheidet der Redaktionsstab. In Streitfällen entscheidet der Vertreter der Partei, der die Zeitung zugewiesen wurde ... das Gehalt für die einzelne Person darf aber keinesfalls höher sein als 12 000 Mark für das Jahr ... diejenigen politischen Parteien, die an einem Ort keine eigene Zeitung herausgeben, haben das Recht, der Reihe nach jeden Tag zwei bis drei Spalten für ihre Zwecke von den bestehenden Blättern zu fordern ... das Recht der Meinungsfreiheit soll niemandem genommen werden. Das Bürgertum und die Kapitalisten haben die Mittel zur Verfügung, eigene Blätter herauszugeben, falls sie dies für notwendig erachten. Aber das Inseratengeschäft soll ihnen nicht mehr zugestanden werden. Das Proletariat hat Jahrzehnte hindurch mühselig die Mittel aufbringen müssen, um sich eine Presse schaffen zu können. Es hat diese große Tat vollbracht aus reinem Idealismus und aus unerschütterlichem Glauben an seine Mission. Wenn das Bürgertum wirklich etwas Wertvolles zu sagen hat und glaubt, daß seine Mitarbeit für den Neuaufbau der zusammengebrochenen Kultur notwendig sei, so wird es wohl in der Lage sein können, seine Meinung auszusprechen, ohne dadurch ein Geschäft machen zu wollen, wie es bisher mit Hilfe des Inseratenblattes geschah ...*"

Man muß, wenn man diese Sätze liest, bedenken, daß dieser Plan für die konkrete Situation der Räterepublik 1919 gedacht war.

Der Anklang an einen Satz aus Rosa Luxemburgs Schrift über die Oktoberrevolution ist nicht zu übersehen:

„Freiheit für die Anhänger der Regierung, nur für die Mitglieder einer Partei – mögen sie auch noch so zahlreich sein – ist keine Freiheit. Freiheit ist immer die Freiheit des Andersdenkenden. Nicht wegen des Fanatismus der ‚Gerechtigkeit‘, sondern weil all das Belebende, Heilsame und Reinigende der politischen Freiheit an diesem Wesen hängt und seine Wirkung versagt, wenn die ‚Freiheit‘ zum Privilegium wird."

„Glaubt an die große Idee: ‚Wir wollen Menschen und Brüder sein!‘" Wie idealistisch manche Sätze aus den Proklamationen und Leitartikeln des „Ziegelbrenners" auch klingen mögen, welche Illusionen sich Ret Marut vorübergehend auch über die Möglichkeiten einer „Zeitschrift gegen den Strich" gemacht haben mag: es gibt auch Zeugnisse ganz anderer Bewußtseinszustände bei ihm. Es gibt Texte von Marut, aus denen ein tiefer Pessimismus über die weitere Entwicklung in Europa spricht.

In der Nummer vom 20. März 1919 findet sich ein ganz klarer Hinweis darauf, daß der Ausweg nur noch in der Ferne zu finden sein wird:

„Erlösung wird kommen durch Fragen und Suchen und Wandern. Auf denn, laßt uns gehen in die Irre, allwo allein die Wahrheit ist, die Weisheit, die Erlösung und das Leben. Und da er also gesprochen, ging er von dannen in ein fernes Land noch am selbigen Abend."

Das ist Stilisierung, Übersetzung der Wirklichkeit auf die Ebene und in die Sprache des Märchens und der Legende. Man fühlt sich an die Bibel und an Nietzsches „Also sprach Zarathustra" erinnert.

In der Wirklichkeit sieht das Ende in München für Ret Marut persönlich weit nüchterner und wenig märchenhaft aus. „Um Haaresbreite am Strick vorbei" könnte man diesen Abschnitt seines Lebens überschreiben.

An jenem 1. Mai, an dem die Weißen in die Stadt eindringen, an dem die Hetzjagden auf die Anhänger der Räterepublik und die Liquidierungen beginnen, sitzt Ret Marut im Café Maria Theresia in der Augustenstraße, wo er sich mit den Teilnehmern eines Kongresses revolutionärer und freiheitlich denkender Schriftsteller aus verschiedenen Städten Deutschlands treffen will. Er selbst erzählt über seine Erlebnisse an diesem Tag weiter:

„Die Weiß-Gardisten machten nicht erst lange Sprüche. Sie schossen mit ihren Maschinengewehren sofort in die Volksmengen, die sich auf den Straßen bewegten und sonntägliche Kleidung trugen, rücksichtslos hinein. In der Augustenstraße wälzten sich gleich darauf sieben unschuldige Bürger in ihrem Blute, zwei von ihnen starben noch auf der Straße. Einige Schritte von dem Café lag auf der Straße ein schwer verwundeter gutgekleideter Mann. Während das Maschinengewehr-Feuer der Weiß-Gardisten weiter wütete, trug M mit einigen hilfsbereiten Leuten den bewußtlosen Verwundeten in das Café. Erst nach längerer Zeit war es einer Ärztin, die im Café anwesend war, möglich, die Wunde zu finden; es handelte sich um eine ungemein schwere Verletzung der Hauptschlagader des linken Oberschenkels. Nachdem ein Notverband angelegt war, kam auch schon ein Krankenwagen, der die Verwundeten und Toten von der Straße aufhob und auch den Verletzten aus dem Café mitnahm. Das Café wurde geschlossen, und M verließ das Haus. Er war einige hundert Schritte gelaufen – die Straßen lagen noch immer unter dem Feuer der Weiß-Gardisten – da kam ein Auto herangerast, das mit etwa sechzig Infantrie-Gewehren und Karabinern beladen war, und auf dem wohl ungefähr zehn Handlungskommis und Studenten saßen, die sich weiße Armbinden und Taschentücher um die Arme gewickelt hatten. Als sie M erblickten und erkannten, hielten sie das Auto an. Fünf Mann mit umgehängten Gewehren, in jeder Hand einen Revolver und an Gurten vier bis sechs Handgranaten tragend, stürzten auf M zu, richteten ihre Pistolen auf ihn und schrien ihn an ‚Hände hoch!' M fragte, was die Herren von ihm wünschten. Sie sagten ihm, er sei Mitglied des Zentral-Rats, der gefährlichste Agitator der Räte-Republik, Vernichter des Bürgertums und Zerstörer der Presse, man müsse ihn infolgedessen mitnehmen, und wenn er nicht eingestünde, daß er an dem Blutbad, das jetzt angerichtet werden würde, die Hauptschuld trüge, so müsse man kurzen Prozess mit ihm machen. M wurde nun von jedem einzelnen der blutgierigen Hanswürste nach Waffen durchsucht. Der Schriftleiter des Ziegelbrenner wurde nach Waffen durchsucht! Man kann natürlich auf nackten Ziegelsteinen auch nach Trüf-

113

feln suchen, wenn man nichts weiter zu tun hat. Man fand einen gewöhnlichen Hausschlüssel bei ihm, der sich aber zum Erstaunen der grünen Hampelmänner nicht als Schießgewehr gebrauchen ließ. Als M nun fragte, wo die edlen Befreier und Einführer der Ordnung denn eigentlich ihren Haftbefehl für ihn hätten, richteten auch die übrigen Burschen, die noch im Auto verblieben waren, ihre Pistolen auf M. Nun ersuchte M die tapferen Befreier, sie möchten ihn doch erst einmal nach Hause gehen lassen, um vor seiner Verhaftung und vor seinem möglichen Tode die dringendsten Angelegenheiten noch zu ordnen. Da wurde er nochmals nach Waffen und Maschinengewehren durchsucht, dann mit Gewalt ins Auto auf die Gewehre geworfen. Inzwischen hatten sich eine Anzahl von Spaziergängern um die Gelegenheit gesammelt. Die Weiß-Gardisten fühlten sich und begannen nun laut auf M zu schimpfen, er sei der Hauptschuldige an dem vergossenen und an dem noch zu vergiessenden Menschenblut und er solle nunmehr auch seinen Lohn erhalten. Diese Hetze blieb auf die Ansammlung ohne jede Wirkung: nur einer unter den Anwesenden sagte ganz laut: ‚Das ist der M.' ‚So?' fragten die Umstehenden zurück, ‚das ist der M?' Da sich infolge dieser Neutralitätsbekundung der Öffentlichkeit ein sofortiges Andiewandstellen nicht ordnungsgemäß vollziehen ließ, raste das Auto – M von zehn auf ihn gerichteten Pistolen und Gewehren umgeben – unter dem Geheul der edlen Freiheitskämpfer und Erretter des Bürgertums von dannen. Überall, wo sich nur Leute auf den Straßen fanden, brüllten die Wackeren hinaus: ‚Jetzt haben wir aber einen, den Allergefährlichsten!'"

Marut wird ins Kriegsministerium gebracht. Inzwischen sind alle wichtigen Gebäude in der Stadt von den Weißen besetzt worden. Vor der Residenz haben sie eine Art Heerlager aufgeschlagen.

Marut wird verhört. Es werden ihm „ungefähr zwanzig schwere Verbrechen des Hochverrats, der Aufhetzung von Soldaten gegen Offiziere, der Beleidigung mehrheitssozialistischer Regenten, der Gewaltanwendung gegen die rechtmäßige Regierung Hoffmann und mancherlei andere Schandtaten" zur Last gelegt. Er soll sofort hingerichtet werden:

„M erklärte, daß er hier nichts zu äußern habe und daß er insbesondere diese Herrn, die ihn als ruhigen Spaziergänger einfach mit

Gewalt von der Straße weggeschleppt hätten, nicht als Richter anerkennen könne. Als nun nichts aus M herauszubringen ist, schreit plötzlich einer der Herren: ‚Gestehen Sie freiwillig, wir holen jetzt die Zeugen und dann wehe Ihnen, dann sind wir aber fertig.'" Es kommen auch bald Zeugen, die alles wunschgemäß bekunden.

„Diese Zeugen, die immer zur Stelle waren, besonders dann, wenn sie Zeuge sein durften, wie ein Arbeiter an einen Gartenzaun gestellt und erschossen wurde, haben auch eine wichtige Rolle gespielt in den Prozessen der bayrischen Schandgerichte, deren Wirken dermaleinst in der Geschichte für die Bestialität, die Brutalität, die Heuchelei und die Verkommenheit des deutschen Bürgertums und die Verlogenheit der deutschen Sozialdemokratie ein besseres und wertvolleres Erkenntniszeichen sein wird als der Krieg und die Novemberlüge. (Gemeint ist: daß die deutschen Truppen im Felde unbesiegt, von der Heimat verraten worden seien.) Entlastungszeugen, die M nannte und die er zu laden ersuchte, wurden hier ebenso wenig anerkannt wie dies bei den Schandgerichten der Fall war."

Offenbar haben Maruts heftige Proteste ihn vor der sofortigen Hinrichtung bewahrt. Für eine Weile bleibt er mit einem Mann allein, der ihn mit einem Browning in der Hand bewacht. Dann nimmt man ihn sich wieder vor und erklärt, jetzt werde man ihn dazu bringen, ein umfassendes Geständnis seiner Schandtaten abzulegen.

„M wurde hierauf – zwei schwerbewaffnete Männer zur Seite, zwei hinter ihm – wieder durch das Spalier geschleift und nach der Residenz gebracht. Auf der Straße hatte sich das Bild nun völlig verändert. Aus den Fenstern wehten die blauweißen Fahnen, auf den öffentlichen Gebäuden, wo bisher die sozialistischen Banner, die von der Sozialdemokratie längst verraten und besudelt worden sind, flatterten, waren jetzt schwarzweißrote Fahnen gehißt worden ... in der Residenz wurde M an Schandwehr-Soldaten abgeliefert, während die Einfänger und Zeugen um die Erlaubnis nachsuchten, bei M bleiben zu dürfen, damit er nicht entwiche und damit sie gleich bei der Hand sein könnten, wenn M vor ein Feldgericht gestellt würde. Nach einer halben Stunde wurde angeordnet, daß M zum Polizeipräsidenten zu bringen sei, wo ein Feldgericht in Tätigkeit wäre. Als M abgeführt wurde, ließ man ihn samt seine Begleitung unten nicht aus der Tür, weil inzwischen Gegenbefehl gekommen war, ihn gleich in der Residenz vor das Feldgericht zu bringen.

M wurde wieder zurückgeführt und kam in das Vorzimmer eines großen Saales, wo das Feldgericht tagte. Das Feldgericht im Land der eigenen Heimatgenossen bestand aus einem schneidigen Leutnant. Dieser Leutnant erledigte in jedesmal etwa drei Minuten die Sache in der Weise, daß er auf Grund der Zeugen-Aussagen von Denunzianten entschied, ob der Verhaftete sofort standrechtlich zu erschießen oder ob er frei zu lassen sei. Im Zweifelsfalle wurde der Verhaftete erschossen, weil es sicherer war. Um Entlastungs-Zeugen kommen zu lassen oder auch nur Leute herbeizurufen, die bestätigen konnten, daß der Verhaftete kein Spartacist oder gar nicht ein Führer sei, hatte man nicht genügend Zeit. Der Raum, in dem M sich jetzt befand, füllte sich immer mehr mit eingefangenen Arbeitern, Rot-Gardisten, Matrosen, Mädchen und Knaben. M sah unter anderen denunzierten Leuten einen sechzehnjährigen Buben, der beschuldigt wurde, Schandwehr- (gemeint ist: Reichswehr) Soldaten angegriffen und spartacistische Propaganda verübt zu haben. Aus dem großen Saale, wo der Leutnant zigarettenrauchend über das Leben und Nichtleben von Verhafteten entschied, wurden alle Augenblicke Arbeiter und Matrosen mit totbleichen Gesichtern abgeführt. Ihre erschreckten und traurigen Augen verkündeten allen Wartenden das Todesurteil."

Es lohnt sich, einen Augenblick innezuhalten und sich über das klar zu werden, was zwischen den Zeilen steht.
Marut erzählt von sich selbst in der dritten Person, distanziert und dann doch wieder höhnend. Man spürt die Todesangst, die er in diesen Stunden gehabt haben muß, die Hilflosigkeit. In den Aufzeichnungen über seine Erlebnisse, die im „Ziegelbrenner" veröffentlicht werden, ist zu erkennen, wie er diese Angst abzuschütteln, ihrer durch Sarkasmus oder Flüche und Verwünschungen Herr zu werden versucht.
Er erzählt weiter:

„Ob der Leutnant, der hier über die Spartacisten und die denunzierten Räte-Republikaner zu Gericht saß, das Amt von der Regierung Hoffmann übertragen erhalten oder ob er es sich eigenhändig *angeeignet hatte, wird heute wohl nicht mehr entschieden werden können. So verging eine Stunde qualvollen Wartens. M fragte, ob er noch einen Zettel an seine Freunde schreiben dürfe, damit sie wüßten, wo er geblieben sei. Das wurde verweigert. Da wurde der letzte Mann, der vor M dem Leutnant überantwortet werden sollte, aufgerufen und hineingeführt. Bei der Unruhe, die dadurch entstand, daß der Mann von den Landsknechten roh angepackt wurde, was er sich verbat, gelang es M zu entkommen. Zwei Soldaten, denen einen Augenblick lang wohl ein Funken Menschlichkeit aufstieg als sie sahen, wie hier mit dem Kostbarsten, was der Mensch besitzt, mit dem Leben, umgegangen wurde, waren an diesem Entkommen nicht unbeteiligt. Ihnen sei an dieser Stelle gedankt für die Erhaltung eines Menschenlebens ... "*

Seit jener Stunde, in der es ihm gelingt, den Weißen zu entkommen, ist Marut auf der Flucht.

Er schreibt, er habe überlegt, sich den Gerichten zu stellen, schließlich sei es alles andere als ein Vergnügen, sich in Wäldern, Scheunen oder leeren Wohnungen verstecken zu müssen, aber angesichts der Tatsache, *„daß die Gerichte keine Gerichte, sondern Anstalten grausamster Rache und Blutgier"* seien, hätte das ja geheißen, *„dieser öffentlichen deutschen Schande noch Vorschub zu leisten."*

Der Bericht über seine Flucht aus der Residenz klingt einigermaßen erstaunlich, was nicht heißen soll, daß sich die Vorgänge nicht so abgespielt haben könnten. In solchen Zeiten ist, im Guten wie im Bösen, alles möglich. An Maruts sicherer Verurteilung kann nach seinem Engagement und seinen Ämtern während der Räterepublik kein Zweifel bestehen. Aber es ist dann auch wieder bezeichnend für ihn, wenn er es sich verbittet, daß sich Leute aus dem Bürgertum um eine Amnestie für ihn verwenden. Seine Begründung für die Haltung ist wiederum die eines Anarchisten:

„Für einen Revolutionär gibt es keine geschenkte Freiheit, nur gestohlene oder eroberte Freiheit."

Danach wird er von nun an leben.

Café Altamria: Posada und Rivera oder eine Kunst für das Volk

„Der Künstler – sei er Bildhauer, Maler, Schauspieler, Dichter oder Musiker – ist so wichtig im Dasein der Menschen und so unentbehrlich für das Leben des Menschen, daß keine Gruppe von Menschen existieren kann ohne Kunst und ohne Künstler ... allein nur der Künstler ist es, der uns zu Menschen macht und der uns bewußt fühlen läßt, daß wie Menschen sind.
Ein Werk, das dich nicht trifft, das nicht zu dir spricht in deinem Fühlen, in deinem Denken, in deinem Sehen, in deiner Seele, ist nicht dein Kunstwerk.
Du mußt fühlen können, daß der Künstler dich persönlich gemeint hat, daß er dich in deiner Seele aufsuchen wollte, daß er zu deiner Seele zu sprechen wünscht."

B. Traven: „Der Künstler"

Wenn es einer Begründung bedürfte, warum im Zusammenhang mit Traven von den volkstümlichen Malern Mexikos die Rede sein soll – das voranstehende Zitat würde als Beleg wohl ausreichen. Welche Bedeutung Traven einer engagierten und für eine breite Schicht von Menschen verständlichen Kunst beigemessen hat, beweisen die Graphiken von Franz Wilhelm Seiwert, abgedruckt im „Ziegelbrenner", die in der Kargheit ihrer Darstellung und der Aggressivität ihrer Kritik an George Grosz erinnern.
Durch Menschen die Marut/Traven gekannt haben, wird immer wieder bezeugt, daß er die Werke mexikanischer Künstler gesammelt und mit jenen, die seine Zeitgenossen waren, befreundet gewesen ist. Das Werk jener Männer, das in diesem Kapitel näher vorgestellt werden soll, zeichnet sich vordergründig durch zweierlei aus: es versteht sich ganz bewußt als Kunst für die Unterschicht. Es setzt sich mit der Geschichte Mexikos auseinander und ergreift dabei Partei. Wie, auf welche Weise, mit welchen Akzenten, darüber wird im einzelnen noch zu berichten sein. Zunächst läßt sich die Vermutung äußern, daß Traven einmal durch das graphische Werk Posadas, der schon tot war, als der Europa-Flüchtling nach Mexiko kam, mehr vielleicht aber sogar noch durch die Wandmaler, auch im Hinblick auf sein mexikanisches Romanwerk, beeinflußt worden ist, und zwar in der Thematik wie auch in der Form.

Es bedarf keiner umständlichen Beweisführung, um jemanden davon zu überzeugen, daß gerade der Caoba-Zyklus über die Jahre vor und während der Mexikanischen Revolution im 20. Jahrhundert gewisse Ähnlichkeiten mit einem Wandbild – sagen wir von Rivera – aufweist. Hier wie dort das große Panorama, hier wie dort eine Sichtweise von Geschichte aus der Perspektive derer, die sie erleiden.

Zwischen den Wandmalern wie Rivera und Siquieros und dem Holzschneider und Graphiker Posada besteht trotz des Generationen-Unterschiedes ein enger Zusammenhang. Diego Rivera hat einmal geschrieben: „Das Werk Posadas sich erschließen bedeutet, ein umfassendes Verständnis des sozialen Lebens des mexikanischen Volkes erlangen."

Wer war dieser Jose Guadalupe Posada und was macht die Besonderheit seines Werkes aus?

Er ist indianischer Abstammung und wird 1851 in Aguascalientes, der Hauptstadt der gleichnamigen Provinz, geboren.
1870 kommt er als lithographischer Lehrling in die Werkstatt des Liberalen T. Pedroza. Es ist die Zeit, da die Reformbewegung der Liberalen durch das Eingreifen Frankreichs abgestoppt wird und Napoleon III. dem Land einen Kaiser von seinen Gnaden aufzwingen will. Mit 20 Jahren schon zeichnet Posada die aktuelle Politik seines Heimatlandes. Sein Lehrer muß aus politischen Gründen aus Aguascalientes fliehen. Posada übersiedelt nach Leon. Er fängt an, in Holzschnitt und Metalldruck zu arbeiten. 1876 hat er das Geld zusammen, um sich selbst eine Druckerei zu kaufen. 1887 wird die Stadt von einer Überschwemmung heimgesucht, die seine Werkstatt fortreißt. Nun zieht er nach Mexico City um und mietet sich Arbeitsräume in der Nähe der Kunstakademie San Carlos.
Seine Kunst, die von den Flug- und Balladenblättern ausgeht, wie sie in Mexiko traditionell sind, und in der Nachricht, Poesie und Satire eine sonderbar reizvolle Mischung eingehen, ist nicht wie die seiner Vorgänger Villasana und Escalante an französischen Einflüssen orientiert. Es ist die Kunst eines Mannes aus dem Volk und für das Volk, eine Kunst, in der die Stimme des Volkes spricht. Wichtig ist, daß seine Holzdrucke und Zinkätzungen gewöhnlich zusammen mit einem Schriftsatz entstanden. Er ist zu einem festen Lohn in einem großen Verlagshaus angestellt. Er muß dessen Zeitungen beliefern, aber er arbeitete auch für ein Wochenblatt, dessen langer Titel zugleich ein Programm ist:
„Wochenblatt zur Verteidigung der Arbeiterklasse, Verkünder von Wahrheiten, kein eitler Schwätzer und Nachplapperer, keine Lügen und Enten."
Gerade durch das Arbeiten für diese Zeitschriften, die sich am Massengeschmack orientierten, durch seine Begabung, Dinge naiv, aber dennoch engagiert darzustellen, sind diese Drucke, von denen sich immerhin 15 bis 20000 erhalten haben, ein Panorama dessen, was die Menschen der Unterschicht und des unteren Mittelstandes damals beschäftigte. Dabei wird für den heutigen Betrachter vor allem ein Übermaß an Aberglaube und Gewalttätigkeit erkennbar.
Eine Besonderheit im Werk Posadas stellen die sogenannten Calaveras, also Totenköpfe und Skelette, dar. Über den Bedeutungszu-

sammenhang dieser Blätter in der Größe DIN A 5, die in der Öffentlichkeit verkauft wurden, schreibt Olav Münzberg: „Calaveras heißt in bloßer Übersetzung Totenschädel ... Der Ausdruck ... hat im mexikanischen Sprachgebrauch noch eine andere Bedeutung. Es ist die Bezeichnung für einen Lebemann, Bummler und Leichtfuß, daneben der Name für ein Geschenk an Kinder in der Zeit der Allerseelen. Es sind Totenschädel aus Zucker und Backwerk, die von mexikanischen Konditoren vor Allerseelen hergestellt und verzehrt werden.

Octavio Paz, ein mexikanischer Schriftsteller, schreibt in metaphysischer Interpretation:

‚Die Totenschädel aus Zucker oder Seidenpapier, die Skelette, die im Feuerwerk leuchten, und unsere volkstümlichen Darstellungen, die das Leben verspotten, bezeugen die Nichtigkeit und Belanglosigkeit des menschlichen Seins. Wir schmücken unsere Häuser mit Totenschädeln, wir essen am Totensonntag Brot in Form von Knochen, wir amüsieren uns mit Liedern und Schwänken, aus denen der kahle Tod grinst.'
Der Allerseelentag ist in vielen Gegenden Mexikos im Gegensatz zu Europa weniger ein Trauertag. Die Mexikaner pilgern an das Grab der Verstorbenen, aber ihr Verhältnis zu ihnen manifestiert sich nicht in stillen Zeremonien und stummen Schmerz, sondern in teilweise ausgelassener Kommunikation, in familiärer Runde, in der auch Speis und Trank am Grab genossen wird.
In diesem archaischen Rest lebt etwas von der Lebens- und Todesvorstellung fort, die die Geburt eines Kindes als Wiederkehr eines Vorfahren erfährt..."

Nur zu deutlich ist die Verbindung zwischen Quetzalcoatls Abenteuer bei der Suche nach den Knochen, aus denen die jetzigen Menschen zusammengesetzt worden sind und den „Calaveras". Auch

Traven hat gewisse Texte in der Art von Calaveras angelegt. Das gilt für „Die Brücke im Dschungel", diese eindrucksvolle Totenklage um ein indianisches Kind. Dies gilt erst recht für die Erzählung „Der dritte Gast", die ganz im Ton einer Ballade gehalten ist.
Macario, ein armer mexikanischer Holzfäller mit elf hungrigen Kindern, teilt seinen Truthahnbraten mit dem Tod. Als Gegengeschenk für das Essen macht der Tod seinen neuen Gefährten zum Doktor:

„Ich will einen Doktor aus dir machen, einen großen Doktor, der alle die hochgelehrten Ärzte und Mediziner, die mir immer häßliche Streiche spielen wollen und glauben, mich hineinlegen zu können, übertrumpft. Jawohl, ein Doktor sollst du sein, und ich verspreche dir, daß dein Puter millionenfach bezahlt werden soll."

Macario kann also nun heilen, aber nur jene, die der Tod dazu ausersehen hat, geheilt zu werden.
Er hält sich an dieses Abkommen und wird reich und berühmt.
Als Macario im Begriff steht, sich von seiner Tätigkeit als Heiler zurückzuziehen, ruft ihn der Vizekönig zu sich und befiehlt ihm, seinen Sohn gesund zu machen.
Gelingt das Macario, so wird er reich belohnt werden. Gelingt es ihm nicht, so wird man ihn der Inquisition überanworten.
Als er an das Bett des Kindes tritt, sieht er den Tod am Kopfende stehen – das Zeichen dafür, daß er nicht heilen darf.
Diesmal nimmt er den Kampf mit dem Tod auf. Er versucht seinen Freund und Wohltäter zu betrügen, indem er wie rasend beginnt das Bett umzudrehen. Schließlich aber sieht er ein, daß es sinnlos ist, sich gegen den Tod und sein Urteil aufzulehnen.
Der Tod verschont den Sohn des Vizekönigs nicht, aber er errettet Macario davor, lebendig verbrannt zu werden und versichert ihm, er selbst werde eines sanften Todes sterben. Über Macarios Versuch, den Sohn des Vizekönigs zu retten, will der Tod hinwegsehen, weil in diesem Fall das Leben des Holzfällers auf dem Spiel stand und er „wild vor Verrücktheit" war. Die Fabel um die Bedingungen von Leben und Sterben endet damit, daß Macarios Leiche im Wald gefunden wird. Er hat noch voller Behagen einen halben Truthahn verzehrt. Dann hat ihn der Tod ereilt. Diese Erzählung schließt mit dem Satz:

„Da nun Macarios Weib die beiden Häuflein abgenagter Puterknochen sah, quollen dicke Tränen aus ihren traurigen Augen hervor, und sie sagte: ‚Ich möchte wohl wissen – ach, wie gern wüßte ich, wen er zu Gast hatte, aber es muß ein schöner und vornehmer und sehr freundlicher Gast gewesen sein, sonst wäre Macario nicht so glücklich, so überaus glücklich gestorben.'"

Gerade in dieser Erzählung entsteht durch Überblendung von europäischen und indianischen Todesvorstellungen etwas Neues. Vorbild ist das Grimmsche Märchen „Gevatter Tod", das aber eine entscheidende Abwandlung erfährt. Zuerst kommen der Teufel und Christus als Gäste zu Macario. Sie weist er fort, läßt sie nicht an seinem Mahl teilhaben.

Den Tod akzeptiert er als Gast, so wie in der indianischen Tradition – siehe den Bericht über die Art der Indios, das Allerseelenfest zu feiern – eine Vertrautheit mit dem Tod zum Ausdruck kommt, der ja eben gerade nichts sein soll, was man zu fürchten hat. Traven scheint vom Todesverständnis der Indianer her zu dieser seiner eigenen Auffassung gekommen zu sein, die sich vor allem in dieser Geschichte ausdrückt. Es geht in ihr um den guten Tod und das glückliche Sterben eines armen Mannes. So zu sterben wie Macario ist nur möglich, wenn man sich mit dem Tod einläßt, wenn man vertraut mit ihm umgeht, wenn man ihn zu seinem Gast und Kameraden macht. Entscheidend für ein „gutes Sterben" ist auch ein Leben in humaner Verantwortung, ein Leben, das sich mit der Unvollkommenheit abfindet, eine Lebensführung, die gegen die Naturgesetze nicht verstößt.

Posada ist als armer Mann 1913 gestorben, derart mittellos, daß man ihn in einem Massengrab beisetzte.
Man kann sich vorstellen, daß Traven seinen Blättern viele Informationen über das Volksleben in Mexiko während der Diktatur Diaz und während der ersten Jahre der Revolution entnommen hat. Mit den sogenannten „Mauermalern", die derselben Generation wie er angehören, hat ihn das Interesse und die Fragen nach Sinn und Gang der Geschichte verbunden.
Hinzu kam deren Begeisterung für die indianischen Traditionen, die auch er bewundern gelernt hatte.

Aus der Gruppe der „Mauer- oder Wandmaler" – so genannt, weil sie ihre Bilder auf große Mauerflächen malten – greifen wir einen heraus: Diego Rivera. Er ist nicht nur der bekannteste Maler dieser Gruppe, an seinem Leben läßt sich zeigen, wie die politischen und sozialen Ereignisse um die Jahrhundertwende, die Auseinandersetzung mit der Diktatur Diaz, das Aufbegehren gegen die Vorherrschaft der Kirche und der Wille zu einer nicht von Europa abhängigen Kunst eine ganze Generation geprägt, und wie ihr Verlangen nach Volkstümlichkeit zur Entstehung einer bestimmten Art der Malerei geführt hat.

Diego Rivera wird 1886 in Guanajuata geboren. Sein Vater hat noch unter Benito Juarez gegen die Konservativen und die Franzosen gekämpft. Später war er Lehrer und trat als Zeitungsherausgeber für die Bergarbeiter und Bauern ein.

Der Sohn muß ein merkwürdiges Kind gewesen sein. In einem 1928 erschienenen autobiographischen Aufsatz spricht Rivera von seiner frühen Neugier, hinter die Mechanik der Dinge zu kommen, wie er als Kind Maschinen, Waffen und Tiere zerlegte, um zu erkennen, was sie bewegte. Er erzählt auch von seiner kindlichen Auflehnung gegen die katholische Religion:

„Im Alter von drei Jahren hatte man mich in die Kirche geführt, um für meine Mutter, die vor einem Examen stand, zur Madonna zu beten. Aber ich hatte zu Hause zwei hölzerne Heiligenbilder, die in einer Ecke lagen, untersucht und war empört über die Zumutung, zu so einem Ding zu beten. Ich stieg auf die Stufen des Altars und schrie die Frauen, die da kniend beteten, an: ‚Alte Idioten! Wenn ich das Bild meines Vaters, das bei uns an der Wand hängt, um Geld für eine Dampfmaschine bitte, glaubt Ihr, er wird's mir geben?' Und ich hielt ihnen eine antireligiöse Ansprache, primitiv und kindlich. Das war mein erstes öffentliches Auftreten. Die Damen glaubten mich vom Teufel besessen und versuchten allerlei Beschwörungen, um mich aus seinen Fängen zu befreien. Aber dafür nahm mich eine Gruppe alter Herren, Freidenker, die allabendlich an einer bestimmten Bank des kleinen Volksgartens zusammenkamen, in ihre Gesellschaft auf. So fand ich meine ersten Freunde – alle zwischen 50 und 80. Unter ihnen befanden sich drei Ingenieure. Denen dank ich's, daß die Maschinen der Lokomotiven, die das Silber aus den Minen meiner Stadt beförderten, mich bei ihren Fahrten mitnahmen, damit ich ihnen bei der Arbeit Gesellschaft leiste. Die Befriedigung darüber dauert bei mir bis zum heutigen Tag an. Mit fünf Jahren hatte ich also gelernt, eine Lokomotive zu führen, und wenn ich mich nicht auf dem Güterbahnhof herumtrieb, verbrachte ich meine Zeit damit, Entgleisungen und Kämpfe zu zeichnen oder Phantasiemaschinen, die ich in großer Zahl erfand."

Mit sechs Jahren begann Rivera Volksaufstände zu zeichnen, „bei denen Steine flogen und mit Pistolen auf reiche, gutbewaffnete Herren und deren Diener geschossen wurde." Die Ereignisse der Revolution, nicht zuletzt auch die Bedeutung der Eisenbahn für das soziale und das politische Leben im Land spiegeln sich derart im Bewußtsein des Kindes.

„Ich war 8 Jahre alt, als mein Vater eine Menge Papiere fand, die ich versteckt hatte. Ich hatte darauf Schlachtpläne gezeichnet und Bemerkungen über geplante Feldzüge notiert. Ich hatte 5000 Soldaten selbst aus Karton ausgeschnitten, und meinen Kameraden hatte ich zugeredet, sich ebenfalls solche Heere anzulegen. Ich organisierte Krieg und konnte Schießpulver und einfache Granaten fabrizieren. Die Freude meines Vaters, als er meine Leidenschaft entdeckte, war ungeheuer. Er führte mich zu seinen Freunden, alten liberalen Generälen, die gegen die Reaktionäre gekämpft hatten. Der General Hinojoso, damals Kriegsminister, und drei seiner Kameraden unterzogen mich einer sechsstündigen Prüfung, nach der ich beglückwünscht und geküßt – und von neuem zum ‚Wunderkind' erklärt wurde. Der General Hinojoso setzte in der Deputiertenkammer ein Spezialdekret durch, womit mir erlaubt wurde, mit 13 statt mit 18 in die Militärschule einzutreten. Damals sprach ich nicht über diese Dinge mit meinem Vater. Aber ich weiß bestimmt, daß sowohl für ihn wie für mich mit der Idee von Militär die Sache der Bergarbeiter, Bauern und Industriearbeiter verbunden war.

Mit zehn Jahren ungefähr war ich Zeuge der ersten Streikbewegung von Arbeitergruppen. Damals entstand in meinem Kopf der Gedanke, daß alles viel besser gehen müßte, wenn die Arbeiter wie Soldaten organisiert und bewaffnet wären. Aber damals wurde auch das Bedürfnis zu malen für mich so zwingend, daß ich die Vorstudien für die Militärakademie aufgab und in die Kunstakademie eintrat. Ich war zu der Zeit elf Jahre alt."

Noch auf der Akademie, lernte Rivera Posada kennen, dessen Werkstatt sich bekanntlich in der Nähe befand.

„Es begeisterte mich, ihn über Flores Magon und seine anarchistischen Kameraden sprechen zu hören, die die Revolution predigten... In dieser Zeit quälte mich der Wunsch, aus Mexiko herauszukommen, die Massen organisierter Arbeiter Europas zu sehen und mit den anarchistischen Kameraden, die in meiner kindlich gebliebenen Vorstellung von einem Glorienschein umgeben waren, in Berührung zu kommen."

1910 reist er nach Europa und wird besonders beeindruckt durch die Bilder Cezannes, Picassos und Henri Rousseaus. Wie sein Kunstprogramm damals aussieht, erklärt er in einem Bericht über die Diskussion mit „revolutionären Emigranten" während des I. Weltkriegs:

„Sie sagten alle, daß die moderne Kunst zu den Massen gebracht, sofort die populäre Kunst der Revolution werden würde. Ich blieb bei meiner Idee einer klaren, festen, einfachen und präzisen Kunst, die, obwohl alle technischen Errungenschaften der modernen großbür-

gerlichen Kunst enthaltend, doch verschieden von ihr und den Massen zugänglich sein müßte. Sie müßte das Interesse dieser Massen absorbieren und immerfort dahin zielen, das Tempo ihrer ästhetischen Entwicklung zu beschleunigen ... nur wenn das Proletariat dahinkommt, seinen eigenen, von der Bourgeoisie unabhängigen Geschmack im Einklang mit seinen ökonomischen Interessen zu entwickeln, wird sich die Kulturrevolution erfüllt haben."
1919 begegnet er in Paris David Alfaro Siqueiros. In einer Diskussion kommen die beiden Mexikaner überein, „die mexikanische Kunst zu verändern und eine nationale und volkstümliche Bewegung zu schaffen."
1921 bis 1923 entstehen dann in Mexiko die ersten Wandmalereien. Rivera entdeckt dazu alte Techniken der griechischen und romanischen Kunst wieder. Er malt mit Wachsfarben auf Marmor und Zement. Das erste bedeutende Wandbild Riveras ziert die Aula der nationalen Vorbereitungsschule. Sein Titel drückt zugleich ein Programm aus: „Die Schöpfung, Geburt der indianischen Rasse".
1923 wird Rivera zusammen mit Siqueiros ins Exekutivkomitee der kommunistischen Partei Mexicos gewählt. Er beginnt mit der Aus-

malung der Wände in den verschiedenen Höfen des Erziehungsministeriums. Er gründet zusammen mit anderen Wandmalern das „Syndikat der technischen Arbeiter und Bildhauer".

„Unser Syndikat verlangte und erhielt Arbeit unter denselben pekuniären Bedingungen wie alle Zimmermaler und bald erschienen Fresken auf den Wänden von Schulen, Wirtshäusern und anderen öffentlichen Gebäuden, das alles, obwohl schon seit einigen Monaten wegen meiner Arbeit im Ministerium für Unterricht eine sehr heftige Offensive der gesamten bürgerlichen Intelligenz und der Presse im Gang war."

Kein Wunder, ist man geneigt zu sagen, wenn man im „Manifest des Syndikats" unter anderem liest:

„Aufgrund der Tatsache, daß die soziale Situation sich im Übergang zwischen einer hinfälligen und einer neuen Ordnung befindet, verkünden wir, daß die Schöpfer der Schönheit ihre größten Kräfte einsetzen müssen, um ihre Produktion ideologischer Werte für das Volk zu machen; und wir verkünden, daß das höchste Ziel der Kunst, die augenblicklich nur ein Ausdruck der individualistischen Selbstbefriedigung ist, eine Kunst für alle sein soll, eine Kunst der Erziehung und des Kampfes.

Denn wir wissen genau, daß die Errichtung einer bürgerlichen Regierung in Mexiko die natürliche Unterdrückung der populären indianischen Ästhetik unserer Rasse mit sich brachte, die heute nur noch in den unteren Volksklassen lebt, die jedoch schon die intellektuellen Kreise in Mexiko aufzuklären beginnt. Wir werden gegen diese Unterdrückung ankämpfen."

Das Manifest schließt mit dem Ausruf „Für ein Weltproletariat!" Daß man einen neuen Typ des Künstlers als Voraussetzung für eine neue Kunst mit einer solchen ideologischen Ausrichtung ansah, geht aus der Autobiographie des Wandmalers Orozco hervor, in der es heißt:

„Die Maler und Bildhauer von heute werden Männer der Tat sein, kräftig, gesund und gelehrt, fähig, wie ein guter Arbeiter acht oder zehn Stunden am Tag zu arbeiten. Sie gehen in die Werkstätten, an die Universitäten, in die Kasernen, die Schulen, begierig, alles zu wissen und zu verstehen und möglichst früh ihren Platz bei der Schaffung einer neuen Welt einzunehmen."

Ab 1924 werden die kritischen Reaktionen in der Öffentlichkeit auf die engagierten Wandmalereien immer heftiger. Meinungsverschiedenheiten zwischen Künstlern und Auftraggeber, der Regierung, führen zur Auflösung des Syndikats. Trotzdem fahren Rivera und einige Kollegen unverdrossen fort, Wandbilder zu malen.

Auch unter den Künstlern selbst kommt es zu Meinungsverschiedenheiten. Es bildet sich eine Gruppe, die einem zu direkten sozialen Engagement ablehnend gegenübersteht. Paz charakterisiert sie so: „Sie wurde von dem Wunsch geleitet, eine neue Universalität in der Kunst zu finden, ohne sich dabei auf die ‚Ideologie' zu beziehen. Sie betrachteten als Erbe ihrer Vorgänger deren Entdeckung der Kunst unseres Volkes als unerschöpfliche Quelle der Inspiration."

Andererseits widmen sich auch einige Künstler, wie Siqueiros, nun vorwiegend der direkten politischen Arbeit.

Einen neuen Aufschwung nimmt die Wandmalerei dann noch einmal zwischen 1934 und 1940 während der Präsidentschaft von General Cadenas, der bei seiner Amtsübernahme erklärt hat:
„Nichts kann den langen revolutionären Kampf Mexicos besser rechtfertigen als die Existenz ganzer Regionen, in denen Menschen fern jeglicher materieller und geistiger Zivilisation leben, in größter Unwissenheit und Armut versunken, mit unzureichender Ernährung, Kleidung und Behausung. Dies ist in einem Land, das wie Mexico genügend Mittel zur Schaffung einer gerechten Zivilisation besitzt, unangemessen."

Ohne den Sozialismus zu verwirklichen, werden in dieser Zeit sozialistische Traditionen neu belebt und zunächst jedenfalls ist die Politik Mexicos auch antifaschistisch.

Orozco und Rivera erhalten Regierungsaufträge für den Palast der „Schönen Künste", dessen Bau zwischen 1932 und 1934 beendet wird. Es ist bezeichnend für die Entwicklung der Wandmalerei, welch unterschiedliche politische Aussagen diese beiden wichtigen Maler dabei machen.

„Orozco prangert diejenigen an, die die Verwirrung beim Umsturz der gesellschaftlichen Verhältnisse benützen, um das Volk, vor allem die Arbeiterklasse, zu betrügen; Rivera verherrlicht die Herrschaft der Menschen über die Natur in einer sozialistischen Gesellschaft, und stellt ihr die Irrationalität und die Ungerechtigkeit gegenüber, der die Masse der Werktätigen im Imperialismus ausgesetzt ist."

In einem Gemälde an der linken Wand des Nationalpalastes aus dem Jahre 1935 übt Rivera heftige Kritik am Verlauf der mexikanischen Revolution. Sein Bild kann als Klage darüber gedeutet werden, daß in Mexico die Revolution immer wieder verbürgerlichte. So nach der Erringung der Unabhängigkeit, so nach der Ära der Reformen durch die Liberalen. So nach der Revolution Anfang des 20. Jahrhunderts durch die erneute Stärkung der Bourgeoisie.

Welche merkwürdigen Zusammenhänge zwischen Erdöl und Wandmalerei bestehen wird klar, als 1937 Wandbilder von Juan O'Gorman teils übermalt, teils zerstört werden müssen. An dem einen mißfällt, daß man darauf auch den Kernsatz des Kommunisti-

schen Manifestes liest, auf anderen ist es die Ähnlichkeit gewisser Köpfe mit denen Hitlers und Mussolinis. Auf einem Flugplatz der Landeshauptstadt ist das freilich für die Regierung etwas kompromittierend.
97 Intellektuelle protestieren. In ihrer Erklärung heißt es: „Glauben Sie, (Herr Unterstaatssekretär), daß man völlig grundlos jenen verurteilt, der die Bücher von Schiller, Heine, Marx und Engels zu verbrennen befahl... den Verfolger des Genies unserer modernen Physik, Einstein, den Verfolger der großen Künstler Paul Klee, Kandinsky und George Grosz, jenen, der dem ehrwürdigen und ruhmreichen Impressionisten Liebermann zu malen verboten hat, der die Religion von Wotan und Thor erneuert hat, Kulte barbarischer Zeiten, den, der versichert, er werde sehr bald die Rasse der deutschen Philosophen, die die Welt aufgeklärt haben, erledigen, und den, der versichert, daß die Arbeiter nicht mehr denken müssen, weil das Propagandaministerium der Nazis es für sie erledigt?"
Hitlers Sündenregister aus der Sicht mexikanischer Intellektueller 1937.
Aber die Proteste vermögen nichts gegen die Tatsachen. Die Enteignung ausländischer Ölindustrien in Mexico hat zu einem Boykott der mexikanischen Ölproduktion durch die USA und England geführt. Das von Hitler beherrschte Deutschland ist der einzige Abnehmer des wichtigen Exportgutes. Also kann man die Nationalsozialisten nicht vergrämen.
Auch Rivera hatte immer wieder Schwierigkeiten mit seinen zensurierenden Auftraggebern oder mit aufgebrachten Betrachtern. 1936 werden vier Wandbilder, die er für das Hotel Reforma gemalt hat, deswegen nicht ausgestellt, weil sie Politiker satirisch abbilden. 1947/48 führt der Satz „Gott existiert nicht" auf dem Bild „Sonntagsspaziergang im Almeda-Park" dazu, daß dieses eindrucksvolle Werk von unbekannten Tätern beschädigt wird. Später tilgt Diego diesen Satz. 1957 stirbt der vielleicht bedeutendste unter den Wandmalern. Sein Haus, in dem 1936 Trotzki zu Gast gewesen ist, hat er als Museum dem Volk von Mexiko vermacht.
Mindestens seit 1925 muß Traven die Entwicklung der Mauermaler in Mexiko beobachtet haben. Sie war eines der wichtigsten Ereignisse nationaler Kultur. Zudem ist er mit einigen dieser Männer per-

sönlich befreundet gewesen. Welche Konsequenzen mag das für sein politisches Bewußtsein gehabt haben?
Der Gedanke, daß Kunst parteiisch sein müsse, ist für ihn seit den Tagen des „Ziegelbrenners" eine Selbstverständlichkeit.
Die Wiederbelebung indianischer Traditionen mag ihm als eine späte Wiedergutmachung eines kulturellen Unrechts erschienen sein, das er immer angeprangert hat. So, wenn er gegen die große Bücherverbrennung durch die katholische Kirche polemisiert und

schreibt: „*Die größte Bibliothek der hochzivilisierten Maya-Indianer in Yucatàn wurde von dem spanischen Mönch Landa verbrannt. Er berichtet, daß die Bücher alle Gebiete der Wissenschaft umfaßten, wie Medizin, Astronomie, Chronologie, Geologie und Theologie. Ferner fand er die gesamte Geschichte der Mayas und der Völker, mit denen die Mayas in Verbindung gestanden hatten, zurückreichend auf mehr als zweitausend Jahre. Er muß bekennen, daß die Sprache der Maya-Indianer so hoch entwickelt war, daß die feinsten Nuancen menschlicher Gedanken mit ihrer Hilfe klar und verständlich ausgedrückt werden konnten.*

Juan de Zumarraga, der erste Bischof von Mexiko, ließ die ganze Bibliothek der Tezkuken, der hochzivilisierten Blutsverwandten der Azteken, auf dem Marktplatz in Tlaltelolco aufhäufen und verbrennen. Er berichtet, daß der Scheiterhaufen ein sehr hoher Berg von Manuskripten und Zeichnungen gewesen sei. Unter diesen Manuskripten befanden sich alle Dichtungen des tezkukischen Königs Netzehualcoyotl, eines großen Dichters, der im 15. Jahrhundert gelebt hat." Die Erbitterung über die sinnlose Zerstörung unersetzlicher Kulturgüter ist diesen Sätzen bei aller Sachlichkeit deutlich anzumerken.

Nicht so sicher hingegen ist, ob Travens ideologische Position immer die der bekannten Mauermaler war.

Politische Parteien und ideologische Weltmächte lösten bei ihm stets eher Mißtrauen als bedingungslose Zustimmung aus.

Und die weitgehende Annäherung der Maler an die KPM und die Sowjetunion werden bei ihm nicht ohne kritisch-skeptische Reaktionen geblieben sein. Öffentliche politische Bekenntnisse hat es von Traven in Mexiko – soweit bekannt – nie gegeben.

Es gibt aber auch keine belegbaren Äußerungen, die den Schluß zuließen, Traven habe sich in Mexiko von seiner anarchistischen Gesinnung entfernt – im Gegenteil. Ganz einig gewesen sein dürfte er sich mit den Malern in der Verherrlichung des Indianischen und der naturbezogenen Haltung der Indios, die er auf eine Kurzformel gebracht hat, welche auch unter vielen Indianisches glorifizierenden Bildern der Mauermaler stehen könnte:

„*Land ist ewig. Geld ist nicht ewig. Darum kann man Land nicht gegen Geld vertauschen.*"

Der Flüchtling

„In Wirklichkeit war diese Zeitschrift das flammendste Anti-Kriegspamphlet, eine ätzend scharfe revulutionäre Revue, die den Vergleich mit Karl Kraus' Fackel nicht zu scheuen hatte."

Oskar Maria Graf

Nach seiner Flucht aus der Residenz in München trifft sich Marut mit seiner Freundin Irene Mermet. Sie geht in die Wohnung in der Clemensstraße, packt seine wichtigsten Sachen in einen Koffer und schreibt eine Nachricht an Marta Haecker, Maruts Sekretärin. Tatsächlich ist Frau Haecker, wie sie viele Jahre später Gerd Heidemann berichten wird, in dieser Wohnung gewesen und hat alle Manuskripte, die der Polizei nicht in die Hände fallen sollten, vernichtet. Sie vernichtet auch, ohne daß ihr das ausdrücklich aufgetragen worden wäre, ein neueres Bild von Marut, das als Fahndungsfoto hätte dienen können. Kurz darauf erscheint ein Polizeikommando, beschlagnahmt Bücher, Manuskripte, zwei Schreibmaschinen und transportiert all dies ab.

Es ist anzunehmen, daß Marut eine solche Entwicklung vorhergesehen und wichtige Unterlagen in den Ausweichquartieren in der Herzogstraße 45 und bei seinem Mitarbeiter, Julius Schöffler, ausgelagert hatte.

Offenbar hat er zunächst nicht daran gedacht, den revolutionären Kampf mit den Mitteln eines Publizisten aufzugeben. In einem Aufsatz im „Ziegelbrenner" ist davon die Rede, *„daß M solange er auch nur die allergeringste Freiheit des Handelns noch besaß, sofort nach seiner Befreiung den Gedanken der Räterepublik und die Idee des Rätesystems hinaustrug in das bayrische Land. In etwa sechzig Städten, Dörfern und Ortschaften sprach er zu Bürgern, Bauern und Arbeitern. Er wählte einen anderen Weg als den, der heute üblich geworden ist, einen Weg, der erfolgreicher ist, er gebrauchte eine Agitationsform, die allein wertvolle Früchte bringen kann, eine Form, die uralt ist und die auch Christus schon angewandt hat, die Rede von Mann zu Mann, die Rede zu den kleinsten Ansammlungen von Menschen. Seine Zuhörer kamen nur selten in größerer Zahl zusammen als zu zwölf Personen. Aber von diesen vertraulichen Besprechungen, die in jeder Weise zwanglos waren und jedem Hörer Gelegenheit gaben, sich durch Gegenfragen über das Gesagte restlos aufzuklären, ist kein Bürger, kein Arbeiter, kein Bauer fortgegangen, der nicht die große Lüge, die Demokratie heißt, als große Lüge erkannt hätte."*

Am Schluß dieses Berichts, der in dem Ziegelbrenner-Heft vom 3. Dezember 1919 erscheint, verfällt Marut wieder in jenen aufsässig-trotzig-anarchistischen Ton, der uns nun schon vertraut ist:

"Von denen dreien: Staat, Regierung und Ich, bin Ich der Stärkste. Das merkt Euch."

Sein Steckbrief als „wichtige, wegen Hochverrats gesuchte Person", erscheint im Sonderblatt zum „Bayrischen Polizeiblatt" Nr. 76 vom 23. Juni 1919 und lautet:

4256. Marut Ret, geb. 25.2.1882 in San Francisco, letzte Wohnung: Clemensstr. 84 III: war Mitglied des Propagandaausschusses und der Kommission zur Bildung eines Revolutionstribunals..."

Daß eine weitere Agitationsarbeit in und um München immer gefährlicher wird, läßt sich vorstellen, wenn man sich die politischen Ereignisse bis Ende 1919 vergegenwärtigt.

Bis dahin sind die Prozesse gegen die an der Räterepublik Beteiligten fast alle abgeschlossen. Sie haben mit sehr harten Urteil geendet. Kennzeichnend für die politische Situation ist weiterhin, daß Anfang September 1919 ein gewisser Adolf Hitler, der München im Herbst vor einem Jahr verlassen hatte, in die Stadt zurückkehrt und dort als Informant für die Reichswehr tätig wird. Er besucht in dieser Eigenschaft die „Deutsche Arbeiter Partei", die der Arbeiter Anton Drexler gegründet hat.

Die Leitsätze dieser damals noch völlig unbedeutenden rechten Splittergruppe gefallen ihm. Mit der Mitgliedsnummer 555 wird er in die Partei aufgenommen und macht aus ihr, vorallem dank seines Rednertalents, dessen er sich zuvor schon im Auftrag der Reichswehr bedient hat, eine Bewegung, die weit über Bayern hinaus bekannt wird. Später wird er erzählen, an den Anfang seiner politischen Arbeit habe er „die Parole gestellt, daß es nicht darauf ankomme, das sich ausschließlich nach Ruhe und Ordnung sehnende und in seiner politischen Haltung feige Bürgertum zu gewinnen, sondern die Arbeiterschaft für seine Gedankenwelt zu begeistern." Um diese Zeit lernt Hitler in der Reichswehr Ernst Röhm kennen, der ihn als „Bildungsoffizier" für ehemalige Frontsoldaten angeworben hat.

Ret Marut ist mit seiner Freundin Irene Mermet auf der Flucht, lebt untergetaucht. Einige Stationen seiner Reise durch Deutschland lassen sich immerhin ausmachen. Noch erscheint „Der Ziegelbrenner". Wenn in einer Nummer als Druckort Wien angegeben ist, so muß das nicht unbedingt stimmen, sondern dient vielleicht nur dazu, die Behörden irrezuführen.

Anfang 1920 – so jedenfalls läßt sich der folgende Hinweis in der Zeitschrift verstehen – dürften Ret und Irene aus München fortgegangen sein:

„Freiheit läßt man sich nicht schenken; man nimmt sie sich. Und diese Freiheit werden wir dazu verwenden, München und Bayern zu verlassen. München ist eine sterbende Stadt . . . man soll eine Stadt oder ein Land, die sterben wollen, ruhig sterben lassen; wenn man kann, soll man diesen Vorgang beschleunigen. Wir gedenken das zu tun."

Schon im Spätherbst 1919 sind die beiden in Berlin gewesen und haben dort auf einem Dachboden einen der ehemaligen Offiziere der Roten Armee und späteren Propagandachef der KPD, Erich Wollenberg, bei sich beherbergt.

Anfang 1920 sind sie wahrscheinlich in den Raum Köln übersiedelt. Irene stammt aus dieser Gegend. Außerdem sind beide mit dem Maler Wilhelm Seiwert befreundet, der wiederum mit einer Künstlergruppe, der Kaltall-Gemeinschaft, in Verbindung steht, die den beiden Flüchtlingen Obdach geboten haben könnte. Das linke Rheinufer ist zu dieser Zeit noch von den Franzosen besetzt. Auch deswegen bieten Köln und seine Umgebung einen gewissen Schutz vor Verfolgung durch die deutschen Behörden. In Köln erscheint auch die endgültig letzte Ausgabe des Ziegelbrenners, das Heft 35/40, das nur aus zwei Aufsätzen mit den Titeln „Sieben Antlitze der Zeit" und „Gegensatz" besteht.

Gleich auf der ersten Seite heißt es in diesem Heft:

„Mit der Zeit, die hier lottert und ludert, habe ich keine Gemeinschaft."

Und in „Gegensatz" wird einmal mehr in wütendem Tonfall ein anarchistisches Credo abgelegt. Da ist jemand, der so ziemlich alles über Bord gehen läßt, was vielen als ewige Werte und heilige Kühe zu gelten pflegt, der zu absoluter Illusionslosigkeit auffordert.

Streik? Das führt zu nichts. Stattdessen wird gefordert in direkter Hinwendung zum Leser:

„Zerstöre das Wirtschaftsleben nicht nur von innen, sondern auch von außen. Auf den Ruinen der Industrie erblüht deine Freiheit, nicht auf ihren Festungen und Schlössern."

Laß dein Geld von Würmern und Maden zerfressen, erzwinge den zwanzigfachen Lohn und verringere deine Arbeit auf den hundertsten Teil deines Könnens, und es wird dir tausendfachen Segen bringen.
Weihrauch in der Kirche und Geschwätz in den Versammlungen ist dasselbe. Eine Zeitung lesen oder gar bezahlen und Kirchenlieder auswendig lernen, führt zum gleichen Ziel.
Kein Gott wird dir helfen, kein Programm, keine Partei, kein Führer, kein Stimmzettel, keine Masse, keine Einigkeit. Nur ich selber kann mir helfen. Und in mir selbst werde ich allen Menschen helfen, deren Tränen fließen.
Ich helfe mir. Hilf du dir, Bruder. Handle. Sei Wollen! Sei Tat!
Du schreist: Es lebe die Welt-Revolution! Es klingt sehr gut. Aber sind die Telegraphenkabel schon in deinen Händen? Hast du schon eine Rotationsmaschine in die Luft gesprengt? Du schreist: Es lebe die Welt-Revolution! Aber dein Bruder, den du umarmst, hört den Schrei schon nicht mehr. Wie könnte ihn da die Welt hören.
Kaufe dir keinen Sonntagsrock und schäme dich nicht, daheim auf einer Kiste zu schlafen und ohne Hosenboden lachend durch die elegantesten Straßen zu gehen, das ist mehr getan für die Revolution als die Internationale zu singen und den Hokuspokus zu studieren, den dir die Päpste aus Berlin und Moskau verkaufen.
So lange du noch ein Fünkchen Schamgefühl hast, weil du Bedürfnisse, die zur bürgerlichen Wohlanständigkeit gehören, nicht befriedigst, so lange du dich nicht schämst zu sagen: Ich bin stolz darauf, wie der verkommene Strolch auszusehen, solange wirst du auf Freiheit nicht hoffen dürfen."

Und dann kommt ein Vorschlag, der vieles mehr über die innere Situation und die Lebenslage Ret Maruts besagt als die spärlichen Berichte einer Handvoll Menschen, die ihm in diesen Jahren begegnet sind. Er schreibt:

„Wenn du dein ganzes Hab und Gut in einen Sack verstauen kannst, der dir zu den Hüften reicht und du diesen Sack auf deinen Schultern tragen kannst, dann werden die Kanonen verrosten und die Mauern der Zwingburgen werden umfallen beim Klang einer Hirtenflöte."

So also stellt sich Marut die Voraussetzung zur tatsächlichen radikalen Umwertung aller Werte vor: der Mensch muß seinen Besitz aufgeben. Er muß sich seiner tief verinnerlichten bürgerlichen Gewohnheiten und Vorurteile entäußern. Er muß aufhören, auf das Geschwätz der großen Rattenfänger zu hören. Und als Rattenfänger erscheinen ihm alle Politiker ohne Ausnahme. Der Mensch soll zum besitzlosen, ungebundenen Tramp werden..., ohne Namen, frei, im Freiraum der Anonymität.

Das Heft schließt mit den Sätzen:

„In verschiedenen Gegenden und Städten Deutschlands haben sich Männer und Frauen gezeigt, die behaupten, der Herausgeber des Ziegelbrenners zu sein. Wer immer es auch sein mag, der das behauptet, er ist in jedem Fall ein Betrüger, weil der Herausgeber (noch) keine Ursache hat, die verfaulende Öffentlichkeit aufzusuchen."

Ende 1922 erhält der anarchistische Dichter Erich Mühsam eine Karte von Marut mit den Zeilen:

„In wenigen Stunden werde ich an Bord eines Schiffes gehen, das mich über den Atlantik bringt.
Damit werde ich aufgehört haben zu existieren."

Nicht mit letzter Genauigkeit läßt sich rekonstruieren, ob Marut und Irene Mermet Deutschland gemeinsam verlassen haben.

Im Jahr 1924 ist Irene Mermet jedenfalls nachweisbar Hauslehrerin bei einer wohlhabenden Familie in Greenwich Village in New York und erzählt dort Bekannten von einer abenteuerlichen Flucht aus Deutschland. Demnach haben Marut und sie zunächst versucht, mit einem kleinen Schiff nach England zu gelangen, sind aber vor der holländischen Küste schiffbrüchig geworden. Wörtlich berichtet sie ihren Bekannten:

„Ich werde nie vergessen, wie ich morgens am Strand aufwachte und eine Herde friedlich wiederkäuender Kühe im Halbkreis um uns herumstanden und uns beobachteten."

Wiederum amtlich belegt ist, daß Ret Marut 1923 durch London kommt und von dort nach Kanada weiterfährt, wo ihm allerdings die Einreise wegen unzureichender Papiere verweigert wird.

Er kehrt Ende 1923 nach England zurück, lebt in London, unterhält Kontakte zu pazifistischen und anarchistischen Kreisen, unter anderem auch zur Tochter der englischen Frauenrechtsführerin Pankhurst. Es sind dies in den angelsächsischen Ländern die Jahre der Furcht vor der roten Gefahr. Die Folgen der Oktoberrevolution in Rußland verschrecken die bürgerliche Gesellschaft der westlichen Welt. Es scheint nicht auszuschließen, daß es auch in England und den USA zu einem Umsturz kommen könnte, zumal die wirtschaftliche Lage trotz des gewonnenen Krieges alles andere als rosig ist. Entsprechend strikt sind die Vorsichtsmaßnahmen der Sicherheitsorgane dieser Staaten. In England gibt es den sogenannten „Special Branch" von Scotland Yard. Er wird auf Marut aufmerksam, nimmt ihn unter dem Vorwand der unterlassenen polizeilichen Anmeldung fest und sperrt ihn erst einmal ins Gefängnis. Marut macht wieder einmal geltend, eigentlich amerikanischer Staatsbürger zu sein.

Eine Anwaltskanzlei in New York – vielleicht auf Betreiben von Irene Mermet – setzt sich mit dem amerikanischen Generalkonsul in London in Verbindung. In dem Schreiben heißt es, man werde demnächst in der Lage sein Zeugen zu benennen, die Maruts Behauptung bestätigen. Das amerikanische Generalkonsulat, wohl irritiert von der Vorstellung, hier könne ein Roter von den englischen Behörden in Gottes eigenes Land abgeschoben werden, setzt sich mit dem US-Außenministerium in Verbindung.

Es finden auch Kontakte zwischen den englischen und amerikanischen Sicherheitsbehörden statt. Aus der Neuen Welt kommt eine Mitteilung, die vorübergehend den Verdacht aufkommen läßt, Marut sei mit einem Mann identisch, der 1918 in Idaho wegen Spionage zu Gunsten Deutschlands verhaftet worden ist und während der Heuernte gesagt haben soll:

„Der Kaiser wird die Welt regieren, und ich bin stolz darauf. Der Krieg ist noch nicht vorbei." Doch diese Nachricht erweist sich als falsch. Die Engländer, wohl in der Meinung, daß ihnen mit diesem Ret Marut ein wichtiger Fang geglückt sei, forschen teils auf offiziellen Wegen, teils unter der Hand weiter. Sie setzen den Gefangenen unter Druck. Nach einiger Zeit gibt er zu, tatsächlich Otto Wienecke alias Otto Albert Max Feige zu heißen. Geboren sei er 1882 in Schwiebus. Den Lebenslauf, den er nun zu Protokoll gibt, hat er zum Teil gefälscht, andere Angaben darin entsprechen der Wirklichkeit.

Das Home Office läßt auf inoffiziellem Weg nachforschen, ob diese Angaben stimmen, erhält aber von der britischen Botschaft in Berlin Bescheid, daß weder bei der politischen Polizei, noch bei den örtlichen Behörden in Schwiebus irgendwelche Informationen über einen Mann mit dieser Identität vorlägen.

Warum Marut gerade den Briten nach so langen Jahren des Versteckspielens seinen Geburtsnamen preisgegeben hat, liegt auf der Hand. Als Ret Marut riskierte er, bei einer Auslieferung an das Deutsche Reich, dort wegen Hochverrats bestraft, vielleicht sogar hingerichtet zu werden.

Gegen Otto Feige liegt nichts vor. Der Zusammenhang zwischen Feige und Marut ist in Deutschland nicht aktenkundig.

So weit, so gut. Aber warum dann diese Fehlanzeige aus Berlin? Und warum haben die Nachforschungen in Schwiebus nichts erbracht? Es ist dies genau der Punkt, der jahrzehntelang die Aufklärung der wahren Identität dieses Mannes verhindert hat. Herauszufinden, daß B. Traven und Ret Marut miteinander identisch gewesen sind, war schon ein beachtliches Kunststück. Das größere hingegen bestand darin zu beweisen, wie Ret Marut ursprünglich hieß. Dies geschafft zu haben ist das Verdienst des Fernsehjournalisten Will Wyatt. Er bietet in seinem Buch „The man who was B. Traven" eine zumindest plausible Hypothese dafür an, warum Nachforschungen offizieller Stellen nach einem Otto Albert Max Feige, geboren als Otto Wienecke 1882 in Schwiebus, zu keinem Erfolg führten.

Und so rekonstruiert Wyatt die Vorgänge, die zu der Fehlanzeige führten:

Nach 15 Jahren des Schweigens hat Otto Feige alias Ret Marut, wohl wissend, daß die englischen Behörden in Deutschland Nachforschungen anstellen würden, an seine Mutter nach Wallensen geschrieben. Aber eben nur soviel: Er sitze in London fest und habe Schwierigkeiten mit den britischen Behörden, die ihn ausweisen wollten. Als nun die deutsche Polizei sich bei der Mutter nach einem verschollenen Sohn Otto erkundigen kommt, leugnet die dessen Existenz..., nicht zuletzt auch aus Furcht, die Familie könne wegen Ottos radikaler Ansichten Schwierigkeiten bekommen.

So lautet jedenfalls die Version, die Will Wyatt 1978 von der damals

noch lebenden Margarete Feige, der Schwester Ottos und der Tochter Hormina Feiges, zu hören bekommt.

Es gibt da aber einen schwachen Punkt bei dieser Geschichte. Verständlich, vielleicht, daß die Mutter den Sohn verleugnete. Die Furcht, etwas mit einem Anarchisten und Hochverräter zu tun zu haben, dürfte im Deutschland der Weimarer Republik tatsächlich weit verbreitet gewesen sein.

Aber warum stießen die von den Engländern um Amtshilfe gebetenen deutschen Polizeibehörden nicht auf jene Geburtsurkunde, die das Fernsehteam der BBC und Will Wyatt vor einigen Jahren dann in Schwiebus „ausgegraben" haben?

Sehr einfach, würde Wyatt wahrscheinlich darauf antworten, weil Schwiebus schon in den Zwanziger Jahren nach einer Volksabstimmung an Polen gefallen war und 22 Kilometer von der Ostgrenze des Deutschen Reiches entfernt lag.

Es ist zwar möglich, daß die Nachforschungen nur sehr oberflächlich angestellt wurden und deswegen zu keinem Ergebnis führten. Aber, so könnte man weiter fragen – und dieser Punkt wird von

Wyatt nie erörtert – müßte sich nicht auch in Wallensen in Niedersachsen oder in Bückeburg noch eine Eintragung in den Listen des Einwohnermeldeamtes über Otto Feige gefunden haben, selbst wenn dieser Wallensen schon zwanzig Jahre zuvor verließ?

So kann meiner Ansicht nach der Zusammenhang zwischen Otto Feige und Ret Marut auch nach Wyatts Enthüllungen noch nicht mit letzter Sicherheit als bewiesen angesehen werden, wenngleich diese Verbindungslinie plausibler klingt als die Rolf Recknagels, der annimmt, Ret Marut sei ein Tarnname für den amerikanischen Studenten Charl Trefny, der 1903 wegen unsittlicher Handlungen mit zehn Monaten Gefängnis bestraft worden ist. Als bewiesen hingegen kann gelten, daß Ret Marut 1923/24 in einem englischen Gefängnis eingesessen hat und schließlich wieder auf freien Fuß gekommen ist.

Offenbar hat er bei den Behörden – vielleicht unter Preisgabe seiner tatsächlichen Identität – seine Abschiebung in die USA erreichen können. Der am 15. Februar 1924 Entlassene scheint als Kohlenschlepper auf dem norwegischen Schiff „Hegre" angeheuert zu haben, das am 17. April 1924 den Hafen von London verläßt. Der amerikanische Traven-Forscher Richard Mezo stellte dies fest, als er auf dem norwegischen Seeleute-Direktorat die Heuerrolle für April 1924 einsah. In ihr steht für die „Hegre" Ret Maruts Name eingetragen. Später aber ist er wieder durchgestrichen worden, was wohl so gedeutet werden muß, daß Marut nicht an Bord gegangen ist. Warum, dürfte für immer sein Geheimnis bleiben. Vielleicht befürchtete er, in den USA, wohin das Schiff unterwegs war, erneut festgenommen zu werden, weil zwischen dem „Special Branch" und dem FBI ein Meinungsaustausch über seine geheimnisvolle Identität stattgefunden hatte.

Wyatt hat alle Passagier- und Mannschaftslisten der Schiffe durchgesehen, die in der fraglichen Zeit englischen Häfen in Richtung Mexiko verließen – vergebens. Er schreibt: „Es könnte gut sein, daß er (Marut) nach Rotterdam zurückgekehrt und von dort nach Tampico gefahren ist, sei es direkt oder mit einem weiteren Zwischenaufenthalt."

Immerhin lassen sich nun doch eine ganze Menge Fakten als einigermaßen gesichert ansehen.

Wenn es Anfang 1924 den britischen Behörden gelungen ist, Ret Marut zu „enttarnen", so vergeht dann nicht viel mehr als ein Jahr, bis er sich eine neue Maske geschaffen hat.

Am 25. Juni 1925 nämlich beginnt die sozialdemokratische Zeitung „Vorwärts" mit dem Abdruck des Romans „Die Baumwollpflücker" des Schriftstellers B. Traven. Entweder 1923, also vor der Haftzeit in London, oder 1924 bei seiner Überfahrt nach Mexiko muß Ret Marut entweder selbst jene Geschichte erlebt haben, die er später in seinem Roman „Das Totenschiff" erzählt. Es scheint aber auch denkbar, daß es sich nicht um eigene, direkte Erfahrungen handelt, sondern um die Niederschrift dessen, was ihm auf einer dieser Reisen, oder auf beiden, von anderen Leuten erzählt worden ist.

Nach der Lektüre von „Die Baumwollpflücker" hat sich Ernst Preczang, der Lektor der „Büchergilde Gutenberg" durch seinen jüngeren Kollegen Johannes Schönherr vom „Vorwärts" die Adresse des Autors Traven in Mexiko besorgt und bei ihm angefragt:
„Könnten wir die deutsche Bücherausgabe Ihres Romans bekom-

men? Haben Sie andere Werke fertig oder unter der Feder, die Sie uns evtl. zur alleinigen Herausgabe überlassen würden?"
„Die Baumwollpflücker", die merkwürdig abrupt im Vorabdruck enden, erweisen sich für eine Buchausgabe allein als etwas zu kurz. Aber bald darauf trifft das Manuskript des „Totenschiff" bei der Büchergilde ein. Und am 19. Oktober 1925 telegraphiert der Lektor nach Tampico: TOTENSCHIFF ANGENOMMEN PRECZANG. Durch Korrekturen, die nur langsam über den Ozean reisen, dauert es dann aber doch noch bis zum Frühjahr 1926, ehe der Roman in einem ungewöhnlichen Format, in blauem Leinen und mit einem stilisierten goldenen Schiff geschmückt, erscheint.

Natürlich wollten auch die Leser wissen, wer dieser B. Traven ist. Aber aus Mexiko kommt die eher abweisende Mitteilung:

„Wer sich um einen Posten als Nachtwächter oder als Laternenanzünder bewirbt, muß einen Lebenslauf schreiben und ihn innerhalb angemessener Frist einreichen. Von einem Arbeiter, der geistige Werte schafft, sollte man nie einen Lebenslauf verlangen ... mein Lebenslauf ist meine Privatangelegenheit, die ich für mich behalten möchte. Nicht aus Egoismus. Vielmehr aus dem Wunsch heraus: In meiner eigenen Sache mein eigener Richter zu sein ..."

Das klingt plausibel, aber die tieferen Gründe dieser Verweigerungshaltung werden klar, wenn man in dem Aufsatz „Mein Roman das Totenschiff" liest:

„Vor diesem großen Krieg (gemeint ist der I. Weltkrieg 1914–18) genügte ein leerer Briefumschlag mit darauf geschriebener Adresse und abgestempelter Briefmarke, um von Berlin nach Philadelphia, von Hamburg nach Borneo, von Brüssel nach Neuseeland zu fahren. Seitdem der große Freiheitskrieg gewonnen wurde, haben alle Länder chinesische Mauern errichtet, deren Tore ohne Pass, ohne Visa, ohne Geburtsurkunde, ohne polizeiliches Führungszeugnis, ohne Ehescheidungsdokumente, ohne Heiratslizenz nicht passiert werden dürfen. Als aber diese Mauern errichtet wurden, als die Bürokraten aller Länder gewichtige Männer wurden, denen beinahe mehr Macht eingeräumt wurde als die abgesetzten Könige gehabt haben, da blieben einige tausend Menschen draußen, außerhalb der Mauern. Sie konnten die Tore nicht passieren, weil das Papier wichtiger geworden war als der Mensch, die Geburtsurkunde einen höheren Wert bekommen hatte als die Tatsache, daß der Mensch lebte."

Es ist die früheste und radikalste Anklage gegen eine Gefahr, eine Krankheit, die nicht nur das bürgerliche, sondern sehr bald auch das sozialistische Lager wie ein Krebsgeschwür befallen wird, eine Gefahr, die die Väter des Liberalismus ebenso falsch eingeschätzt haben wie die des Sozialismus und Marxismus, die unbeschränkte Herrschaft der Bürokratie:

„In einer Welt, wo der Bürokrat mit seinen Registern und Anmeldeformularen den Lauf der Dinge bestimmt, hat der Mensch, der nicht anmeldefähig ist, kein Recht zu leben. Es wäre einfach, alle diese Menschen zu erschlagen, damit die amtliche Abfertigung sich in Ruhe und Ordnung vollziehen kann. Aber die Geburtsrate wird immer niedriger, und der Krieg hat auch seine Millionen von Menschen verschluckt, und deshalb kann man diese Sorgenkinder des Bürokratismus nicht im Stillen Ozean ertränken.

Wie dankbar haben wir dem Kapitalismus zu sein, daß er sich dieses Menschenkehrichts annimmt! Er tut es nicht aus Barmherzigkeit. Er hat beim Erdöl und bei der Steinkohle gelernt, daß die Abfallprodukte einen höheren Profit abwerfen können als das Kernprodukt.

Diesen menschlichen Abfallprodukten, diesen Toten, diesen Gespenstern, wird der Glaube gelassen, daß sie durchaus freiwillig in die Arena treten, um als die modernen Gladiatoren zu kämpfen. Daß sie nicht fühlen, wie sehr die bedauernswerten unfreiwillige Opfer eines schändlichen Systems sind. Daß sie überzeugt sind, sie seien ‚freie' Arbeiter, betrachte ich als ein Meisterstück des modernen Kapitalismus, der Krieg und Frieden, Abrüstungspläne und Völkerbünde, Revolutionen und Gegenrevolutionen, Bürgerkriege in China und organisierten Massenraubmord in Marokko und Syrien über die Menschheit verhängt, nicht nach Laune und Willkür, sondern um des nackten, blanken Profits willen . . ."

Wenn es zutrifft, wie Heinrich Böll geschrieben hat, daß unser Jahrhundert als das der Flüchtlinge in die Geschichte eingehen wird, so mußte eines Tages Ret Marut alias B. Traven, abgesehen von dem Unterhaltungswert seiner Romane, als einer der wichtigsten und rückhaltlosesten Verteidiger jener Heimatlosen anerkannt werden.

Marut=Traven=Torsvan

„... und der Doktor ... hatte sich hierher
verkrochen, wahrscheinlich, weil er die
Menschen nicht ertragen konnte oder weil er
eine Enttäuschung erlebt hatte, aus der seine
Seele zu retten eine Flucht in den tropischen
Busch die einzige Lösung gewesen war ..."

B. Traven, Nachtbesuch im Busch

Maruts Ankunft in Tampico läßt sich zwar nicht ganz genau bestimmen, aber doch zeitlich einkreisen: April 1924 – wahrscheinliche Ausreise aus England. Juni 1925 – Beginn des Abdrucks von „Die Baumwollpflücker" im „Vorwärts".
Nehmen wir einmal an, Ret Marut und Irene Mermet hätten sich in Tampico wieder getroffen. Geld können sie nicht viel gehabt haben. Tampico ist eine Ölstadt am Golf von Mexiko. Gerd Heidemann, von dessen Buch „Postlagernd Tampico" später noch ausführlich zu reden sein wird, beschreibt sie so:

„Ein weit auseinandergezogenes Sammelsurium von Villen im Kolonialstil, Indianerhütten, Baracken, Docks, Arbeitersiedlungen, Magazinen. Eine Fähre verbindet das dreckige mit dem sauberen Tampico – die Industrieviertel mit dem Geschäftsviertel, an das sich die besseren Wohngegenden anschließen."

Tampico ist eine teure Stadt. Wenn man billiger leben und etwas verdienen will, muß man ins Landesinnere. Es gibt Berichte, nach denen Marut Irene auf einer Hazienda zurückließ, während er in den Dschungel ging und dort einen, auf viele kleine Zettel hingekritzelten, Roman verfaßte. Er kommt von Zeit zu Zeit zurück, Irene tippt die Zettel ab. Er bricht immer wieder auf. Verständlich, daß Irene irgendwann einmal dieses Lebens überdrüssig geworden ist. Während einer seiner Dschungelreisen macht sie sich davon, geht in die USA zurück. Dort ist sie Mitte der fünfziger Jahre gestorben.
Will Wyatt will von Travens Ehefrau Rosa Elena ein Tagebuch Travens aus dieser Zeit erhalten haben, in dem sich angeblich die folgenden Eintragungen finden:

„7.30 Uhr angekommen. Mr. S. in Ordnung. Der Rest der Familie dagegen weniger, zumindest indifferent. Netter Ort. Braucht harte Arbeit. Neger in Hütte. Wohne bei drei Baumwollpflückern. Zwei Macks, ein Nigro. Nacht schrecklich. Kein Schlaf zuviele Moskitos."

Schließlich berichtet Wyatt auch von Aufzeichnungen über Manuskripte, die Marut nach Deutschland geschickt hat.
Es könnte sich hier um das Manuskript „Die Baumwollpflücker" handeln, dessen etwas plötzliches Ende eine plausible Erklärung finden würde, wenn das, was dem folgenden Brief Travens an den Büchergilden-Lektor, Ernst Preczang, den Tatsachen entspricht

und den Zweck verfolgt, sich abermals eine neue Identität aufzubauen.

Unter dem 5. August 1925 hat der Autor geschrieben:

„*Den Roman* (Die Baumwollpflücker) *schrieb ich in einer Indianerhütte im Dschungel, wo ich weder Tisch noch Stühle hatte ... Der nächste Laden, wo ich Papier, Tinte und Bleistift kaufen konnte, war fünfunddreißig Meilen entfernt. Ich hatte gerade sonst nichts anderes zu tun und hatte ein wenig Papier. Es war nicht viel, und ich mußte es auf beiden Seiten beschreiben mit einem Stück Bleistift, und als das Papier zu Ende war, mußte auch der Roman zu Ende sein, obgleich er dann erst anfangen sollte. Ich gab das Manuskript, das ich in der unleserlichen Form niemandem hätte einsenden können und das so niemand gelesen hätte, einem Indianer mit, der zur Station ritt und sandte es nach Amerika zum Abschreiben in der Maschine. In Amerika ist die deutsche Sprache eine Fremdsprache und man hat beim Abschreiben die hohen Gebühren für eine Fremdsprache zu zahlen. Es kostete alle meine Pesos, und ich war wieder einmal froh, daß der Roman nicht länger war, denn ich hätte ihn sonst nicht einlösen können. Inzwischen bin ich ja zu einer Schreibmaschine gekommen, weil mir ein Freund in Amerika* (Irene Mermet?) *das Geld pumpte und gleichzeitig ein paar Pesos mehr, daß ich nicht auf Arbeitssuche gehen brauchte, sondern schreiben konnte. Augenblicklich bin ich wieder auf der Arbeitssuche, weil das Geld alle ist...*"

In dem ersten in Deutschland als Fortsetzungsroman veröffentlichten Manuskript „Die Baumwollpflücker", taucht als Ich-Erzähler, wie später auch im „Totenschiff", ein amerikanischer Seemann namens Gerard Gales auf. Von nun an wird sich Ret Marut zur Maskierung seiner Identität dreier Namen bedienen. Seine Bücher wird er unter dem Namen B. Traven veröffentlichen lassen. Als bürgerlicher Name, auf den schließlich auch sein mexikanischer Personalausweis lautet, dient Bendrich Torsvan, zu dem „Traven" manchmal als Vorname tritt. Und schließlich benutzt Ret Marut auch noch den Namen Hal Croves, unter dem er sich als Beauftragter oder Vertrauensmann B. Travens ausgibt und geschäftliche Angelegenheiten regelt, bei denen ein Mensch von Fleisch und Blut in Erscheinung treten muß. Woher stammen diese Namen? Und stehen sie eventuell mit einer realen Figur in einem bestimmten Zusammenhang? Das sind naheliegende Fragen.

Ehe von jener Antwort berichtet wird, die der schweizerische Traven-Forscher Max Schmid in seinem Aufsatz „B. Traven und sein Ich-Erzähler Gerald Gales" gibt, muß aber darauf hingewiesen werden, daß Ret Marut eventuell schon von Deutschland aus Kontakte nach Mexiko gehabt hat. Auf jeden Fall muß er durch Aufsätze in den Blättern anarchistischer Gruppen in Deutschland, in denen sich Anzeigen des „Ziegelbrenner" finden, über die politische Situation im Land recht genau informiert gewesen sein. So wird er wahrscheinlich auch davon gewußt haben, daß seit 1918 die radikale amerikanische Gewerkschaftsorganisation „Industrial Workers of the World" (I.W.W.) in der Calle Lopez Nr. 5 ein Büro hatte, nachdem schon zuvor viele Männer, die keinen Kriegsdienst leisten wollten – man denke an Sacco und Vanzetti – nach Mexiko gegangen waren. 1919/20 spaltete sich die mexikanische I.W.W. Aber es erschien weiterhin, nun allerdings nur noch von den Kommunisten unterstützt, ihre Monatszeitschrift „Gale's International Monthly".

In einem ihrer Hefte findet sich auch ein Artikel mit der Überschrift „Was kannst du erwarten, wenn du nach Mexiko kommst?" Neben Angaben über die klimatischen Verhältnisse, über Berufsaussichten, Lohnsätze, Miet-Übernachtungs-Verpflegungs- und Vorkosten, findet sich dann eine Bewertung der politischen Situation. Es heißt da:

„Die starke Anziehungskraft, die Mexiko auszeichnet, besteht in der Tatsache, daß es im wahrsten Sinn des Wortes – soweit das Wort unter kapitalistischen Verhältnissen überhaupt gebraucht werden kann – ein freies Land ist. Da herrscht absolute Freiheit der Rede, der Presse und der Weltanschauung. Bolschewisten, Syndikalisten, Anarchisten und Verfechter ähnlicher ökonomischer Auffassungen können sagen, was sie denken, ohne Furcht vor einer Verfolgung... Solch ein Land lädt nachdrücklich Radikale ein. Wir, die wir hier wirken, wünschen, daß sie kommen und uns in unserer Propaganda, Erziehungsarbeit und Organisation helfen. Für ein Sowjet-Mexiko – und ein Sowjet-Amerika, Linn A. E. Gale."

Hier gilt es festzuhalten: Einen Mann namens Gale hat es tatsächlich gegeben. Er muß sich auch Anfang der zwanziger Jahre in Mexiko aufgehalten und in Kreisen der Anarcho-Syndikalisten bewegt, ja, sogar für ihre Blätter geschrieben haben. Gale's, so wäre auch noch anzumerken, ist die Genitiv-Form von Gale. Gales aber wiederum ist der von Traven dem Ich-Erzähler des Totenschiffs zugelegte bürgerliche Name.

Max Schmid setzt nun Gale (aus der Anarchistenzeitschrift, die Gale's International Monthly heißt) und Gales, den Ich-Erzähler der ersten Romane Travens, gleich. Er sieht beide als eine Person an, ohne für diese Annahme einen stichhaltigen Beweis zu liefern.

Aus Angaben über Linn Gale (I.W.W.) und Gerard Gales (Ich-Erzähler) setzte er das Puzzle eines Lebenslaufs zusammen, der so verläuft:

Gerard – bei Schmid Gale – alias B. Torsvan kommt am 3. Mai 1890 auf einer Viehfarm in Wisconsin zur Welt. Die Mutter stirbt kurz nach der Geburt. Der Vater ist Seemann und kümmert sich nicht um den Jungen. Mit sieben Jahren muß sich das Kind bereits allein durchschlagen. Er arbeitet eine Zeitlang als Diener bei einem deutschen Geistlichen, am Morgen bei einem Milchhändler, als Laufbursche bei einer Nachrichtenagentur, als Zeitungsjunge, als Holzhacker. Mit neun Jahren kommt der Junge in einen Wanderzirkus und reist, als dummer August auftretend, von Illinois nach Wisconsin, von Iowa nach Kansas. In Kansas City kommt er vorübergehend bei seiner alten Tante Lucinda unter, die darauf drängt, er solle einen ordentlichen Beruf erlernen. Aber Torsvan oder Gale wird Seemann wie sein Vater und sein Großvater. Mit zehn Jahren fährt er als Küchenjunge auf einem spanischen Frachter *„im Stillen Ozean zwischen allen Häfen von Mexiko bis Chile hinunter"*. Jahrelang auf See, ist er Deckarbeiter, Steward, Kabinenjunge, Heizer und Maschinengehilfe, später vor allem auf amerikanischen und britischen Tankschiffen. *„Nicht aus Vergnügen und Abenteuerlust, sondern um mir meinen Lebensunterhalt zu verdienen."* Auf seinen Fahrten lernt er ein paar Brocken Französisch, einige der skandinavischen Sprachen und Holländisch. *„Ich habe nur sehr geringe Kenntnisse der deutschen Sprache. Ich verstehe Deutsch noch viel weniger als Spanisch, das ich nur sehr mangelhaft beherrsche."*

Gelegentlich hält sich Gale/Torsvan auch längere Zeit an Land auf und geht dort einigermaßen kuriosen Beschäftigungen nach. So ist er Totengräbergehilfe in Ecuador und verkauft auf einem Jahrmarkt in Irland „*das Kreuz, an dem unser Herr und Heiland Jesus Christus seinen letzten irdischen Seufzer aushauchte, splitterweise.*" Bei Ausbruch des I. Weltkrieges geht er bei Ciudad Juarez über die Grenze nach Mexiko und treibt sich längere Zeit in „*dem unzugänglichen Dschungel von Chiapas, Guatemala und Honduras*" herum. Er ist Hauslehrer auf einer Farm. Er gerät in die Wirren der mexikanischen Revolution, wird einmal von einer Streitmacht des Rebellenführers Pancho Villa gefangengenommen und soll am nächsten Morgen erschossen werden, kommt aber dann doch noch einmal davon. (Wie genau, geht aus den immer nur bruckstückhaften Erinnerungsfetzen nicht hervor.)

Sein Plan, als Auslandskorrespondent für eine amerikanische Tageszeitung in Ohio zu arbeiten, scheitert... wohl an der sozialkritischen Tendenz seiner Berichte. Er schlägt sich als Baumwollpflükker und auf den Ölcamps in Pennsylvanien durch.

Am 6. April 1917 bricht der Krieg zwischen den USA und dem Deutschen Reich aus. Er kann weder die Deutschen noch die Engänder ausstehen. Aber wenn der Ich-Erzähler Gales im „Totenschiff" sagt:

„*Deutschland würde sicher sofort von einem Erdbeben und England von einer Sintflut vernichtet werden, wenn der Mann, der es wagt, obdachlos zu sein, nicht verhaftet und ordentlich verknackt wird*", dann spricht da vielleicht eben nicht der tatsächliche Gale/ Torsvan, sondern Ret Marut, der hinter der Maske dieser Namen hervor redet und so seinem Zorn auf Deutschland und England Luft macht.

Gale zieht in den Krieg und erlebt im Sommer 1917 die Schlacht von Flandern mit, bei der er beinahe verwundet wird. Im August dieses Jahres desertiert er aus der amerikanischen Armee. Er schlägt sich über Boulogne, Paris, Limoges, Toulouse nach Spanien durch, wo er erst einmal überwintert.

Im Frühjahr 1918 läßt er sich in Cadiz anheuern, fährt nach Marokko, macht dort einen Karawanenzug durch die Wüste mit und gelangt nach Dakar... von dort wieder nach Zentralamerika. Nach der Tätigkeit als Baumwollpflücker und Petroleumdriller zieht es ihn nach

Mexico City, einem Sammelpunkt radikal-pazifistischer Gewerkschaftler, wie wir wissen.

Die Zeitschrift dieser Gruppe leitet ihren Namen ab von dem Familiennamen der Eheleute Linn und Magdalena Gale. Dieses Ehepaar gewährt nicht nur vielen Gesinnungsgenossen Unterschlupf, es organisiert auch Streiks.

Ein Satz aus „Die Baumwollpflücker" läßt offen, ob der Held des Buches, Gerard Gales, für Streiks agitiert hat, oder ob ihm eine solche Tätigkeit nur in die Schuhe geschoben worden ist. Die Art und Weise, wie hier einer das Unschuldslamm spielt und doppeldeutig redet, ist typisch für Ret Maruts Stil im „Ziegelbrenner" und in seinen Kurzgeschichten:

„... mit dem Streik habe ich wirklich nichts zu tun. Es ist rein zufällig, daß immer da, wo ich arbeite, gestreikt wird, sobald ich mich auch nur umgesehen habe. Dafür kann ich doch nichts. Das ist doch nicht meine Schuld, wenn es den Leuten nicht gefällt und sie es besser haben wollen. Ich sage nie etwas. Ich bin immer ganz ruhig und lasse die anderen reden..."

Gale möchte wieder hinunter nach Mittelamerika, nach Guatemala, Costa Rica oder Panama. „Vielleicht nach Kolumbien." Was aus seiner Ehefrau Magdalena geworden ist, bleibt im Dunkeln. Gales ist auch einer, den es nach Vergessenheit verlangt, wobei es nun immer schwieriger zu beurteilen ist, ob hier das Schicksal des echten Gale/Torsvan nacherzählt wird, oder ob von Ret Maruts Wünschen die Rede ist. Aus den Reiseplänen nach Süden wird nichts. Stattdessen treibt Gale eine Herde von tausend Rindern 350 Meilen über Land. Der revolutionäre Geist in Mexiko verebbt. Die Kapitalisten nehmen wieder das Heft in die Hand. Torsvan sieht keinen Sinn mehr darin, sich länger politisch zu engagieren.

Unterdessen tut er sich mit einem gewissen John Seymour und einem dritten Burschen zusammen. Seymour hat im Märzheft von „Gale's International Monthly" eine Skizze mit dem Titel „A Hobo in Mexico" (Ein Landstreicher in Mexiko) drucken lassen. Die drei Männer graben in der Nähe des Dorfes Amapuli in der Provinz Durango nach Gold... ohne Erfolg. Später pachtet Gale B. Torsvan in dem Distrikt Conitaclapam eine kleine Farm und pflanzt Baum-

wolle. Er lebt in einer Palmhütte mit einer Pappschachtel, die seine Habe enthält, mit ein paar Ziegen, einem Esel, fünf Hunden, „einigen Büchern und einer klickenden, aus allen Nähten fallenden Schreibmaschine mit amerikanischen Typen." Er betätigt sich offenbar mit gutem Erfolg als Medizinmann und Quacksalber, hat aber Pech bei einem Eselskauf und einem Hundsgeschäft, bis dann im Jahr 1923 die große Katastrophe über ihn hereinbricht. Seine Baumwollfelder werden vom boll weevil, dem Baumwollwurm, befallen. Die Ernte wird vernichtet. Die indianische Dorfbevölkerung läßt ihn nicht verkommen. Er gibt Englischstunden, für die ihm das Honorar im voraus gezahlt wird. So kann er Saatgut kaufen, und in einer Gegend, in der in dreizehn Monaten fünf Ernten möglich sind, Mais pflanzen.
Der Schock über die zerstörte Baumwollernte (oder ist es seine Unrast?) treibt den Mann weiter.

Gegen Ende des Jahres ist er in Mexico City. Von dort bricht er mit ein paar Maultieren auf, um am Tamesi Alligatoren zu jagen.
Und hier muß nun von einer Novelle Travens ausführlicher die Rede sein, die ganz offensichtlich den vorläufigen Endpunkt im Schicksal Gales zum Inhalt hat, ob dokumentarisch oder fiktiv, bleibt zunächst noch dahingestellt.
Der Text heißt zunächst „Im tropischen Busch" und wird erstmals in „Westermanns Monatshefte" im Jahre 1926/27 veröffentlicht. 1928 erscheint die Geschichte im Sammelband „Der Busch" unter dem Titel „Nachtbesuch im Busch" und später, neu bearbeitet und ergänzt in „Der dritte Gast" unter dem selben Titel.
Die zahlreichen Bearbeitungen, ein zusätzlicher Bericht mit dem Titel „Der Bungalow", ja sogar Photographien, die Traven nach Europa sandte, legten bei Schmid den Verdacht nahe, daß in diesem Text eine Art Schlüsselerlebnis verarbeitet worden ist. In dem Bericht heißt es:

„... der Zwang, jene Geschichte niederzuschreiben, kam mir in diesem Bungalow, und der Zwang wurde schließlich so stark, daß ich das Erlebnis endlich in diesem Hause niederschreiben mußte, um mich von einem inneren quälenden Empfinden zu befreien. Und als ich endlich jene Novelle vollendet hatte, war ich jenes quälende

Gefühl, das wochenlang auf mir gelastet hatte, los, und ich fühlte mich wieder wohl und lebendig ..."

„Nachtbesuch im Busch" beginnt damit, daß ein Mann, in dem man unschwer Gale/Torsvan erkennt, in eine Gegend zieht, die wie folgt beschrieben wird:

„Undurchdringlicher Dschungel bedeckt die weiten Ebenen der Flußgebiete des Panuco und des Tamesi. Zwei Bahnlinien nur durchziehen diesen neunzigtausend Quadratkilometer großen Teil der Tierra Caliente. Wo sich Ansiedlungen befinden, haben sie sich dicht und ängstlich an die wenigen Eisenbahnstationen gedrängt. Europäer wohnen hier nur ganz vereinzelt und wie verloren. Die ermüdende Gleichförmigkeit des Dschungels wird von einigen langgestreckten Höhenzügen unterbrochen, die mit tropischem Urbusch bewachsen sind, der ebenso undurchdringlich ist wie der Dschungel und in dessen Tiefen, wo immer Dämmerung herrscht, alle Mysterien und Grauen der Welt zu lauern scheinen."

Dort, im tropischen Regenwald, baut sich der Mann nach Indianerart, „ohne einen Nagel zu gebrauchen", eine Hütte.

Sein nächster weißer Nachbar heißt Wilshed und ist ein Arzt aus Kansas, der schon lange in diesem entlegenen Winkel haust. Er besitzt ein Bretterhaus (jener Bungalow, der auf Travens Fotos abgebildet ist), betreibt Landwirtschaft. Er wirkt auf den Erzähler wie jemand, der schon längst tot ist. Der Doktor hat merkwürdige Ansichten.

„Ich bin der Meinung", sagt er eines Tages, *„daß die besten Bücher, die jemals geschrieben wurden, entweder auf dem Papier oder im Geist, diejenigen sind, die niemals veröffentlicht wurden. Hinter jedem veröffentlichten Buch liegt etwas auf der Lauer, das nicht zu Gunsten des Werkes spricht und das den Menschen hindert, das Beste zu schaffen, dessen er fähig ist."*

Die Äußerung des Doktors korrespondiert auffällig mit der von Ret Marut im „Ziegelbrenner" proklamierten anarchistischen Philosophie, mit seinen Aufrufen zur Nichtteilhabe am Getriebe der bürgerlichen Gesellschaft.

„In meinem Nicht-Wollen bin ich stärker als alle Mächte, die wollen... denkt! Nichts anderes braucht ihr zu tun. Werdet euch eurer ruhigen

Passivität bewußt, worin eure unüberwindliche Macht beruht. Laßt getrosten unbekümmerten Mutes das Wirtschaftsleben zusammenbrechen, es hat mir keinen Segen gebracht und auch nicht euch ..."

Der Doktor muß in einer wichtigen Angelegenheit in die Großstadt. Er bittet Gales, für die Zeit seiner Abwesenheit sein Haus zu hüten. Gales übersiedelt in den Bungalow Wilsheds (übersetzt würde der Name bedeuten: „will verschüttet sein") und beginnt dort zu lesen. Aus Büchern erfährt er zum ersten Mal etwas über die große Vergangenheit der indianischen Bevölkerung Mexikos:

„Von nun an betrachtete ich das Land mit anderen Augen als zuvor. Wenn ein Indianer zufällig vorüberkam oder vor dem Haus um einen Trank Wasser bat, dann forschte ich sorgfältig in seinem Antlitz nach einer Ähnlichkeit mit jenen alten Königen, Fürsten und Häuptlingen, deren Bilder ich in jenen Büchern gesehen hatte. Und in der Tat, ich fand überraschende Ähnlichkeiten ..."

Während der Abwesenheit des Doktors erlebt Gales seltsame Dinge. Er erhält den Besuch eines Indianers, der sich über halbwilde, herumstromernde Schweine beschwert. Er entdeckt in einem durchwühlten Hügel ein Grab aus aztekischer Zeit und findet dort einen kostbaren Schmuck. In der Nacht hat er Träume, die seine Schuldgefühle spiegeln. Wieder erscheint ein Indianer. Er fordert den Schmuck zurück und singt dabei ein Preislied auf die Liebe:

„Für die Liebe allein ist es, daß Menschen geboren wurden und nur der Liebe wegen ist es, daß sie leben. Was auch immer man an Würden, Ehren, Verdiensten, Ruhm und Reichtümern erworben haben mag, verglichen mit der Liebe zählt es nichts."

Gales gibt dem Indianer eine goldene Kette, einen schweren Ring und einen Reifen wieder. Dieser ist plötzlich verschwunden. Die Tür ist verschlossen. Gales verfällt in einen Schlaf, *„so tief, so gesund, so traumlos, wie ich seit Wochen keinen gehabt hatte. Es war wie der erfrischende, wohltätige Schlaf nach einer schweren Krankheit."*

Der Doktor kehrt von seiner Reise in die Großstadt zurück. Er hat dem Mann, der sein Haus gehütet hat, Tabak mitgebracht.

Gales erzählt von seinen unheimlichen Erlebnissen. Der Doktor, ein nüchterner, praktischer Mensch, rät ihm sarkastisch:
„Nehmen Sie sich ein nettes, nicht zu dreckiges Indianermädel in Ihre Strohbude. Als Köchin. Dann erscheinen Ihnen keine toten Indianer mehr."
Aber Gales entscheidet sich anders. Er läßt sich, statt den teuren Tabak anzunehmen, dessen Preis in bar auszahlen. Von dem Geld kauft er sich eine Fahrkarte ins Irgendwohin.
Er überläßt das Reiseziel dem Zufall. Er macht sich nicht einmal die Mühe, den Namen der Station, der dem Billet aufgedruckt ist, zu lesen.
Als er schließlich den Zug verläßt, sieht er ein Brett an einem Holzpfosten mit den *„letzten Überresten eines Namens, des Namens der Station, der einst auf das Brett aufgemalt worden war."*
Dreißig Meter rechts und links neben den Gleisen beginnt der Busch.
Gales hat die Vorstellung, der Busch werde ihn auffressen, ihn verschlingen, *„ohne auch nur ein paar bleichende Knochen übrigzulassen, die anderen Menschen erzählen könnten, daß hier einmal in dieser Nacht ein menschliches Wesen des Weges gekommen sei, um dem Busch zu entfliehen."*
Es ist eine Untergangsphantasie, aber Gales, der so untergeht, scheint darüber nicht entsetzt oder geängstigt.
Es ist vielmehr, als habe hier jemand durch den Untergang in der Natur endlich seine Ruhe und Zufriedenheit wiedergefunden.
Die letzten Sätze der Geschichte sind, wenn man genauer über sie nachdenkt, ein Preislied auf das Vergessenwerden, das Ausgelöschtsein. Sie sind im Zusammenhang zu sehen mit jener Äußerung Gales bei der Begegnung mit dem Indianer, der sich als Nachfahre jener stolzen Fürsten zu erkennen gibt, die von den Spaniern wegen ihrer Rebellion gegen die Fremdherrschaft aufgehängt wurden.
Als Unterschied zwischen der Zivilisation des weißen Mannes und der der Indianer wird vor allem das unterschiedliche Zeitgefühl betont.
Der Indianer sagt:
„Wir haben Zeit. Die Weißen Männer haben keine Zeit."

Und er spricht auch davon, daß „*alle nicht weißen Völker der Erde ihre Glieder regen und strecken, daß man das Knacken der Gelenke über die ganze Welt vernehmen kann.*"

Gales erwidert, die Weißen würden sich dagegen wehren. Darauf der Indianer:

„*Mit ihrer Zivilisation? Die ist nicht stark genug, Señor. Sie hat keine tragende Idee. Ihre Zivilisation wird nur von einem einzigen Gedanken geleitet, und der heißt Geld. Mit Geld kann man Geschäfte machen, aber keine Seelen erwärmen.*"

Von nun an weiß Gales – und das macht gewiß einen Teil seiner Ängste aus – daß sich die Rollen von Eroberern und Eroberten, von Siegern und Besiegten vertauscht haben. Die Besiegten von gestern sind die Sieger von morgen.

Und er weiß, da er den Mechanismus des Kapitalismus in seinem bisherigen Leben nur zu genau kennengelernt hat, daß diese Entwicklung nicht aufzuhalten ist. Vor ihr flüchtet er in den Dschungel, und der Busch verschlingt ihn, gibt ihm im Sterben jenes Gefühl des Einssein mit der Natur zurück.

Kaum ein anderer Text verrät soviel über den Mann Otto Feige alias Ret Marut alias B. Traven.

Nun haben aber die Traven-Forscher in diesem Text bzw. in den Gedanken des Ich-Erzählers nicht nur ein Bewußtseinsprotokoll gesehen. Sie sind darüber hinaus auf eine zunächst faszinierende Hypothese verfallen. Könnte es nicht sein, fragt Max Schmid, daß Ret Marut und G. Gale alias Bendrich Torsvan gewissermaßen ihre Identität tauschten?

Da Torsvan ohnehin noch weiter in den Busch hinein will, kann er als Ret Marut reisen, während er Ret Marut seine beiden Namen Gerard Gale bzw. Bendrich Torsvan vermacht. Dazu vielleicht noch einiges mehr . . . sagen wir: einen Stapel Manuskripte, die die Erlebnisse Torsvans eben unter dem Namen Gales schildern. Und Ret Marut schrieb „die Erzählungen um, ergänzte sie teilweise durch seine eigenen Erlebnisse, untermauerte sie durch weltanschauliche Erfahrungen und bot sie als Übersetzungen aus dem Amerikanischen deutschen Zeitungen und Zeitschriften an." So mutmaßt es Max Schmid. Diese Hypothese wirkt auf den ersten Blick auch recht überzeugend, würde sich durch sie auch klären, weshalb Traven später immer anonym bleiben wollte und wie ein Mann, der noch gar nicht so lange in Mexiko ist, Romane mit so genauer atmosphärischer Kenntnis verfassen konnte.

Aber prüfen wir diese Hypothese etwas näher:
Skrupel, das geistige Eigentum, also die Manuskripte eines anderen, zu benutzen, wird Ret Marut nicht gehabt haben. Er ist Anarchist, Eigentum ist für ihn ein fragwürdiger Begriff. Somit konnte er durchaus die Manuskripte des Torsvan-Gale für eigene Überlebenszwecke benutzt haben, noch dazu, falls er nach einer gewissen Zeit gehört haben sollte, daß Torsvan/Gale vom Busch verschlungen wurde oder in ihm verschollen ist.
Nicht auszuschließen ist aber auch, daß Torsvan/Gale gar keine Manuskripte zurückließ, sondern nur mündlich Erzähltes, das B. Traven verwendete. Möglich ist schließlich auch, daß beide Männer einen Vertrag machten: Marut würde schreiben, und den Erlös der Manuskripte würden sie teilen.

Aber was – und nach allem, was wir über den Mann, der sich Anonymität wünscht, müssen wir auch diese Möglichkeit in Rechnung stellen – wenn nun die Fakten aus „Nachtbesuch im Busch" lediglich das wären, was man im englischen Kriminalroman einen „red herring", eine Irrfährte, nennt?
Was aber, wenn es nur in der Fiktion, aber nicht in Wirklichkeit eine solche Begegnung zwischen Gales und dem Doktor gegeben hat, wenn der Doktor und Gales zwei Seiten von Ret Maruts Persönlichkeit wären? Der nüchterne, illusionslose Tatsachenmensch und der mystische Sucher, den es nach Untergang, nach Vergessenheit, nach Einswerden mit der Wildnis gelüstet?
Ich bin der Ansicht, daß es für eine solche Deutung von „Nachtbesuch im Busch" weit mehr plausibel klingende Gründe gibt wie für jene Version, die Max Schmid anzunehmen vorschlägt.

Warum ein umständlicher Namenstausch? Was wäre für beide damit gewonnen? Gut, Gale könnte – aus was für Gründen auch immer – ein Interesse daran gehabt haben, seine Spuren zu verwischen und sich mit einem anderen Namen zu tarnen. Das ist aber nur wahrscheinlich, wenn er in zivilisierte Gegenden reiste. Aber er geht in den Busch. Er will im Busch verlorengehen. Warum dann einen anderen Namen? Und wenn es schon zu einem „Namenstausch" kam, warum nennt sich dann Marut B. Traven und nicht Gale oder Gales. Nein, viel überzeugender scheint mir, die Novelle „Nachtbesuch im Busch" als eine Metapher für einen Wunsch zu betrachten, auf den es schon bei Ret Marut immer wieder Hinweise gegeben hat: für den Wunsch, sich zu verbergen, seine Spur auszuwischen, in Vergessenheit zu geraten.

Wie also sehe ich somit die Beziehung Ret Marut – Torsvan? Zunächst einmal sollte man davon ausgehen, daß bei einem Mann wie Marut alles möglich sein kann.

Fragen wir, dies im Sinn, weiter, was als sicher gelten kann, weil es dokumentarisch belegbar ist?

Das Spiel mit der amerikanischen Identität beginnt früh, etwa 1905. Wenn diese Identität nachgewiesen werden mußte, war das trotz des Tricks, den Geburtstag vor das Erdbeben und den Brand von San Francisco zu verlegen, nur mit Hilfe eines Lebenslaufs möglich. Solche Lebensläufe hat Marut häufig, bei seinem Antrag auf einen amerikanischen Paß und schließlich wieder in England, bei seiner Vernehmung durch den Special Branch, sogar niedergeschrieben. Betrachtet man diese Lebensläufe, so fällt auf, daß Fiktives mit Realem munter vermischt darin vorkommt.

Es wäre also möglich, daß Marut einen ausgearbeiteten Lebenslauf im Kopf hatte oder entwickelte, nachdem er seine tatsächliche Identität in London hatte preisgeben müssen.

Bestimmt sind in einen solchen Lebenslauf Realitätssplitter aus realen Lebensläufen von Menschen eingegangen, denen er, sei es in seiner Zeit als Schauspieler, sei es während der Jahre als Flüchtling in Deutschland, Holland, Belgien, England und in Mexiko begegnet ist.

Nichts anderes macht übrigens ein Romanautor bei seiner Arbeit. Aus dem Leben und den Lebenssituationen vieler Menschen entwickelt er eine glaubhafte Person.

Ret Marut brauchte nun diesen Lebenslauf nur noch mit einem Namen zu versehen, der zu ihm paßte.

Dieser Name, Gales, mag ihm durch die Zeitschrift der I.W.W. nahegebracht worden sein. Unter Umständen aber hat er auch den

Namen eines Mannes übernommen, den er auf der Überfahrt nach Kanada und zurück nach England oder auf seiner Reise von England nach Mexiko kennengelernt hat.
Es könnte ein realer Mann gewesen sein, der umkam oder selbst einen anderen Namen angenommen hatte... aus was für Gründen auch immer.
Es könnte sich aber bei Gale/Torsvan, Traven/Croves auch um fiktive Namen gehandelt haben.
Die Notwendigkeit, sich nach seiner Enttarnung in England eine neue Maske zuzulegen, ist nur zu verständlich. Nur zu verständlich auch, daß erst nach diesem Vorgang Ret Marut aufatmen konnte, daß er „so gut schlief wie lange nicht", als durch die Niederschrift der besagten Erzählung eine neue Maske geschaffen war.

Um meinen Standpunkt in der Identitätsfrage noch einmal zusammenzufassen:
Ich gehe davon aus, daß Torsvan ein erfundener Name ist. Denn an dem Geburtstag und an dem Geburtsort an dem Torsvan geboren worden sein soll, (3. Mai 1890, Chicago Illinois) ist als Sohn eines Burton Torsvan und einer Dorothy Croves de Torsvan nach Auskunft des Cook County Clerk, der zuständigen Einwohnermeldebehörde, kein Kind geboren worden. Die Tatsache ist durch Recherchen mehrerer Travenforscher bewiesen worden. Hingegen gibt Max Schmid keine offiziellen Beweismittel für seine Annahmen über Geburtstag, Jahr und Ort.

Ich gehe davon aus, daß der Name Gerard Gales sich von dem Magazin der „Wobblies" herleitet, aus dem Marut auch über den eigentlichen Namen hinaus Anregungen darüber erhielt, wie ein dem Anarchismus zuneigender Tramp, der aus den USA stammte und eine Zeitlang zur See gefahren war, zwischen den 80er Jahren des 19. und den 20er Jahren des 20. Jahrhunderts gelebt haben könnte.
Nachdem es nun einen Lebenslauf und zwei Namen gibt, wird der eine Name Gales dazu benutzt, um als Ich-Erzähler in all jenen Romanen aufzutreten, die eine stark autobiographische Note haben. Danach kann der Name dieses Mannes, Ret Maruts Wunschfigur, verschwinden. Und bezeichnenderweise verschwindet

Gerard Gales in „Nachtbesuch im Busch" so wie Ret Marut wahrscheinlich gern verschwunden wäre: er geht verloren in der Wildnis.

Ein ganz anderes Problem stellt sich von der realen Existenz des Mannes in Mexiko her, der seine europäischen Spuren endgültig verwischen will, um ein neues Leben zu beginnen. Es hat sich inzwischen herausgestellt, daß sich seine Geschichten verkaufen lassen. Er will sie veröffentlichen, weil sie eine „Botschaft", seine Weltanschauung enthalten.
Mit Literatur aber gibt ein Autor unweigerlich etwas über sich selbst preis. Genau das will der Mann in Mexiko nicht. Also erfindet er sich ein Pseudonym als Erzähler: B. Traven.
Es wird sich später für ihn die Notwendigkeit ergeben, für eine weitere Funktion einen weiteren Namen zu besitzen. Er wird ihn aus jenem Lebenslauf ableiten, den er für Bendrich Torsvan erfunden hat. Es ist der Mädchenname seiner fiktiven Mutter – Croves.

„In den Vorkriegsjahren bis in die Zwanziger Jahre war der Gebrauch von Pseudonymen nicht selten", schreibt Rolf Recknagel in seiner Einleitung zu B. Travens bzw. Ret Maruts „Frühwerk" im Jahre 1977. Hinzuzufügen wäre: Ret Marut machte aus der Benutzung von Pseudonymen eine Kunst. Daß er in diesem Spiel mit Namen und Masken zu solcher Kunstfertigkeit gelangt, hat ursächlich etwas mit der Situation des Menschen in unserer Zeit zu tun, mit der Bedrohung des Menschen durch die Bürokratie, mit der Macht, die sie hat, darüber zu befinden, ob ein Individuum existiert oder nicht, ob es in ein Land hinein darf oder aus einem anderen mit einem Fußtritt hinausbefördert wird ... vielleicht vor die Gewehrläufe der Exekutionskommandos, die in seiner Heimat auf es warten.

Dieser Mann, der einmal Ret Marut hieß, der sich jetzt B. Torsvan, B. Traven, Gerard Gales oder Hal Croves nennt, schlägt gegen den Moloch Bürokratie und gegen den Herrschafts- und Machtanspruch von Menschen über Menschen nicht nur mit der Waffe der Identitätstäuschung zurück, aus der er eine Kunst gemacht hat, er erhebt nun auch als Erzähler, unerbittlich und unermüdlich hinter der Schutzmaske eines oder mehrerer Pseudonyme hervor, Anklage gegen die Unmenschlichkeiten unserer Zeit.

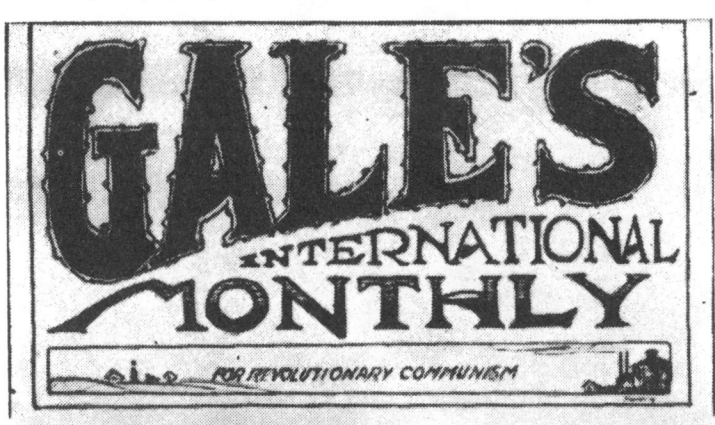

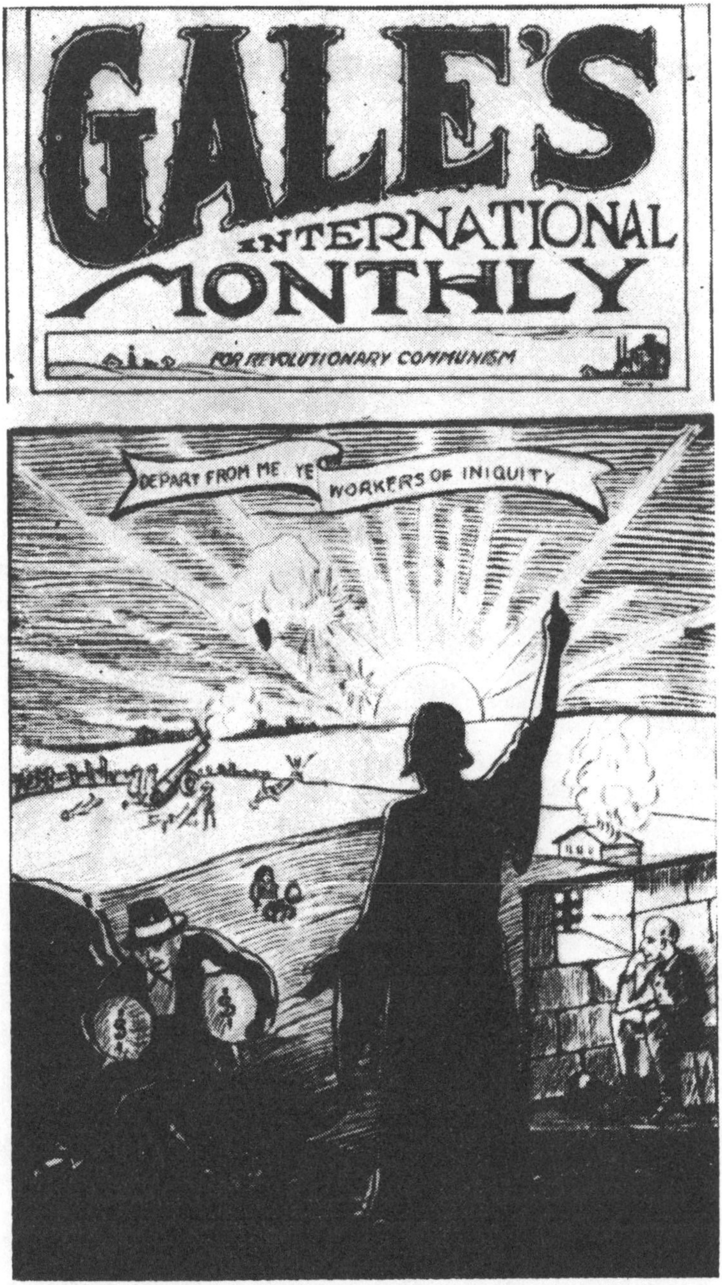
GALE'S
INTERNATIONAL
MONTHLY
FOR REVOLUTIONARY COMMUNISM
DEPART FROM ME YE WORKERS OF INIQUITY

Das Totenschiff

„Jede Zeit hat ihre Ketzer, und jede Zeit hat ihre Inquisition. Heute sind der Paß, das Visum, der Einwanderungsbann die Dogmen ... an die man zu glauben hat, oder man muß die verschiedenen Grade der Folter über sich ergehen lassen. Früher waren die Fürsten die Tyrannen, heute ist der Staat der Tyrann ..."

B. Traven, Das Totenschiff

Das Totenschiff, Travens bekanntester Roman, ist die Geschichte des amerikanischen Seemannes Gerard Gales. Es ist die Geschichte einer Reise fort von der Zivilisation, einer Reise, die auf einem Floß mitten im Ozean endet.

Wenn man diesen Roman zum ersten Mal liest, erscheint er als eine realistische Geschichte, und die Handlung ist so spannend, daß man eine zweite, symbolische Ebene, die in der Geschichte enthalten ist, leicht übersieht. Man ist zu sehr mit dem Bangen um Gales und seinem Überleben beschäftigt, zu empört über die Gemeinheiten der Bürokratie, zu verängstigt von den Schrecken einer modernen Hölle in den Kesselräumen des Totenschiffs, um wahrzunehmen, daß es dem Autor gelungen ist, Handlung und Fabel in diesem Buch fast deckungsgleich werden zu lassen.

Fast alle Autoren, auch jene, die uns scheinbar nur unterhalten, haben ein Anliegen, eine Botschaft, eine Weltanschauung, für die sie den Leser einnehmen wollen. Manchen ist dies bewußt, anderen nicht...

Sie tritt mehr oder minder hinter der vordergründigen Handlung zurück. Aber sie ist da. Die Handlung, die realen Ereignisse in einer Geschichte sind das Fahrzeug, auf das bestimmte Ansichten über die Welt aufgeladen, mit dem sie zum Leser transportiert werden. So betrachtet, ist die Handlung nur ein Gleichnis, eine Fabel, für etwas, das an den Leser herangetragen, wofür er eingenommen werden soll.

Die Handlung des „Totenschiffs" kann und muß jeder selbst nachlesen. Der Fabel in ihr lohnt es sich nachzuspüren, weil sie uns manches über den Mann verrät, der sich Traven nannte, manches mehr über die Gründe für sein Versteckspiel hinter verschiedenen Namen.

Das Buch beginnt mit einer wilden, höhnischen Komödie über die Macht, die Gemeinheit und die Unmenschlichkeit der Bürokratie und die Absurdität von Pässen und Ausweispapieren.

Durch die vorzeitige Ausfahrt seines Schiffes „Tuscaloosa", bleibt Gales ohne Papiere und ohne Geld in Antwerpen zurück. Die belgische Polizei bringt ihn heimlich bei Nacht über die Grenze nach Holland. In Rotterdam wird er von der holländischen Polizei aufgegriffen, die versucht, ihn wieder nach Belgien abzuschieben. In Rotterdam weigert sich der amerikanische Konsul, ohne Vorlage eines Passes eine neue Seemannskarte auszustellen. Für den Ausweis aber ist der Nachweis der Staatsbürgerschaft notwendig, den Gales nicht führen kann. Auf einem schottischen Schiff versteckt, kommt er nach Boulogne und wird in der Eisenbahn zwischen Limoges und Toulouse ohne Fahrkarte festgenommen, erhält eine Haftstrafe und wird schließlich nach Spanien abgeschoben.

Es ist nur zu deutlich, was diese Anfangspassagen des Buches zeigen wollen, nämlich dies: Es liegt in der Macht der Bürokraten, einem leibhaftigen Menschen seine Existenz zu bestreiten. Ein Mensch ohne Papiere – das ist kein Mensch. Die Bürokratie, die im Namen und ausgestattet mit der Autorität des Staates, auftritt, die für ihn Macht ausübt, benimmt sich weit krimineller als jener arme Wicht, dessen einziges Vergehen darin besteht, nicht zur Stelle gewesen zu sein, als sein Schiff vorzeitig ablegte. Aber zumindest bei dem Gespräch mit dem zweiten der amerikanischen Konsulen wird klar, daß es da bei Gales einen dunklen Punkt gibt, der mit seiner Geburt zusammenhängt. Er ist ein außerehelich geborenes Kind. Deswegen ist seine Geburt in keinem Geburtsregister verzeichnet. Schuld daran hat sein Erzeuger. Er hat ihm keinen Namen gegeben. Er hat sich so verhalten, wie man sich nach der gesellschaftlichen Norm nicht verhalten darf. Die Bürokraten bestrafen den Sohn für die Sünde des Vaters.

Übrigens wird die außereheliche Geburt Gales in der englischen Fassung des „Totenschiffs" klarer hervorgehoben als in der deutschen.
Zum Vergleich hier die beiden Passagen. Zuerst nach der deutschen Ausgabe:

„*Registriert worden, die Geburt?*'
,*Weiß ich nicht, da war ich noch zu klein, als ich geboren wurde.*'
,*Also nicht registriert.*'
,*Das weiß ich nicht, habe ich gesagt.*'
,*Aber ich weiß es.*'
,*Dann brauchen Sie mich doch nicht zu fragen, wenn Sie alles wissen.*'

‚Will ich vielleicht einen Paß haben?' fragt er darauf."
In der englischen Ausgabe hingegen:
„‚Birth registered?'
‚I do not know, sir. When this happened, I was too small to remember exactly if it was done or not.'
‚Then your birth has not been registered.'
‚I said I do not know, sir.'
‚But I know.'
‚Well, sir, if you know everything beforehand, why do you ask me?'
(und nun abweichend:)
‚I never asked my mother. I thought it's her own business, and that it concerns nobody else.'
‚Right. Excuse me. I was only thinking that the marriage license might be found somewhere.'"

Geheimnisvoll, diese Erweiterung im Englischen bzw. diese Auslassung im deutschen Text. Nicht so geheimnisvoll, wenn man bedenkt, daß Ret Marut alias Traven daran gelegen war, in der deutschen Fassung nicht auf die tatsächliche Identität des Autors zu verweisen, während in der englischen Fassung, zu der er eine englische Vorlage lieferte, die aber offenbar von jemandem stammte, dessen Muttersprache nicht Englisch gewesen ist, ein wichtiges „Anliegen" des Autors hervortreten darf: Gales Kritik daran, daß Aufhebens davon gemacht wird, ob jemand ehelich oder außerehelich geboren worden ist.
Das nämlich steht hinter der im englischen Text zusätzlich enthaltenen Entgegnung von Gales:
‚Ich habe meine Mutter nie gefragt. Ich war immer der Meinung, daß sei ihre Sache, das gehe niemanden etwas an.'
Wenn Ret Marut tatsächlich mit Otto Feige identisch ist, dann ergibt sich aus diesem Unterschied zwischen dem deutschen und dem englischen Text ein ganz klarer Sinn. Anders ausgedrückt: wir haben hier ein Indiz für die außereheliche Geburt Ret Maruts. Und es wäre auch klar, warum er im deutschen Text diese Wendung im Gespräch mit dem Konsul nicht wiedergibt. Die entschuldigend-besänftigende Antwort des Beamten *ich dachte ja nur, daß sich die Heiratsurkunde irgendwo würde auftreiben lassen,* hätte direkt auf jenen Punkt und zu jenem Dokument hinführen müssen, die den

Zusammenhang zwischen Feige und Marut bzw. Otto Wienecke alias Otto Feige alias Ret Marut alias B. Traven aufdeckte.

Daß jemand den deutschen und englischen Text vergleichend lesen werde, hat sich der Autor auch wahrscheinlich nicht träumen lassen.

Weil Gales nicht ehelich geboren worden ist, gilt er als nicht existent. Für seinen leiblichen Vater ebenso wenig wie für den Supervater, den Staat. Die Flucht aus der Gesellschaft hat unter anderem für Gales diese zwei Gründe: Sie soll den Makel, der mit seiner Geburt verbunden ist, verdecken, sie ist aber auch eine Art Selbstbestrafung.

Für den Mann, der nicht beweisen kann, daß er Gerard Gales ist, gibt es kein Leben in der Normalität.

Er kann nur überleben, indem er als Heizer auf dem Totenschiff „Yorrike" anmustert, wo nach Papieren nicht gefragt wird. Aber er wird dort nicht einmal Heizer. Er wird Kohlenschlepper. Er erhält die niedrigste, schwerste, elendeste Arbeit zugewiesen. Er ist völlig jeder Selbstbestimmung beraubt. Um auf der „Yorrike" angenommen zu werden, gibt Gales einen fiktiven Namen an, einen Namen, der in keiner Geburtsurkunde steht. Er nennt sich nun Helmond Rigby und schreibt als Geburtort „Alexandria, Ägypten" hin. Name, Ort und Land enthalten wieder, wie häufig bei Traven, Anspielungen.

Helmond bedeutet Höllenwelt. Rigby – herbeigezogen. Ägypten läßt an „gypsy" (Zigeuner) denken. Alexandria war der Ort, an dem die größte Bibliothek der Antike stand, die durch Brand unterging. Analog dazu hat Ret Marut immer behauptet, seine Geburtsurkunde sei beim Brand nach dem Erdbeben von San Francisco untergegangen.

Manch einem mögen solche Auflösungen übertrieben vorkommen. Aber er wird vielleicht seine Meinung revidieren, wenn er sich klar macht, daß mit dem ausgefallenen Namen des Totenschiffs (Yorrike) eine bestimmte Szene aus „Hamlet" heraufbeschworen wird. – Der Dänenprinz mit Yoricks Schädel. Und in der Tat zeigt sich auch bald, daß die „Yorrike" etwas mit einem Friedhof und mit einem Grab zu tun hat. Da gibt es, fast wie im Märchen, eine Kammer, die niemand betreten darf, von der aber das Gerücht besagt, sie enthalte Leichen von Seeleuten, die durch eine riesige Ratte getötet worden seien. Zwischen der „Yorrike" und Gales besteht eine merkwürdige Verbundenheit. Nur durch sie kann letztlich erklärt werden, warum Gales das sonnige Spanien gegen die Planken des Totenschiffes vertauscht.

Wie das Schiff, so muß auch er darauf bedacht sein, den Geburtsort zu verstecken. Wie sie, ist auch er ohne Geburtsurkunde. Wie Gales ist das Schiff ausgestoßen, gesetzlos. Es dient dem Waffenschmuggel und seine Mannschaft, Matrosen aus aller Herren Länder, wird erbarmungslos ausgebeutet.

Sobald das Schiff soweit heruntergewirtschaftet ist, daß es kein Geld mehr einbringt, wird man es untergehen lassen. Sein Besitzer wird dann noch auf eine teuflische Weise profitieren, indem er eine Versicherungssumme einstreicht.

So gesehen, wird das „Totenschiff" auch zu einer stimmigen Metapher für den Kapitalismus, und so scheint es von vielen seiner Leser auch verstanden worden zu sein. (Siehe Gespräch mit Theo Pinkus im Anhang dieses Buches.)

Tod und Hölle werden dem Leser mit verschiedenen Worten und Anspielungen immer wieder ins Gedächtnis gebracht. Da ist der Spruch über den Mannschaftsquartieren. Da sind die neun Feueressen. Da ist die höllische Arbeit, bei der man immer am Rand des Todes und der Hölle balanciert.

Besondere Betrachtung verdient Gales neuer Freund, der Mann, der ihn in das Leben in der Unterwelt einweist: Stanislaw. Er ist (wie Traven selbst vielleicht) in einem Teil des Deutschen Reiches geboren, der nach dem I. Weltkrieg an Polen abgetreten wurde. Da er eine behördlich festgesetzte Frist zur Option für diese oder jene Nationalität hat verstreichen lassen, ohne sich zu entscheiden, ist er nun wie Gales ohne Paß und ohne Seemannskarte.

Um das Inferno zu überleben, muß Gales sich völlig von seiner früheren Existenz ablösen und ganz in seiner Arbeit aufgehen.

Die schwierigste Tätigkeit dabei besteht darin, die heruntergestürzten Stangen der Roste zu ersetzen.

Nachdem diese, die schwerste und furchtbarste Arbeit, die nicht nur *„Blut und abgeschmorte Hautfetzen",* sondern auch *„herausge-*

zerrte Sehnen" kostet, getan ist, eine Arbeit, bei der einem das Mark *„wie Lava aus den Knochenröhren fließt",* tritt bei dem Helden der Geschichte ein merkwürdiger Stimmungsumschwung ein, den Traven so beschreibt:

„Seit jener Nacht stehe ich über den Göttern. Ich kann nicht mehr verdammt werden. Ich bin frei, darf unbekümmert tun und lassen, was ich will. Ich darf Götter verfluchen, darf mich verfluchen, darf handeln, wie es mir gefällt. Kein menschliches Gesetz, kein göttliches Gebot kann meine Handlungen beeinflussen, denn ich kann nicht mehr verdammt werden. Die Hölle ist ein Paradies."

Wie ist das zu verstehen? Nun, zunächst einmal ganz wörtlich. Etwas Schlimmeres gibt es nicht. Jenseits der Hölle kommt der Mensch in einen Bereich, in der er keine Angst mehr hat. Alles, was einen Menschen ängstigen kann, hat Gales erlebt. Und darüber hinaus in einem übertragenen Sinn: Der bürgerliche Mensch, alles, was ihn unter Schmerzen an die bürgerliche Gesellschaft bindet, stirbt ab. Alle Macht, die Menschen über Menschen haben, ist überwunden. Gales ist frei von der Macht der Menschen und der Macht der Götter.

Die Männer, unter denen Gales arbeitet, haben sich Regeln gegeben, über die nie ausdrücklich gesprochen wird, die aber trotzdem wie religiöse Gebote eingehalten werden.

Viel später und in einem anderen Land hat der Philosoph Albert Camus den Satz geschrieben:

„Man hat sich Sisyphos als einen glücklichen Menschen vorzustellen."

Diese Freiheit und dieses Glück sind gemeint. Und zu diesem so merkwürdigen Glück kommt ein seltsames Heimatgefühl. Das Totenschiff, von dem alle wissen, daß es untergehen wird, sobald dies für den Eigner günstig ist, ist ihr Zuhause. Es wird damit auch zum Symbol des menschlichen Lebens schlechthin, das sich ja auch unvermeidbar auf ein ungewisses Todesdatum zubewegt. Der Kesselraum der „Yorikke" gleicht dem Mutterleib einer heidnischen Todesgöttin, in die die Sterblichen eingehen, um ihre Ängste zu überwinden, um neu geboren zu werden.

Von daher ist auch das Ende des Buches zu verstehen, das häufig von Lesern kritisiert, vom Autor aber immer strikt verteidigt worden ist. Vordergründig ereignet sich dies: Gales und Stanislaw werden bewußtlos geschlagen und an Bord eines anderen Totenschiffes entführt. Dieses, die „Empress of Madagascar", befindet sich auf seiner letzten Fahrt. Es wird versenkt. Gales und Stanislaw bleiben zunächst auf dem zwischen Riffen eingeklemmten Schiffswrack zurück. Mit Kaviar und Chablis, englischem Räucherhering und Bier feiern sie ein Freudenfest. Sie werden betrunken, wieder nüchtern und abermals betrunken. Sie retten sich endlich auf ein Floß. Die halluzinatorischen Zustände werden immer schlimmer. Gales sieht einen Hafen und eine Stadt vor sich. Stanislaw erblickt die „Yorikke". Jemand fordert ihn auf, herüber zu kommen. Er folgt diesem Spuk und stürzt ins Wasser. Ehe sich Gales bewußt wird, daß es da gar kein vorbeifahrendes Schiff gibt, ist es zu spät. Er kann den Gefährten und Freund nicht mehr retten. Der große Kapitän hat Stanislaw Koslowski zu sich gerufen.

Natürlich ist dies ein aller Konvention spottender Schluß: Gales, allein auf einem Floß auf dem Ozean. Keine Auskunft, keine Andeutung darüber, ob er gerettet wird oder nicht. Es ist ein Schluß, der wohl besagen soll, daß der Mensch in dieser Zeit nur in der Offenheit bestehen kann, einer Offenheit, in der er zugleich auch immer höchster Bedrohung ausgesetzt ist. Und wenn auch jeder Hinweis darauf fehlt, daß Gales gerettet wird, so ist man doch dessen sicher, denn er ist der Ich-Erzähler des Abenteurers von Tod und Wiedergeburt. Tatsächlich begegnen wir dann Gales in den „Baumwollpflückern" wieder. Diese Geschichte ist zwar vor dem „Totenschiff" veröffentlicht worden, ihre Handlung ist aber zeitlich nach den Ereignissen auf See anzusetzen.

„Das Totenschiff" ist insgesamt ein wütender, durch seinen merkwürdig sarkastischen Tonfall besonders eindringlicher Angriff, man könnte auch sagen: eine Art Predigt gegen ein Laster des modernen Menschen: die Gier.

Gier scheint für Traven die Triebkraft hinter einer letztlich unmenschlichen, entarteten Zivilisation.

„Das Traurige, das Beklagenswerte, aber echt Menschliche ist, daß diejenigen, die gestern noch selbst die Verfolgten waren, heute die bestialischsten Verfolger sind", heißt es im Roman an einer Stelle, und an einer anderen:

„Nach dem I. Weltkrieg hat die Kommunistenfurcht die Bürokraten zum neuen Zaren gemacht, die mit mehr Omnipotenz (Allgewalt) regieren, als Gott es je getan hat... das Leben der gesamten zivilisierten Welt geht nicht und nirgends ohne Ausbeutung vonstatten. Die bürgerliche Gesellschaft und der Chauvinismus bringen Menschen-Produkte hervor, die Abfall sind, aber selbst aus ihnen ziehen andere noch einen wirtschaftlichen Vorteil.

Es gibt kaum eine schneidendere Anklage, höhnend, aufgebracht, rückhaltlos, gegen eine Welt, die sich in ihrer Profitgier über jegliche Regungen von Menschlichkeit hinwegsetzt, als „das Totenschiff". Dennoch ist es kein pessimistisches oder nihilistisches Buch. Denn Gales kann noch nach der schwersten Belastung sagen: *„Ich gebe nicht nach, und ich gebe nicht auf..."* Oder: *„Alles, was wir noch haben, ist der Atem. Und so schnell und willig laß ich mir den nicht auch noch nehmen."* Gales ist grob, wild, wütend, zynisch, doch er verliert seinen grimmigen Humor auch dann nicht, als er gelernt hat, daß noch der Tod selbst ein dummer Spaß ist. Gales ist der Mensch, der allen Widrigkeiten, Gefahren, Bedrohungen, allen Leiden und aller Folter zum Trotz überlebt. Gales ist nicht unbedingt Traven oder Marut. Er ist aber jemand, den der Autor in gewissem Sinn bewundert. Gales lebt so, wie man nach Travens Meinung leben sollte und verrät somit auch eine ganze Menge über den Autor selbst.

Photograph und Ingenieur

„Aber unter der Diktatur wurde kein Wert
darauf gelegt, daß die Kinder der
proletarischen Bevölkerung unterrichtet
wurden. Sobald Proletarier ein wenig
Bildung haben, wollen sie gleich noch mehr
bekommen und werden unzufrieden mit den
Verhältnissen, die Gott mithilfe der Kirche
und der Regierung schuf und nun zu
erhalten wünscht."

B. Traven in „Die Regierung"

Nun gilt es Fakten zu sammeln. Als im Sommer 1925 im „Vorwärts" der Roman „Die Baumwollpflücker" erscheint, lautet die Ankündigung:

„Der Verfasser kennt das Proletarierleben in Mexiko, in Nordamerika, in Zentralamerika. Als Ölmann, als Farmarbeiter, als Kakaoarbeiter, Fabrikarbeiter, Tomaten- und Apfelsinenpflücker, Urwaldroder, Maultiertreiber, Jäger, Handelsmann unter den wilden Indianerstämmen der Sierra Madre, wo die ‚Wilden' noch mit Pfeil, Bogen und Keule jagen, ist er tätig gewesen. Noch heute liegt sein mexikanischer Wohnplatz – wie er uns schreibt – 35 Meilen von der nächsten Stelle entfernt, wo er Tinte kaufen kann."

1926 erscheinen bei der Büchergilde die beiden Romane „Das Totenschiff" und „Der Wobbly", eine überarbeitete Fassung von „Die Baumwollpflücker". Die Erstauflage bei „Das Totenschiff" beträgt 30000. In den folgenden Jahren werden mehr als 100000 Exemplare abgesetzt. Bis 1981 wird die Weltauflage der Romane Travens 25 Millionen Exemplare betragen.

Über „Das Totenschiff" schreibt kurz nach dem Erscheinen ein Kritiker:

„Ich glaube nicht, daß ein Sozialist dies weglegen wird, ohne zu fühlen, wie der Mut und die Stärke seiner Klasse im Herzen und in der Seele aufsteigen."

1928 bringt die „Büchergilde Gutenberg" eine Sammlung von Kurzgeschichten „Der Busch" und ein Reisebuch „Land des Frühlings" heraus. 1929 erscheint „Die Brücke im Dschungel", wieder eine Geschichte mit dem Ich-Erzähler Gerard Gales. Traven selbst zu dieser Geschichte: *„Ich möchte bestreiten, daß es in der ganzen deutschen Literatur eine moderne Arbeit gibt, die die Entwicklung der Angst einer nicht-europäischen, einer nicht-weißen Mutter mit solcher minuziöser Malerei schildert wie diese Novelle. Beachten Sie, daß sich das Werk an einem Punkt (an der Brücke) abspielt und sich innerhalb einundzwanzig Stunden abwickelt. Trotz des rasenden Tempos ist nicht eine Fingerbewegung ausgelassen, und der Dschungel atmet und singt wie eine Begleitmusik ununterbrochen."*

Ebenfalls noch 1928 erscheint der Roman „Die Weiße Rose". Erzählt wird von einem Erdölfund, dessen Folge Lüge, Erpressung und

schließlich Mord sind. Es ist im Grund die Geschichte des Zusammenstoßes der vorkapitalistischen Welt, hier repräsentiert durch das Gemeinwesen der Hacienda, mit dem Kapitalismus, verkörpert durch die Ölgesellschaften. Es ist ein Buch voller Protest gegen Menschen, die Natur nur als Gegenstand von Profit betrachten und somit wieder höchst aktuell.

Dann folgen 1930 – 1940 die sogenannten sechs Dschungelromane „Der Karren" (1931), „Regierung" (1931), „Der Marsch ins Reich der Caoba" (1933), „Trozas" (1936), „Die Rebellion der Gehenkten" (1936) und „Ein General kommt aus dem Dschungel" (1940). Man nennt diese Bücher, die sich von den frühen Romanen mit dem Ich-Erzähler Gerard Gales unterscheiden, auch den Mahagoni- oder Caoba-Zyklus. Das Reich der Caoba ist der Dschungel der Mahagoniwälder, wo Holzfäller und Karrentreiber unter unmenschlichen Bedingungen auf den Monterias schuften. Die Bücher schildern die sozialen Zustände in Chiapas am Ende der Ära des Diktators Porfirio Diaz. „Die Romanreihe endet", kommentiert Will Wyatt, „mit einer ironischen Wendung, die gerade als Fingerabdruck von Traven gelten könnte. Da marschiert die kleine Armee der Rebellen, die bis dahin im Dschungel gelebt und gekämpft haben, hinaus, nur um festzustellen, daß die Revolution schon seit 16 Monaten vorbei ist und daß der Diktator, gegen den sie gekämpft haben, schon längst geflohen ist."

Auch wenn Travens Verhältnis zur Mexikanischen Revolution durchaus nicht unkritisch gewesen sein mag – er bewahrte sich Zeit seines Lebens gegen nahezu alles ein hohes Maß an kritischer Unabhängigkeit – so vermittelt eine solche Darstellung doch einen etwas falschen Eindruck. Mehr gerecht wird dem Schlußroman des Zyklus die Zusammenfassung in dem von Johannes Beck, Klaus Bergmann und Heiner Boehncke 1976 veröffentlichten Materialienband „Das B. Traven Buch", in dem es heißt:

„In dem Befreiungskampf setzen auch Lehrer mit Berufsverbot und aus der Armee ausgeschlossene Soldaten ihre Fähigkeiten ein. Die Stärke der Rebellen liegt in ihrer Schläue und ihrem Heroismus. Es gelingt ihnen, die ausgezeichnet bewaffneten Rurales (Anti-Guerillatruppen) empfindlich zu schlagen, weil sie durch ihre starre Hierarchie, Korruption und Feigheit unbeweglich sind. Aber es kommt nicht zum letzten Gefecht, denn die Rebellen nehmen sich Land, bestellen es ohne Herren, gewinnen das Vertrauen der übrigen Indianer, gründen eine Schule und leben in ‚Sonne und Frieden' (Solipaz)"

Zwischen „Das Totenschiff" (1926) und der „Weißen Rose" (1928) erscheint 1927 Travens (vor allem durch die Verfilmung) vielleicht bekanntestes Buch „Der Schatz der Sierra Madre".

Wichtig scheint hier, noch einmal hervorzuheben, daß Travens Schreib- und Publikationstätigkeit 1925 beginnt und sich dann über fünfzehn Jahre hinzieht. (Daß auch ein „Spätwerk", der Roman „Aslan Norval" (1960), von Traven stammt, ist inzwischen unumstritten.) Der Autor steht in dieser Zeit, auch daran sollte man sich erinnern, zwischen seinem vierzigsten und sechzigsten Lebensjahr. Und während dieser ganzen Zeit hat Torsvan/Traven auch noch manch anderes getan, außer zu schreiben.

Rolf Recknagel, der für sich in Anspruch nehmen kann, als erster die Identität von Ret Marut und Traven Torsvan plausibel und allein an Hand von Textvergleichen gesichert nachgewiesen zu haben, nimmt für das Jahr 1925 ein vagabundierendes Leben ähnlich dem an, das Gales führt: Arbeiter auf den Ölfeldern, Baumwollpflücker, Tramp, Goldsucher, quacksalbender Buschdoktor.

Anlaufpunkt und Kontaktstelle für Post aus Europa sind die Apartamientos 972 und 1208, die Postfächer in Tampico, gewesen.

1927 ist Torsvan bestimmt noch einmal in Tampico gewesen, denn er hat dort am 13. Januar 1927 den Brand des englischen Dampfers „Essex Isles" photographiert. Anschließend studiert er an der Sommerschule für Ausländer der Universität Mexico City. Es liegt ein Zeugnis vor, das auf den Namen Traven Torsvan lautet und am 21. August 1927 ausgestellt worden ist.

Mai und August 1926 nimmt Torsvan als Photograph an einer Expedition des mexikanischen Landwirtschaftsministeriums in den südlichsten Bundesstaat Chiapas teil. Von dieser Reise datiert seine Vorliebe für jene Landschaft, der er unter der Bezeichnung „Land des Frühlings" ein literarisches Denkmal gesetzt hat. Es scheint so, daß Torsvan bei dem bekannten amerikanischen Photographen Edward Weston eine Art Lehre durchlaufen hatte. Offenbar empfahl dieser ihn an das Ministerium. Unterwegs trennt sich der Photograph in San Cristobal Las Casas von der Expedition. Am 24. Juni erlebt er in Chamula das höchste Fest der Tzotzilindianer mit, kauft schließlich drei Maultiere und wirbt einen indianischen Topfhändler als Burschen an. In den ersten Augusttagen 1926, also fast ein Jahr später, ist er, wie aus einem Brief an die „Büchergilde Gutenberg" hervorgeht, wieder in Mexico City. Er hat unterdessen mit seinem indianischen Begleiter das Gebiet von Chamula bereist. Er hat eine Stelle der in dieser Gegend ansässigen Lacandonen ausgegraben. Er hat – und das ist vielleicht das wichtigste Ergebnis dieser Reise – eine Lieblingslandschaft gefunden, die er so beschreibt:

„*Es ist ein Wald, so schauerlich schön in seiner halbtropischen Pracht, in seiner heißen Dämmerung, seinen spielenden Lichtern und Schatten, seinen mysteriösen Schreien, seinen seltsamen, weit ausholenden und dann erstickenden Rufen . . . überall, hinter Hügeln, Bäumen, Sträuchern und Gestrüppen glaubt man Untiere, Bären, Wölfe, Luchse, Füchse, Wildkatzen auftauchen und wieder verschwinden zu sehen . . ."*

Und er ist auf den literarischen Stoff gestoßen, der ihn für Jahre beschäftigen und ihn zu einem wichtigen Autor auch der mexikanischen Literatur machen wird: die Situation der Indios dieser Gegend während der mexikanischen Revolution.

Er trifft im Busch von Chiapas noch die Nachkommen jener Monteria-Besitzer aus der Zeit kurz vor der Revolution, die aus Spanien eingewanderte Familie Bulnes. Er hört von den Indianern Einzelheiten über die Rebellion der Caoba-Arbeiter. Mindestens noch zweimal, nun mit einer Visitenkarte, die ihn als B.T. Torsvan, Ingenieur ausweist, kehrt er in den Selva Lacandona zurück.

In Mexico City lebt Torsvan mit der indianischen Lehrerin Maria de la Luz Martinez zusammen, die an einer Schule für heimat- und elternlose Kinder unterrichtet.

Die Einkünfte aus seinen Büchern fließen unterdessen so reichlich, daß im August 1930 Maria in der Nähe von Acapulco in seinem Auftrag ein Landgut mit drei Hektar Grund und Boden erwerben kann. Während der Ingenieur Torsvan in Mexico City ein Tresorfach besitzt, lebt der Schriftsteller B. Traven in einer kleinen, primitiven Lehmhütte auf dem Areal jener Ranch von Cashew Park, die offiziell

Maria de la Luz Martinez gehört, deren Bruder Gilberto die Rolle eines Sekretärs übernommen hat. Die Hütte wird von mehreren scharfen Hunden und von einer Gruppe Indianern bewacht.

Detektive der Banco von Mexico, die herausfinden sollen, wer der Besitzer eines bestimmten Tresors ist, brauchen Wochen, ehe sie auch nur einen Blick auf einen nun schon weißhaarigen Mann mit blauen Augen werfen können, den die Nachbarn nur „el gringo", den Amerikaner, zu nennen pflegen. Sie finden auch heraus, daß dieser Mann das neueste Chevrolet-Modell fährt und ein mit Batterien betriebenes Radio besitzt.

Schon am 12. Juli 1930 hat dieser Mann bei den Behörden eine Einwanderungskarte ausgefüllt, er hat dabei zu seiner Person die folgenden Angaben gemacht: Traven Torsvan. Geburtstag: 5. März 1890. Junggeselle. Beruf: Ingenieur. Geburtsort: Chicago. Muttersprache: Englisch.
1942 wird derselben Person in Acapulco eine Identitätskarte ausgestellt, auf der sich diese Daten wiederholen. Allerdings unterzeichnet der Ausweisinhaber bei der Erneuerung des Dokuments im Juni 1947 nur noch mit T. Torsvan.
Mehrfach überprüft werden später die Geburtsregister von Chicago und Umgebung, aber für die möglichen Jahre 1880 und 1882 findet sich dort kein Kind, das einem Burton Torsvan und einer Dorothy Croves unter den Namen Traven Torsvan oder Traven Torsvan Croves geboren worden wäre.

Ret Marut kann zufrieden sein. Es ist ihm nicht nur gelungen, seine tatsächliche Identität bis auf weiteres zu verschleiern. Er hat sich darüber hinaus auch seine erdachte Identität amtlich beglaubigen lassen können. Aber wie heißt es doch in einem alten Spruch: Niemand ist vor seinem Tod selig zu preisen. Diese Erfahrung wird auch Ret Marut alias Traven Torsvan nicht erspart bleiben. Erinnern wir hier nur noch einmal an sein Alter. Als er 1942 in Acapulco jenen Ausweis unterschreibt, der sein Verwirrspiel legitimiert, ist er inzwischen 60 Jahre alt.

Der Schatz der Sierra Madre

„Der Schatz, den zu finden du die Mühe einer Reise nicht für Wert hälst, das ist der echte Schatz, den zu suchen dir dein Leben zu kurz erscheint. Der funkelnde Schatz, den du meinst, der liegt auf der anderen Seite..."

B. Traven

Ehe Ezra Pound, ein bedeutender Lyriker des 20. Jahrhunderts, für immer die Augen schloß, sollen seine letzten Worte gewesen sein: „Die Gier, diese verdammt Gier." Gemeint war damit die Begierde des Menschen auf materielle Güter, der Irrglauben, durch materiellen Besitz oder die damit verbundene Macht glücklich werden zu können.

Es bedarf nur eines Blickes auf das diesem Kapitel vorangestellte Motto zu dem Roman „Der Schatz der Sierra Madre", um zu erkennen, daß es bei Traven bei dieser Geschichte um etwas Ähnliches gegangen ist. Auch sie ist eine Warnung vor der Gier des Menschen nach materiellen Gütern, eine Gier, die in Wahnsinn und Vernichtung führt.

Bewunderungswürdig, wie es dem Autor gelingt, eine realistische Abenteuergeschichte dazu zu benutzen, um dem Leser diese Botschaft einzuprägen.

Was geschieht in „Der Schatz der Sierra Madre"? Wie verläuft die vordergründige Handlung?

Fred C. Dobbs erlebt auf den Ölfeldern vom Tampico um das Jahr 1920 den Zusammenbruch des Ölbooms. Dobbs ist einer jener Entwurzelten aus den Jahren nach dem ersten Weltkrieg, denen wir in Travens frühen Romanen häufig begegnen. Das Denken und Trachten dieses Mannes reduziert sich auf die Frage: Wie kann ich sofort zu etwas Geld kommen? Dobbs lernt in Howard einen erfahrenen, alten Goldsucher kennen. Hinzu gesellt sich Curtin, ein weiterer Arbeitsloser und Entwurzelter. Die drei Männer beschließen, in der Sierra Madre nach Gold zu suchen.

Eine Bemerkung Howards, der reich gewesen ist, dem aber Geld und Gold immer wieder durch die Finger geronnen sind, warnt die beiden anderen Männer vor den psychologischen Gefahren bei einem solchen Unternehmen.

„Gold ist eine verteufelte Sache ... es ändert den Charakter. Man kann noch soviel haben, noch soviel finden, soviel aufzupacken haben, daß man es allein gar nicht wegschleppen kann, immer denkt man daran, noch etwas hinzuzubekommen. Und um noch etwas hinzuzubekommen, hört man auf, zwischen Recht und Unrecht zu unterscheiden."

Howard erzählt auch eine unheimliche Geschichte um eine Goldmine. Diese eingeschobene Episode hat nicht nur die Funktion, von der Katastrophe am Ende schon jetzt eine Vorahnung aufkommen zu lassen. Sie dient auch dazu, klarzumachen, daß die Erlebnisse der drei Männer im Busch etwas mit dem Lauf der Geschichte und mit der mexikanischen Geschichte im besonderen zu tun haben. Der Versuch der Spanier, diese Mine auszubeuten, das Massaker durch brutalisierte indianische Zwangsarbeiter haben Folgen für die amerikanischen Goldsucher, die Jahrhunderte später in diese Gegend kommen. Durch die Skelette der Vorgänger gelingt es einer Gruppe von Männern, die Mine zu lokalisieren. Sie verschweigen ihren Kameraden den Fund. Aber die anderen Mitglieder der Expedition kommen ihnen auf die Schliche. Der Mord ums Gold beginnt von neuem.

Howard hat die Geschichte von der Grünwassermine als Abschreckung und Warnung erzählt. Auf Dobbs aber hat sie gerade die umgekehrte Wirkung. Er ist fasziniert. Er fragt sich, ob das alles nur

dummes Geschwätz ist, oder ob Wildnis und Gier nach Reichtum auch in der Lage sein werden, ihn zu verhexen.

Der nüchtern denkende Curtin hingegen will nicht gelten lassen, daß es mit Gold etwas Besonderes auf sich habe. Er sagt:

„Es ist nicht das Gold, das den Menschen verwandelt, als vielmehr die Macht, die sie mit Hilfe des Goldes ausüben können, die die Menschen so aufregt, sobald sie Gold sehen oder von Gold auch nur hören."

Die merkwürdige Eigenschaft von Gold, „die Seelen der Menschen zu verändern" wird deutlich, als die Männer unter großen Mühen beim Schürfen Erfolg haben. Die Ausbeute eines jeden Tages wird abends aufgeteilt, damit ein jeder seinen Anteil vor den anderen auch verstecken kann.

Auf sich selbst gestellt und voneinander abhängig, hält sie zunächst noch das gemeinsame Ziel und das Aufeinander-Angewiesensein bei der Arbeit zusammen. Aber schon treten die ersten ernsteren Spannungen auf.

Dobbs wird verschüttet. Curtin befreit ihn, und Howard bringt ihn wieder zum Leben zurück. Statt dankbar zu sein, spricht Dobbs von seinem Erstaunen, daß die beiden anderen ihn gerettet haben. Wäre er fünf Minuten länger unter dem Erdreich verschüttet gewesen, sie hätten seinen Anteil untereinander aufteilen können.

Ehe sie mit dem so mühsam erworbenen Schatz zurückreisen in eine zivilisierte Gegend, in einem Augenblick, in dem sie sich nach fast einem Jahr der Schinderei einander so verbunden fühlen, daß von „Kameradschaft", „Freundschaft" und „Bruderschaft" die Rede ist, erzählt Howard wieder einmal eine seiner Lehrgeschichten. Sie ist sehr lang. Sie zerbricht nahezu die Struktur der fortlaufenden Handlung des Buches, aber sie ist fast so wichtig wie das, was über die drei Männer selbst berichtet wird.

Es geht da um einen Indianerhäuptling, der einen blinden Sohn hat und dem christliche Mönche zu einer Pilgerfahrt zu einem wundertätigen Muttergottesbild raten.

Der Häuptling bringt die Opfer, unternimmt die Pilgerreise. Sein Sohn wird nicht wieder sehend.

Dieser Einleitungsteil hat ganz offensichtlich den Zweck, die abergläubischen Seiten des mexikanischen Christentums bloßzustellen und zu zeigen, wieviel Besitzgier und Herrschaftsanspruch in der Kirche vorhanden sind.

Als der Rat der Mönche und Priester nichts erbringt, wendet sich der indianische Häuptling an den weißen Arzt, Don Manuel Rodriguez. Der heilt seinen Sohn tatsächlich und erhält dafür eine Goldmine, die die Indianer zwar kennen, die sie aber selbst nicht ausgebeutet haben, weil ihnen der „Fluch des Goldes" bewußt ist.

In den Gesprächen zwischen dem Indianer und dem weißen Arzt wird die unterschiedliche Einstellung zu Gold klar herausgearbeitet. Der Indianer erklärt, daß sein Volk Gold nur zum Schmuck, nicht aber als Zahlungsmittel benutze:

„*Gold ist schön, und darum machen wir Ringe daraus ... aber wir machen es nicht zu Geld.*"

Die Indianer haben um Land, aber nie um Gold gekämpft. Die Erde, das Land tragen Früchte und ernähren den Menschen. Gold hingegen bringe Wahnsinn, Gier, Haß, Mord und Totschlag.

Der Indianer sagt auch, nicht ohne Anklang von Spott: „*Nach euren Sitten wird ja wegen Gold immer gemordet.*"

Doktor Rodriguez, der Arzt, wird bei der Erschließung der Goldmine getötet. Seine Frau, Doña Maria, tritt an seine Stelle. Brutal setzt sie sich gegen einen Landsmann durch, der ihr den Schatz abjagen will, indem er sie dazu zu zwingen versucht, ihn zu heiraten. Sie zieht dem frechen Freier die Peitsche quer übers Gesicht und läßt ihn dann hängen.

Es gelingt ihr, den Schatz bis nach Mexico City zu bringen. Dort gibt sie ihn dem Vizekönig solange in Verwahrung, bis sie nach Spanien zurückreisen wird. Nirgends, so meint sie, könnte er sicherer sein als in den Kellern des mächtigsten Mannes. Sicher ist er dort tatsächlich. Nicht der Schatz verschwindet. Es verschwindet nun Doña Maria. Und damit fällt der von ihr erworbene Goldschatz ganz legal an den Vizekönig.

Auf dem Rückweg durch den Busch, den die drei Goldsucher dann antreten, rettet Howard einem indianischen Jungen das Leben und kann nicht umhin, die Gastfreundschaft der Eltern anzunehmen. Auf Howards Einwand, sie müßten in die Stadt um dort Geschäfte zu machen, entgegnen die Indianer:

„Geschäfte laufen nicht davon... Geschäfte sind zäh wie das Fleisch einer alten Ziege. Geschäfte machen Sorgen. Warum wollen Sie sich Sorgen machen, wenn Sie es so gut bei uns haben sollen. Sie werden keine Sorgen haben, wir haben Musik und Tanz."

Curtin und Dobbs, die Howards Anteil mitnehmen, reisen schon voraus, sollen ihn in der zivilisierten Welt für den Kameraden auf der Bank einzahlen. Von nun an sind Dobbs und Curtin auf sich allein gestellt, ohne daß der lebenserfahrene ältere Mann seinen mäßigenden Einfluß auf sie würde geltend machen können.
Von Dobbs kommt der Vorschlag, sich des Anteils von Howard zu bemächtigen. Aber Curtin will da nicht mitspielen. Er sagt:

„Ich habe vor nichts Respekt. Aber etwas achte ich. Und das ist das, was jemand hart und treu mit seinen Händen erarbeitet hat..."

Für Dobbs sind das „bolschewistische Ideen", und Curtin erwidert, in diesem Punkt hätten Bolschewisten und Kommunisten dann eben recht.
Immer mehr steigern sich die beiden Männer in einen Verfolgungswahn hinein.
Dobbs beschuldigt Curtin der Heuchelei. Schon längst ist ihm angeblich klar, daß der andere plant, ihn umzubringen. Curtins Reaktion auf seinen Vorschlag, Howards Goldstaub für sich zu behalten, hat angeblich den Zweck gehabt, ihn in seiner Wachsamkeit einzuschläfern.
Tatsächlich klagt Dobbs Curtin genau dessen an, was er in Gedanken schon längst selbst zu tun beschlossen hat.
Die Tötungshemmungen bauen sich immer mehr ab. Bosheit und Mordlust werden als Notwehr und Selbstschutz gerechtfertigt.
Beide belauern sich, schlafen nicht mehr. Einer wird sterben müssen.
Eines Morgens treibt Dobbs Curtin in den Busch und schießt ihn dort nieder.
Ohne daß Dobbs davon weiß, wird der Verwundete von einem indianischen Köhler gefunden und in das Dorf zurückgeschafft, in dem Howard aufgehalten worden ist.
Das schlechte Gewissen führt bei Dobbs, der Curtins Leiche nicht mehr findet, zu Halluzinationen.

Zwischen den Ranken und dem Blattwerk des Dschungels sieht er menschliche Gesichter.
Selbst die Maultiere werden ihm unheimlich. In seinen Phantasien werden aus ihnen Wesen, in denen das Opfer symbolisch seine Auferstehung feiert. Nun gar nicht mehr allzu weit von der zivilisierten Welt entfernt und vermeintlich in Sicherheit, begegnet Dobbs drei

zerlumpten Tramps, die es vor allem auf seine Maultiere abgesehen haben.
Er stirbt unter einem ihrer Machetenhiebe. In einer ironischen Pointe wird der Goldstaub, um den Howard, Dobbs und Curtin sich ein Jahr lang geschunden haben, der Anlaß für Angst, Wahn und Totschlag wurde, am Ende vom Winde verweht. Die Diebe aber werden, als sie die Maultiere verkaufen wollen, von den Indianern festgenommen, an die Bundestruppen ausgeliefert und von diesen hingerichtet.

Die drei Hauptgestalten des Romans sind klar und deutlich gezeichnet. Howard ist der lebenserfahrenste unter ihnen. Weise geworden, entschließt er sich nach dem Fiasko am Ende, sein Goldsucherdasein aufzugeben und als eine Art Medizinmann bei den Indianern zu leben. Curtin, dessen individuelle Züge weniger scharf herausgearbeitet sind, spricht häufig von den Rechten der Arbeiter. Er verkörpert das soziale Gewissen. Dobbs dagegen ist der Mensch, der von allen am meisten zerstört und geschädigt ist. Er besitzt weder Curtins Sinn für soziale Gerechtigkeit, noch Howards Lebenserfahrung und Selbstvertrauen. Bezeichnenderweise ist gerade er es, der zum Mörder wird. Seine Angst und sein Zwang zu morden wurzeln in seinem rücksichtslosen Streben nach Besitz. Wenn wir Dobbs trotzdem nicht völlig verachten, sondern als Leser Verständnis für ihn aufbringen, so deshalb, weil ihm diese Haltung durch die wirtschaftliche Situation aufgezwungen worden ist. Er ist, wie viele, zugleich Opfer und Schuldiger einer Gesellschaft, deren oberstes Gesetz das Profitstreben darstellt.

Aber Traven bleibt nicht bei der Denunziation des Gewinnstrebens und der den Menschen in Macht- und Todesphantasien stürzenden Magie des Edelmetalls stehen.
Er zeichnet als Entwurf, als Utopie auch eine andere Form menschlicher Gesellschaft. Sie beruht auf der Fruchtbarkeit der Erde.
Der Indianerhäuptling gibt sich zufrieden mit der Liebe seiner Frau, seines Sohnes, mit dem, was auf seinen fruchtbaren Feldern wächst. Der „Weg der Erde" wird unmißverständlich als der „Weg der Indianer" gekennzeichnet. Es bleibt offen, ob es den weißen Männern noch freisteht, zu diesem Weg zurückzukehren.

Für die Weißen, so läßt sich zwischen den Zeilen des Buches herauslesen, kommt es vor allem darauf an, sich darüber klar zu werden, wie diese Haltung und dieser Lebensstil der Zufriedenheit verloren gegangen ist.
Es sind die Indianer, die wissen, daß auf Erden nur eines wichtig ist. Der Vater des von Howard geretteten Jungen spricht es aus: *„Es geht darum, zu leben und glücklich zu sein."*
Glücklich werden kann man nicht, solange man der Sklave des Goldes, der Sklave des Besitzes, der Sklave der Technik ist.

So drückt sich in „Der Schatz der Sierra Madre" eine Erfahrung aus, die Traven in Mexiko gemacht hat, die er von nun an nicht müde werden wird, in seinen Romanen wieder und wieder vorzuführen: Viele Weiße verachten die Indianer, nennen sie abergläubisch, fühlen sich über deren Bewußtsein und Erklärungssystem der Welt erhaben.
Dabei unterliegen sie aber selbst einem weit gefährlicheren Aberglauben, dem der Anbetung und Verherrlichung von Besitz.
Die private Geschichte der Goldsuche dieser drei Männer, auf der sich bei Dobbs und Curtin mehr und mehr deren Mord- und Besitzgelüste enthüllen, ist übertragbar auf die Rolle der kapitalistischen Industrienationen gegenüber der Dritten Welt. Der Ausdehnung des kapitalistischen Systems auf nicht-kapitalistische Gegenden der Welt, ohne die der Kapitalismus selbst nicht überleben kann, wohnt für diese von ihm neuerschloßenen Gebiete ein zerstörender Zug inne.
Der Kapitalismus zerstört Lebensformen und Bewußtseinszustände, die einem humanen Glück viel näherkommen als die Vorstellung, daß der Besitz und die Verfügungsgewalt über Menschen und Güter erstrebenswert seien.
Selbst wenn man kritisch einwenden mag, daß Traven die Indianer und ihr Leben idealisiert – die fürchterlichen Menschenopfer bei den Azteken werden in diesem Roman ebenso wenig erwähnt, wie die Bedrohung einfacher Lebensformen durch Naturgewalten. Fast immer sind die Indianer weiser und leben glücklicher als die Weißen, wobei die negativen Seiten ihrer „Zivilisation" einfach ausgeblendet werden – dieser Roman bleibt in seiner Einfachheit und seiner so anschaulich vorgeführten Botschaft eindrucksvoll.

FORMA DNE-2

IDENTIFICACION PERSONAL DEL INTERESADO

Nombre y apellidos: Traven Torsvan Torsvan.
País donde nació: E.U.A.
Nacionalidad actual: N.Americana.
Fecha en que nació: 5 marzo 1890.
Edad actual: 52 años.
Sexo: masc.   Color del pelo: rubio
Estatura: 1.68   Color de los ojos: azules.
Complexión: regular Nariz: recta
Color de la piel: blanco Mentón: regular.
Señas particulares proporcionadas por el interesado para su mejor identificación: ningun.
soltero.
Nombre y apellidos de sus padres: Burton Torsvan.
Dorothy Torsvan.

Asociaciones o sociedades a las cuales pertenece:
- Social
- Mutualista
- Económica
- Política

NOMBRE, APELLIDOS Y FIRMA DEL EXTRANJERO

HUELLAS DIGITALES
(IZQUIERDA)   (DERECHA)

Die Detektive der Identität

„Er war jung an Jahren, aber er hatte schon lange gelebt. Er war überall gewesen und hatte alles gesehen. Und er wußte, wo er gewesen war und was er gesehen hatte. Das machte, daß er sich von uns unterschied. Das macht es wert, über ihn zu schreiben. Er sei Skandinavier, sagte er mit einem Grinsen. Er trug seine Nationalität so beiläufig wie seine abgerissenen Schuhe. Er war ein Matrose mit einer Neigung, von Bord abzuhauen und quer durchs Land zu trampen, bis zum nächsten Hafen, und offensichtlich kannte er jede Pinte und jeden anderen Ort von Interesse in jedem Hafen unter der Sonne und in San Francisco..."

Jim Seymour, A Hobo in Mexico

Fragen danach, wer der Autor des „Totenschiffs" und des „Schatz der Sierra Madre" sei, hat es von Anfang an gegeben. Im Februar 1928 veröffentlicht die „Büchergilde Gutenberg" in ihrer Leserzeitschrift eine Notiz mit folgendem Wortlaut:

„Immer wieder werden wir gebeten, Auskunft über die Persönlichkeit des Verfassers zu geben. Wir können aber gar nichts über den Menschen B. Traven erzählen, da er es einfach verweigert, über sich selbst zu sprechen, und wir würden es auch nicht tun, weil wir wie Traven der Meinung sind, daß sich in jedem Werk der Dichter sowohl als auch der Mensch offenbart."

In den Briefen an die „Büchergilde Gutenberg" steht auch eine Bemerkung, die zumindest als offizielle Erklärung Travens dafür gelten kann, warum er auf seiner Anonymität bestand:

„Ich will meinen Teil dazu beitragen, daß die Autorität und Autoritätenverehrung verschwinden, daß jeder Mensch das Bewußtsein in sich stärkt, daß er genau so wichtig und unentbehrlich ist für die Menschheit wie jeder andere, ganz gleich, was er tut, und ganz gleich, was er getan hat."

Und ausdrücklich hatte früher Ret Marut im „Ziegelbrenner" verkündet:

„Ich bin nichts als ein Ergebnis der Zeit, das innigst wünscht, in die große Allgemeinheit wieder zu verschwinden, wie es völlig namenlos ... heute vor Ihnen seine Worte hinausschreien muß ..."

Ein anderes Argument für die Wahrung seiner Anonymität ist schon erwähnt worden: Traven will nur durch seine Texte wirken. Sein Privatleben geht keinen etwas an. Niemand hat das Recht, über ihn als Individuum zu urteilen. Rolf Recknagel meint dazu:

„Die mit philosophischem Axiom begründete Anonymität hatte ihre Ursache im persönlichen Konflikt mit der bürgerlichen Gesellschaft ..."

Das klingt überzeugend, sofern man Recknagels Hypothese von dem amerikanischen Theologiestudenten, der wegen eines Sittlichkeitsdeliktes die Universität verlassen muß, ja, sogar ins Gefängnis wandert, zustimmt. Gerade dies ist bei seiner Rekonstruktion des Traven'schen Lebenslaufes einer der Punkte, die nicht so recht überzeugen, vor allem, seitdem Will Wyatt eine vielleicht im Detail immer noch anfechtbare, insgesamt aber doch überzeugendere Erklärung für die frühen Jahre geboten hat.

1929 wird von Manfred Georg, der mit Traven korrespondiert hat, in einem Artikel der Weltbühne die Vermutung geäußert, Traven könnte mit einem deutschen Revolutionär identisch sein.

„Ich habe", schreibt Georg, „gefangen und überwältigt von dem Eindruck seiner Bücher, nur ganz wenige sachliche Briefe mit ihm gewechselt und weiß daher, daß er zur Zeit in Mexico City lebt. Er muß ein deutscher Revolutionär des letzten Jahrhunderts sein, dem das Versagen des Aufruhrs und der Hoffnung von 1918 gewaltig ins Blut gegangen ist. Auch Europa dürfte ihm zum Kotzen sein. Darauf läßt sein Ausspruch schließen: ‚Ich zähle mich nicht zu den Europäern. Die Europäer haben mir das abgewöhnt.'"

Dann kam das Dritte Reich. Damit wurden, zumindest im deutschsprachigen Raum, die Spekulationen über die Identität des Autors seltener. Jene Frauen und Männer, die Ret Marut noch gekannt haben mochten, saßen in KZs oder waren im Exil damit beschäftigt zu überleben oder den Kampf gegen den Nationalsozialismus zu organisieren.

Schon während der Ingenieur T. Torsvan alias B. Traven alias Ret Marut seine mexikanische Identitätskarte unterschreibt, besteht seit 1937 eine Beziehung zu Esperanza Lopez Mateos, der Schwester des späteren mexikanischen Staatspräsidenten. Sie ist um diese Zeit seine Bevollmächtigte bei Verhandlungen mit Geschäftspartnern, jene Sekretärin, die von Mexico City aus seine Korrespondenz abwickelt. Sie übersetzt im Laufe der Zeit acht von Travens Büchern ins Spanische, wobei Traven zunächst sorgfältig darauf achtet, daß keines dieser Bücher nach Mexiko eingeführt wird oder dort an die Öffentlichkeit gelangt.

Es ist auffällig, daß es in Maruts und Travens Leben immer wieder Frauen sind, die seine Abschirmung nach außen übernehmen. Zunächst Irene Mermet, dann die Indianerin Martinez, schließlich Esperanza Lopez Mateos, die 1948 auf einer Expedition zum Popocatepetl einen Unfall erleidet, an den Rollstuhl gefesselt bleibt und 1951 Selbstmord begeht.

Die Detektive der Identität, denen es vor allem darum zu tun ist, herauszufinden, wer sich hinter dem Namen B. Traven verbirgt, erwähnen, daß der Name R. E. Luján zum ersten Mal 1952 im Zusammenhang mit Traven und seinem Werk auftaucht. Mit der Zeit stellt sich heraus, daß die beiden Initialen für Rosa Elena stehen. Seit 1957 ist sie Travens Ehefrau. Zum ersten Mal begegnet sind sich die beiden schon 1937. Ein kanadischer Archäologe, der sich für Anthropologie und Fotografie interessierte, hatte sie miteinander bekannt gemacht. Vierzehn, fünfzehn Jahre später trifft dann Rosa Elena den Mann, der sich ihr als Mr. Torsvan vorgestellt hat, wieder. Diesmal nennt er sich Señor Croves. Im Juni 1970, bei einem Gespräch in Zürich erzählt sie:

„... Ich sagte ihm nicht, daß er sich damals Torsvan genannt habe, nun, wie eine gute Mexikanerin sagte ich überhaupt nichts. Ich wußte nicht, daß er der große Autor B. Traven war. Als ich angestellt wurde für die Übersetzungen, wurde mir gesagt, daß er der Vertreter Travens sei."

Rosa Elena Luján übersetzt seine Bücher und wird später zur „alleinigen Bevollmächtigten für sämtliche Verlagsangelegenheiten". Die Literarische Agentur R.E. Luján befindet sich bis 1965 in Mexico City in der Calle 353. Will Wyatt beschreibt Rosa Elena als „eine klein-

gewachsene elegante Frau mit dunklem Haar und dunkler Haut. Sie stammt aus einer prominenten Familie aus Yucatan, hat als junges Mädchen Kunst studiert, ist mit einem wohlhabenden Mann in erster Ehe verheiratet gewesen, von dem sie zwei Töchter hat."
Noch heute erscheint sie als eine schöne, selbstbewußte, lebenstüchtige Frau. Nach allem, was darüber bekannt geworden ist, scheint sie nicht nur mit ihrem schwierigen Ehemann glücklich geworden zu sein, sondern war auch genau die Person, die mit Intelligenz, Loyalität und Tatkraft seine Anonymität zu verteidigen wußte.

Unterdessen sind in den 30er Jahren in den USA mehrere Bücher von Traven in englischer Übersetzung herausgekommen. 1938 rechtfertigt der nordamerikanische Verlag in einem Artikel in „Publisher's Weekly" das Fehlen jeglicher biographischer Hinweise auf den Umschlägen. Der Autor habe einem Übersetzungsvertrag nur unter der Bedingung zugestimmt, daß kein Publicity-Rummel entfacht und keine Fragen nach seinem Lebenslauf und seinen gegenwärtigen Lebensumständen gestellt würden. „Man war weiterhin übereingekommen, daß die Reklame zurückhaltend und bescheiden zu erfolgen habe und jeweils nur Titel, Verfasser, Preis und eine stichwortartige Zeile zum Inhalt erwähnt werden dürften", berichtet Travens damaliger Lektor, Bernard Smith in einem Aufsatz in der „New York Times Book Review" im Jahre 1970 und bestätigt, daß Traven immer wieder darauf gedrungen habe, keine Angaben über seinen Aufenthaltsort und sein Leben oder Einsichten, die dem Lektor beim Redigieren seiner Manuskripte gekommen sind, an die Öffentlichkeit gelangen zu lassen. Diesen Bitten hat der amerikanische Verleger Knopf jedenfalls bis 1946 entsprochen. In diesem Jahr plant der bekannte amerikanische Regisseur John Huston, den Roman „Der Schatz der Sierra Madre" zu verfilmen.

Vor Beginn der Dreharbeiten kommt es zu einem Briefwechsel zwischen Regisseur und Autor. Traven macht darin interessante Vorschläge. Huston bittet Traven um ein persönliches Gespräch. Ein Rendezvous im Hotel Reforma in Mexico City wird vereinbart. Huston wartet dort mehrere Tage. Traven läßt sich nicht sehen. Dann stellt sich dem Regisseur ein gewisser Hal Croves, Übersetzer aus Acapulco, vor, ein dünner Mann mit grauem Haar, in Khaki gekleidet. Er überbringt einen Brief Travens, in dem dieser erklärt, Croves kenne sein Werk womöglich besser als er selbst.

Huston wirbt Croves als technischen Berater für 150 Dollar in der Woche an.

Bei den Dreharbeiten verbreitet sich das Gerücht, Croves sei Traven. Die Vorschläge, die er macht, werden immer bizarrer. Schließlich verläßt er das Filmteam, aber Huston erhält wieder Briefe, die teils mit Croves, teils mit Traven unterzeichnet sind. Sie sind auf verschiedenen Schreibmaschinen geschrieben, aber ganz offensichtlich stammen sie von ein und demselben Mann. Die große amerikanische Illustrierte „Life" greift den Fall auf. Man zeigt dem Filmschauspieler Humphrey Bogart, der die Rolle des Dobbs gespielt hat, Fotos, die erwiesenermaßen Traven abbilden. Bogarts Reaktion: „Klar kenne ich den Burschen. Schließlich habe ich zehn Wochen in Mexiko mit ihm zusammen gearbeitet." Es kann keinen Zweifel mehr geben. Croves ist Traven. Traven ist Croves. Das Ganze erinnert an Bert Brechts Theaterstück „Der gute Mensch von Sezuan". Da gibt es das Mädchen Shen Te, die sich, wenn die harte Seite herausgekehrt werden muß, in ihren grausamen Vetter Shui Ta verwandelt.

Die Redaktion von „Life" erhält einen Brief, in dem es heißt:

„... Mr. Huston, damals schon davon überzeugt, daß ich Traven sei ... zahlte mir lausige 100 Dollar in der Woche und bewies damit, wie wenig er von Traven hält..."
Tatsächlich aber hatte Croves alias Traven 150 Dollar in der Woche erhalten.

Das Interesse der Sensationspresse ist nun geweckt. Immerhin ist damals „Life", wenn nicht die größte, so doch die bekannteste Illustrierte der westlichen Welt. Wenn man sich bei „Life" für den „Fall Traven" interessiert, ist damit Geld zu machen, viel Geld.

Nun heftet sich ein ehrgeiziger und vor nichts zurückschreckender junger mexikanischer Reporter, Luis Spota, an Travens Fersen. Er findet heraus, daß Croves unter diesem Namen einen Scheck in einer Bank in Acapulco eingezahlt hat. Er überprüft die Namen aller Ausländer, die Bankkonten in der Stadt unterhalten und stößt auf einen Berick Traven Torsvan. Er geht die Namen aller Nordamerikaner in den Akten der mexikanischen Einwanderungsbehörden durch und entdeckt Travens Personalien und Adresse. Spota überwacht das Grundstück Cashew Parks. Er erfährt von einem Nachbarn, daß es einem schmalen, grauhaarigen Mann gehört, der seine blauen Augen hinter schwarzen Brillengläsern zu verbergen pflegt. Um weiter zu kommen, schreckt Spota nicht davor zurück, einen Postbeamten zu bestechen. Er erhält so den Beweis, daß es an B. Traven adressierte Briefe gibt. Der schmale grauhaarige Herr von Cashew Parks aber bestreitet, Traven zu sein. Er erklärt aber auch um diese Zeit:

„Als ich auf den Ölfeldern arbeitete, riefen sie mich immer den Schweden. Das ärgerte mich, und ich beschloß den Namen Torsvan, der typisch skandinavisch ist, nicht zu benutzen. Von da an nannte ich mich Traven."

Und er sagt ein andermal:

„Ich bin nicht Mr. B. Traven... Traven ist ein Junggeselle, der niemandem etwas zu leide getan hat, der keine Ehren will. Er will in Frieden leben."

Der Mann von Cashew Parks lädt Spota in sein Haus zum Mittagessen ein. Es gibt gebratene Gans. Bei Tisch erzählt er eine Fabel von einem Mann, der wilde Gänse jagen wollte und nur ein Phantom fand. Für Spota, der seine Erlebnisse im Magazin „Mañana" veröffentlicht, ist es klar, daß er Travens Identität aufgeklärt hat. Aber das Ergebnis ist eigentlich recht mager. Er hat bewiesen, was schon bekannt war, oder jedenfalls doch schon vermutet worden war: Traven ist Torsvan ist Croves.

Am 13. Dezember 1951 erhält Traven unter dem Familiennamen Torsvan endgültig die mexikanische Staatsbürgerschaft.

Das nächste Interview im Jahre 1966 gibt Traven einem Freund, dem Journalisten Luis Suarez, der später auch die Einleitung zu einer zweibändigen Auswahl aus Travens Werken in spanischer Sprache schreibt. Suarez händigt Traven auch eine „Erklärung über die Unabhängigkeit persönlicher Publizität" aus. Sie deckt sich mit einem Text, den er zusammen mit dem Text des „Totenschiffes" an die „Büchergilde Gutenberg" geschickt hat, und der im Heft 3 der Leserzeitschrift im Jahre 1926 abgedruckt worden ist:

„Von einem Arbeiter, der geistige Werte schafft, sollte man nie einen Lebenslauf verlangen. Es ist unhöflich. Man verführt ihn zum Lügen. Besonders dann, wenn er aus irgendwelchen Gründen glaubt, daß sein wahrer Lebenslauf eine Enttäuschung für die Menschen sein muß..."

Ein weiteres Gespräch führte Traven mit der amerikanischen Journalistin Judy Stone 1966. Jetzt nennt er sich wieder Croves und spricht von Traven und Torsvan in der dritten Person. Schon 1959 hat er zu der Premiere des Filmes „Das Totenschiff" Deutschland besucht. Auf dem Anmeldeformular des Berliner Hotels „Hilton", in dem er abgestiegen ist, findet sich die Angabe „Torsvan, genannt Croves".

Seit 1957 hat sich der damalige Bibliothekar Rolf Recknagel in der DDR mit der Literatur der Novemberrevolution beschäftigt. Er selbst berichtet über den Weg, auf dem er der Identität Ret Maruts mit B. Traven auf die Spur gekommen ist:

„Knotenpunkt der Lektüre wurde München. Bei der Sichtung der Zeitschriften stieß ich auf den Namen ‚Ziegelbrenner', dessen Schriftleiter Ret Marut war. Die eigenwillige und ausdrucksstarke Sprache des ‚Ziegelbrenner' hatte ich sehr gut im Ohr durch meinen Lehrstoff, zu dem auch die Werke B. Travens gehörten."

Recknagel gibt freimütig zu, daß andere vor ihm schon auf diese Spur gestoßen waren, nämlich Leopold Spitzegger im August 1946, der sich auf Überlegungen von Erich Mühsam und Rudolf Rocker berief, „die einwandfrei ergaben, daß Ret Marut, der Herausgeber des ‚Ziegelbrenners' niemand anderes sein kann als B. Traven." Unabhängig davon hatte auch schon der bayerische Schriftsteller Oskar Maria Graf im Juni 1948 eine solche Vermutung angestellt. Als am 26. März 1969 der graue dünne Mann in der Calle Mississippi in Mexico City stirbt, hinterläßt er ein am 4. März 1969 geschriebenes Testament, in dem er bestätigt, was auch die Detektive der Identität in mühevoller Kleinarbeit bis dahin herausgefunden haben. Einst hat dieser Mann Ret Marut geheißen. B. Traven ist sein literarisches Pseudonym, Traven Torsvan der bürgerliche Name für einen mexikanischen Paß. Als Hal Croves ist er als sein eigener Agent aufgetreten.

Diesen Tatbestand hat Rolf Recknagel aber schon zuvor, letztlich vor allem durch Textvergleiche, geklärt. In seinem später mit dem Heinrich-Heine-Preis 1970 ausgezeichneten Buch „B. Traven – Beiträge zur Biografie" ist es ihm gelungen, den Lebensweg Ret Maruts ab 1907/08 zu rekonstruieren. Was ungeklärt bleibt, ist Herkunft und Geburt von Ret Marut. Hier schienen zunächst die Nachforschungen des „Stern"-Reporters Gerd Heidemann einen Schritt weiter zu führen. 1966 spricht er zunächst im Juli mit Señora Rosa Luján, die bei diesem Besuch im Arbeits- und Wohnzimmer von Traven, der selbst nicht anwesend ist, nach Angaben Gerd Heidemanns mit Hinweis auf eine Photographie an der Wand gesagt haben soll:
„Sein Leben lang war mein Mann ein Revolutionär, ein Anarchist, trotzdem hängt heute noch das Porträt Kaiser Wilhelm II. über seinem Schreibtisch. Der Kaiser war nämlich sein Vater."
Tatsache ist, daß auf Fotos von Traven eine frappierende Ähnlichkeit mit dem angeblichen Vater, und mehr vielleicht noch mit dessem legitimen Sohn besteht.
Bei dem Foto des Kaisers müssen wir uns noch einen Augenblick aufhalten. Ganz abgesehen von Frau Lujáns Dementi – was hat man davon zu halten?
Ist es nicht doch ein Hinweis darauf, daß Ret Marut ein illegitimer Sohn des hohen Herrn ist? Ich glaube nicht. Wahrscheinlicher

erscheint mir, daß sich Traven selbst mit diesem Bild an etwas erinnern wollte. An die Fragwürdigkeit von Ähnlichkeiten? – Vielleicht. An den guten Nutzen, den er irgendwann einmal aus dem Gerücht, er sei der Sohn Wilhelm II. und dessen Beglaubigung durch die Ähnlichkeit auf dem Bild gezogen hatte? Auch möglich.
Tatsache ist aber auch, daß Señora Luján-Torsvan entschieden bestreitet, den von Heidemann zitierten Satz je gesagt zu haben.
Gerd Heidemann ist bei seinem Aufenthalt in Mexico City dann im August 1966 auch Traven selbst begegnet. Er hatte allerdings zuvor versprechen müssen, ihm keine Fragen zu stellen. Seinen Eindruck schildert er so:

„Ein alter, magerer Mann kam mit mühsamen Trippelschritten durch den Raum. Seine Hände zitterten. Dicke Brillengläser verspiegelten den Ausdruck seiner Augen. Das Hörgerät funktionierte mangelhaft und machte ein lockeres Gespräch unmöglich. Aber er trank noch gern vom Kaktus-Schnaps Meskal..."

Aufschlußreicher ist der Bericht von Hans Erich Lampl, der im November 1967 nach Mexico City reist, um Traven für die norwegische Zeitung „Aftonposten" zu interviewen. Er kann ein Empfehlungsschreiben des mexikanischen Botschafters in Norwegen, Rodolfo Usigli vorweisen. Rosa Elena Luján-Torsvan ist die Patin der Tochter des Botschafters.
Lampl triff Frau Luján. Er erscheint ihr offenbar vertrauenswürdig. Sie kündigt ihm die Einladung zum Essen an. Auch ihr Mann werde dabei sein. „Sie wissen, daß er Traven ist, aber vergessen Sie nicht, daß Sie mit Hal sprechen wollen."
Zweimal wird er in die Calle Mississippi eingeladen. Traven erscheint nicht.

„Als ich das letzte Mal zum Lunch kam", berichtet Lampl in einem dann im April 1969 in Norwegen veröffentlichten Bericht, „es war am 28. November 1967, dachte ich: aller guten Dinge sind drei. In zwei Tagen wollte ich abreisen. Jetzt oder nie. Ich wurde der jüngsten Tochter vorgestellt, welche gerade aus Moskau zurückgekommen war. Malu, die in Paris studierte, drückte ihre Verbitterung aus über die Verhältnisse in der UdSSR, über die Gleichgültigkeit der Menschen dort gegenüber dem, was in der übrigen Welt geschieht:

Raumfahrt und USA, die Rivalität zwischen den Supermächten. Der Name Che, der die intellektuelle Jugend des amerikanischen Subkontinents stark zu beschäftigen scheint, wurde genannt. Er war fünfzig Tage zuvor umgekommen. Sollte ich aus ihrer Bemerkung den Schluß ziehen, daß man in Moskau diese Nachricht mit Eiseskälte entgegengenommen hat? Ich erwähne dieses Präludium nur, weil es Malus Bemerkung war, die dann bei Tisch Traven die Zunge löste. Plötzlich kam er herein und hieß mich herzlich willkommen. Der Dialog wurde englisch geführt, doch der Akzent schien klar erkenntlich deutsch.

Schweigen. Man trinkt. Prolog, Bemerkungen über Usigli, den er als Schriftsteller schätzt. Trotz ihrer Freundschaft... Pause. Ich mustere seine Gestalt, seine Physiognomie. 1,75 groß, leptosomer Typ, scharfe, harte aristokratische Züge. Ich erinnere mich an die These: Sohn des Kaisers. Nicht schlecht. Der Kopf erinnert an den Tranceds bei Ibsen. Alter 70 bis 75 Jahre. Später erfuhr ich, daß er 77 Jahre alt war. Weiße Haare mit Scheitel. Schlechte Augen. Schwierigkeiten beim Hören, er braucht einen Apparat. Er zittert. Auch seine leicht heisere Stimme zittert. Anzug: einfach, sportlich, sonst trat er in Hemdsärmeln auf. Unkonventionell in der Art, sich zu geben. Ganz in sich versunken. Plötzlich abwesend, den Blick in weite Ferne verloren, aber dann wieder der absolute Kontrast: Mitlebend bis zum Zerspringen, explosive Vulkanausbrüche, was die Mimik und die Gesten angeht. Wie wenn er mit dem ganzen Körper denken würde. Aufruhr, Sorge, Scham, Verzweiflung. Ab und zu Zartheit. Plötzlich läßt sein Erinnerungsvermögen nach, und es geschieht, daß er den Gast vergißt..."

Interessant sind die politischen Ansichten bei dem nachfolgenden Tischgespräch:

„Er erinnert sich an Norwegens heroischen Widerstand. Von diesem Ausgangspunkt folgt ein Monolog über das Schicksal der kleinen Nationen und die Willkür in einer Welt, in der Großmachtraubtiere dominieren. Am Schlimmsten zieht er über die Deutschen und Russen her, aber auch das State Department würde sich über Travens Bemerkungen, den riesigen Nachbaren im Norden betreffend, der Mexiko amputierte und eine Hälfte seines Territoriums nahm und behielt (Texas), nicht sehr freuen. ‚Unabhängig davon, wo ich geboren wurde, ich bin Mexikaner. Dies ist mein Vaterland. Ich liebe es. Es ist ein Land des Friedens. Unser Land hat eine große Zukunft. Es wird der Tag kommen, da werden die Großmächte ihre Rolle ausgespielt haben ... für immer.'

Je länger er redet, desto mehr erkenne ich den Unterton des Orkans wie im ‚Totenschiff'.

‚Der Nationalsozialismus war kriminell von Anfang an. Der Kommunismus, der in seinem Anfang gesunde Keime hatte, degenerierte nach und nach. Neonazismus? Pfui Teufel!'
Er schreit, sein Gesicht verzieht sich zu einer Grimasse. Er ringt die Hände. Seine Frau muß ihn beruhigen."
Das Gespräch zwischen Traven/Torsvan und Lampl dauert an die drei Stunden. Irgendwann ist die Rede von einem Theaterstück des Tirolers Karl Schönherr mit dem Titel „Erde".

„Traven buchstabiert langsam. Erde. Erde. Nur wer Deutsch zur Muttersprache hat, kann das ‚E' so aussprechen.
‚Wie konnte ich dies vergessen! Ich liebe ja die Erde. Genauso wie das Meer und den Himmel. Sogar den Menschen, trotzdem es so schwierig ist, sich die Liebe zum Menschen zu erhalten. Es ist einfacher mit den Tieren und Vögeln.' Er geht auf die Veranda und spricht mit dem Vogel ..."

Lampls Bericht ist ein ergreifendes Dokument. Selten sonst ist man der Wirklichkeit dieses Menschen so nahe wie in ihm.
Zu dieser Zeit ist Traven schon ein vom Tode gezeichneter Mann. Er leidet an Nierenkrebs. Er sagt:

„*Wenn man im Bett liegen muß, ohne etwas schaffen oder arbeiten zu können, so ist es viel besser, sich zu erschießen, wie Hemingway es tat ... doch man muß eben ein Gewehr zur Hand haben.*"

Nach seinem Tod wird die Leiche verbrannt, die Asche an der Küste des Stillen Ozeans über der Provinz Chiapas verstreut.
Aber mit dem Tod hört die Spurensuche der Detektive nicht auf.

Zwischen 1977 und 1980 hatten Robert Robinson und Will Wyatt viel Zeit und beträchtliche Geldmittel, um für einen Fernsehfilm der BBC die Welt nach Spuren des Lebens B. Travens zu durchforschen. Wyatt hat die Geschichte dieser Suche nach einem „Unsichtbaren" dann in seinem Buch „The Man who was B. Traven" nacherzählt, das 1980 bei Jonathan Cape und 1982 im Papyrus Verlag, Hamburg erschienen ist. Die Entdeckung Wyatts besteht in den Eintragungen über die Geburt Otto Wieneckes und seine Ehelichkeitserklärung bei der Heirat seiner Eltern im Standesamtsregister von Schwiebus (Swiebodzin) und in der Verknüpfung dieser Spur mit den Aussagen von Margret Henze und Ernst Feige, die inzwischen 1981 in Gronau bzw. 1982 in Hameln verstorben sind und mit denen Wyatt Geschwister von B. Traven entdeckt zu haben glaubt.

Auf einen Zusammenhang zwischen Feige-Marut-Torsvan und Traven ist Wyatt gestoßen, als er gemäß dem sogenannten „Freedom of Information Act" das FBI um Auskunft bat. Tatsächlich hatte es sich für den Autor interessiert, „weil seine Bücher eine starke radikallinke Botschaft" vermittelten. Wichtiger aber war der Satz aus einem Brief vom 22. Januar 1924, in dem ein Angestellter oder Diplomat an der amerikanischen Botschaft in London an einen Norman Armour im Büro des Unterstaatssekretärs in Washington schreibt:

„... dieser Mann (Ret Marut) fiel der hiesigen Polizei auf, weil er innige Beziehungen zu kommunistischen Kreisen hatte und nun wegen unterlassener Anmeldung einsitzt. Jetzt sagen sie mir, daß er gestanden hat, daß sein richtiger Name Otto Albert Max Feige ist, und daß er in Schwiebus in Deutschland 1882 geboren wurde ..."

Treffen Wyatts Annahmen zu, dann wären die in der Recknagel'schen Rekonstruktion des Lebenslaufs Travens übriggebliebenen weißen Flecken weitgehend auch verschwunden.

Daß damit aber die Traven-Detektive längst noch nicht arbeitslos werden, beweist eine Veröffentlichung, die mir ein Freund sandte, als ich schon an der Niederschrift meines Manuskriptes war. In einem „Katalog neuer radikaler Publikationen" mit dem Titel „News from Neasden" wird im Frühjahr 1981 ein haarsträubender Text abgedruckt. Nachdem in einem Vorspann erklärt worden ist, Wyatt und Robinson hätten „ziemlich überzeugend" nachgewiesen, daß Torsvan, Traven, Marut und Otto Wienecke Namen ein und derselben Person gewesen sind, heißt es dann weiter:

„Aber war die B. Traven Geschichte tatsächlich so einfach? ‚News from Neasden' hat eine Reihe von Briefen aus Australien erhalten.

Durch diese sind wir autorisiert, die folgende Erklärung abzudrucken:

„Aus Gründen, die noch klar werden, ist dies nicht die rechte Gelegenheit, um die genauen Einzelheiten meines Lebenslaufs darzulegen. Ich bin lange genug im Unterhaltungsgeschäft gewesen, um zu wissen, daß man immer nur soviel vorweisen muß, um die Neugier des Publikums wachzukitzeln. Da jedoch so viele meiner Bücher wiederveröffentlicht werden, scheint es mir an der Zeit, Ret Marut zu widersprechen und die Wahrheit über B. Traven zu enthüllen.

Ich bestreite nicht, daß Ret Marut einiges zu den Geschichten beigetragen hat. Er war ein guter Journalist. Er verstand etwas von Bearbeitungen. Doch einen Punkt, den Robert Robinson in seinem netten kleinen Fernsehprogramm nie zu erklären vermochte, ist doch: wie konnte Ret Marut, kaum daß er mit dem Schiff aus Europa angekommen war, sofort Romane über Mexico schreiben? Und nebenbei: würden Sie von jemandem eine Geschichte kaufen, der Richard Nixon in seiner Fernsehshow vorführt? Manche Leute sind schamlos. Ich rede nicht von Richard Nixon, obwohl er der Grund war, weshalb ich die Staaten verließ. Nach seiner Niederlage 1962 in Kalifornien kam Richard Nixon durch die Jack Parr Show als Klavierspieler ins Fernsehen zurück. Er arbeitet jetzt als Rechtsanwalt für die Republikanische Partei.

Jedenfalls werden es Leute wie ‚Ret Marut' und Robert Robinson sein, über die ich schreiben will. Ich traf ‚Ret Marut' zum ersten Mal in einer Bar in Tampico, als er große Geschichten erzählte. Das heißt, eigentlich erzählten andere Leute Geschichten, ‚Ret Marut' machte sich Notizen.

Die einzige Geschichte, die er erzählte, war eigentlich die, daß man etwas nur häufig genug abstreiten muß und die Leute glauben es. Ich hätte merken müssen, daß er keine Skrupel kannte. Er sagte zum Beispiel, in Deutschland habe er immer wieder abgestritten, der uneheliche Sohn des Kaisers zu sein und ein paar Monate danach seien dann Gerüchte aufgekommen, daß es sich so verhalte. (...)

Arbeiten Sie nie mit einem Anarchisten zusammen. Es ist ganz lustig, sich mit so jemandem zu unterhalten, aber arbeiten Sie nie mit ihm zusammen. Die meisten Sozialisten sind vernünftig genug, um zu wissen, daß Sozialismus nur ein akademisches Thema unter vielen ist, aber Anarchisten haben keinen Sinn für Geschichte und versuchen das zu nehmen, was sie sich wünschen, wenn sie es bekommen können. Ich weiß nicht, ob er vorhatte, mich auszunehmen, als wir damit anfingen, zusammenzuarbeiten. Er redete viel von kollektivem Schaffen und von der Anonymität des Künstlers. Er sprach auch von Verlagskontakten in New York. Zu dieser Zeit machte ich mir keine großen Gedanken um Geld. Ich gab ihm nur meine Geschichten und er schrieb sie ein wenig um. Der Name B. Traven war sein Einfall, wie ich zugeben muß. Irgendwie tut er mir leid. Wenn das, was er erzählte, wahr war, dann spielte sich gegen Ende des ‚Ziegelbrenners' etwa dieses ab. Im November 1918 eine Überschrift ‚Es dämmert der Tag', im Februar 1919 die Schlagzeile über einem Leitartikel ‚Die Weltrevolution beginnt', dann noch eine Ausgabe und er mußte untertauchen, weil er ein ‚Mitglied des Propagandaministeriums' gewesen war. Ich glaube, es war, als die Filmleute sich für unsere Geschichten interessierten, daß ‚Ret Marut' anfing, gierig zu werden. Er nahm den Namen Hal Croves an, traf die Filmleute, und als er den ersten dicken Scheck bekommen hatte, heuerte er einige Banditen an, ließ mich kidnappen und in einen entlegenen Teil des Dschungels im Süden von Mexico verschleppen, wo ich für zwanzig Jahre lebte. Sie werden das vielleicht nicht glauben wollen. Das wird sich ändern, wenn Sie mein demnächst erscheinendes Buch gelesen haben.

Unser Abkommen sah vor, daß wir die Honorare 50 zu 50 teilen würden, obwohl es meine Geschichten waren. ‚Das Totenschiff' war ‚Ret Maruts' eigene Geschichte. Ich habe ihm dabei geholfen, aber Rosa Elena kann die Honorare gern behalten, was dieses Buch angeht. Auch erhebe ich keine Ansprüche auf ‚Aslan Norval' das er allein geschrieben hat. Ich will allerdings die Hälfte aller Einkünfte an allen anderen Büchern.

Die Geschichte meines Lebens in Mexico, ehe ich ‚Ret Marut' traf, wie ich mit ihm arbeitete, wie er mich betrog, wie ich im mexikanischen Dschungel lebte, wie ich entkam und was ich seither getan habe, ist interessant. Sie steht in meinem Buch, und ich werde sie dem Verleger schicken, der mir meine Honorare schickt. Schecks können gesandt werden an ‚News from Neasden'. Sie schicken sie an mich weiter. Sie handeln in meinem Auftrag. Nächstes Jahr (1982) feiere ich meinem 90. Geburtstag. Ich bin Ret Marut nach all den Jahren nicht mehr böse. Ich will nur mein Geld..."

Mystifikation, getarnte Attacke gegen Robert Robinson, ein literarischer Witz? Schwer zu entscheiden. Die beiden Schlagzeilen aus dem „Ziegelbrenner" stimmen. Aber seitdem es seit Dezember 1976 wieder eine Faksimileausgabe dieser Zeitschrift gibt, verbreitet allerdings nur in einer Auflage von 1000 Exemplaren, kann schließlich jedermann diese Überschriften ohne große Schwierigkeit darin nachschlagen.

So mutet denn die von dem anonymen Neunzigjährigen angedeutete Geschichte mehr wie die Parodie auf die Bemühungen aller literarischen Detektive an. Doch auch in diesem Fall scheinen Überraschungen nicht ausgeschlossen. Die Welt ist rund, das Leben bunt und kurios. Manche Lebensläufe in dieser unserer Zeit, die der Realität entsprechen, würde kein Romanautor seinem Leser glaubhaft machen können. Sie haben einfach, wie Heinrich Böll das einmal genannt hat, „zuviel Wirklichkeit".

Der Ziegelbrenner

2. Jahr   9. November 1918   Heft 5/6/7/8

Es dämmert der Tag

Sturm naht!
Es dämmert der Tag.
Seid bereit!
Schlaf aus den Augen, Gesellen!
Es dämmert der Tag.
Ein neuer Tag.
Ein neuer Tag?
Ein neuer Tag???
Seid bereit!
Denket nach!
Worte, Worte, nichts als Worte stürmen auf mich ein.
Wo bleibt die Tat?
Der neue Tag?
Ein Keulenschlag ist keine Handlung; ein Mord ist keine Tat.
Denket!
Ein einzig einzig Mal nur denket nach
Und es stürzt die Welt in Trümmer.
Sei's drum.
Wagt es!
Denket!
Aber Worte, Worte, nichts als Worte stürmen auf mich ein.
Schlagt die alte Welt in tausend tausend Splitter!
Dem losen Wüstensande macht sie gleich,
Daß auch nicht ein einziger alter Mauer-Rest
Der Neuen Welt das Sonnenlicht verdunkelt.
Klammert Euch nicht fest an Worte!
Klebt nicht fest an alter Weisheit!
Arbeit!
Volle, ganze, rücksichtslose Arbeit!
Die Wägenden, Ueberlegenden, die Zagenden, Recht-Ueberdenkenden
Halten früh genug Euch auf.
Denket!
Denken nur macht Euch zu Freien,
Denken nur macht Euch der Gottheit gleich.
Denket nach!
Sturm naht.
Es dämmert der Tag.
Seid bereit, ihn zu empfangen!
Schlaf aus den Augen, Gesellen!
Stehe Jeder für die Eigene Sache!
Die Eigene Sache nur ist die der Menschheit.
Sturm naht.
Es dämmert der Tag.
Denket nach!

———♦♦———

Die Dschungelromane

„Du mußt fühlen können, daß der Künstler dich persönlich gemeint hat, daß er dich in deiner Seele zu sprechen wünscht, daß du, ohne etwas über ihn und seine Person zu wissen, das Gefühl hast, daß er dir genau das sagen wollte, was du längst schon selber zu dir sagen wolltest..."

B. Traven, Der Künstler

Zwischen 1931 und 1940 sind die sechs Dschungelromane von Traven erschienen. Er wird, vor allem mit diesen Büchern, zu einem mexikanischen Autor, wie sie denn auch eine wichtige Epoche mexikanischer Geschichte in einem bestimmten Teil des Landes aus der Sicht der Indios darstellen.

Erzählt wird von den katastrophalen Zuständen vor der mexikanischen Revolution in Chiapas, vom Aufstand der indianischen Arbeiter in den sogenannten Monterias (Holzfällerplantagen). Die Indios, durch die Mexikaner spanischer Herkunft ihres Grund und Bodens beraubt, wurden als billige Arbeitskräfte in diese Holzfällerlager gepreßt. Daß die in diesen Romanen geschilderten Zustände nicht auf Chiapas begrenzt waren, wird einem klar, wenn man einen Blick in die Sozialstatistik und in die Berichte über Produktivkräfte und Produktionsverhältnisse im Land wirft.

1895 machen die sogenannten peones 62% der mexikanischen Gesamtbevölkerung aus. Die peones wiederum zerfallen in zwei Hauptgruppen: die acasillados, die an eine Hacienda gebunden sind und die Einwohner der freien Dörfer. Die acasillados leben meist seit Generationen in Hacienda-Dörfern und in Schuldknechtschaft, eine Form der Abhängigkeit, die nach Abschaffung der Sklaverei entstanden ist. Ihr Arbeitsverhältnis ist unlösbar. Ihr Nominallohn wird ihnen in Naturalien oder in eigenem Hacienda-Geld ausgezahlt. Tienda de raya heißt der Hacienda-Kaufladen, in dem die Schulden der Peones angeschrieben werden und in denen nur mit Hacienda-Geld gezahlt werden konnte.

Die freien Dörfer machten 1910 nur 16% aller Landgemeinden aus. In ihnen lebten selbständige Kleinbauern, von denen viele durch Enteignung ihrer Äcker beraubt, zu Saisonarbeitern geworden waren. Die wirtschaftliche Entwicklung zwischen 1876-1910 wird durch die Urbanisierung bestimmt. Die Einwohnerzahl von Mexico-City verdoppelt sich, desgleichen die der Hauptstädte der Bundesstaaten sowie der Bergbau- und Transportzentren im Norden. Weniger als 1% aller Familien im Land besitzen etwa 85% der landwirtschaftlichen Nutzfläche. Durch eine groß angelegte Zerschlagung der „ejidos", der Ländereien in kollektivem Dorfbesitz, wird ein Proletarisierungsprozeß der bäuerlichen Bevölkerung ausgelöst, durch den wiederum für den städtischen und den ländlichen Sektor ein Reservoir an billigen Arbeitskräften geschaffen wird. Während die Löhne nur gering steigen, erhöhen sich die Preise für Grundnahrungsmittel in den letzten beiden Jahrzehnten der Diaz-Diktatur um 300%. Während sich die Produktion von Gummi, Zucker, Sisal, Kaffee, Vanille, Baumwolle und Tabak erhöht, ist die Getreideproduktion der Großgrundbesitzer ungenügend. Mexiko muß Nahrungsmittel einführen.

Die fortschreitende Konkurrenz ausländischen Kapitals, das zum Teil den mexikanischen Großgrundbesitzern die Preise diktiert (so bei Sisal) führt dazu, daß der Druck nach unten weitergegeben wird.

„Der Süden", so schreiben zwei Experten Olav Münzberger und Michael Nungesser, „wird unter Diaz zu einem Gefängnis für Hunderttausende. Jeder Widerstand gegen die Diaz'sche Agrarpolitik wird unterdrückt: durch die Armee, durch die wegen ihrer Brutalität gefürchteten ‚rurales', einer aus ehemaligen Kriminellen zusammengesetzten berittenen Landpolizei und den für ihre Korruption berüchtigten ‚jefes politicos', den Distriktchefs, denen die rurales unterstanden."

In den drei ersten Romanen des Zyklus, „Der Karren", „Regierung" und „Der Marsch ins Reich der Caoba" wird nun diese Situation mit bedrückender Eindringlichkeit lebendig.

Da ist der Indianer Candido, der sich durch eine Blinddarmentzündung seiner Frau verschulden muß. Sie stirbt, ehe es ihm gelingt, das Geld für den Arzt aufzutreiben, aber dieser besteht, Tod hin, Tod her, darauf, bezahlt zu werden. Der Agent, Don Gabriel, begleicht Candidos Schulden. Dafür erhält er das Recht, den Indianer an eine Monteria zu verkaufen. Wenn er die Strapazen und Torturen dort überlebt, wird er nach zwei Jahren frei sein.

Ganz ähnlich wie der Heizraum im „Totenschiff", so erweist sich die Monteria als Grund der Hölle. Die Menschen, die hier schuften, sind ihrer Identität beraubt. Sie betrachten sich als Soldaten in einer Armee von Gehenkten. Aber auch hier findet, wie im „Totenschiff", Tod und Wiedergeburt statt. Aus der Hölle der Monterias entsteigen die zu allem entschlossenen Revolutionäre. Jeder der Holzfäller muß täglich drei Tonnen von Ästen befreiten Holzes abliefern. Wer das Pensum nicht schafft, wird eine halbe Nacht an einen Baum gehängt. Wenn jemand stirbt, zeigt der Besitzer des Lagers nur dann Betroffenheit, sofern er dadurch eine gute Arbeitskraft verliert.

Es mag diese Beschreibung repressiver und revolutionärer Grausamkeit gewesen sein, die westdeutsche Verlage und Buchgemeinschaften lange davor zurückschrecken ließen, den Caoba-Zyklus herauszubringen. (Siehe dazu Gespräch des Autors mit Theo Pinkus im Anhang.)

Zum ersten Mal lehnt sich Urbano auf, als dieser ihn nach einem Fluchtversuch geschlagen hat. Es kommt zur Blendung von Don Acacio, dem brutalsten unter den Montellano Brüdern.

Auch ein anderer Arbeiter, Candido, versucht zu fliehen. Ihm schneidet Don Felix, ein anderer der Montellano-Brüder, zur Strafe die Ohren ab. Ein Sohn Candidos kommt bei dem gescheiterten Fluchtversuch des Vaters um. Als Modesta, Candidos Schwester, von Don Felix belästigt wird, bricht die Revolte los. Die Gewalttaten der Indios kennzeichnet Traven als die Reaktion von Menschen, die zu Tieren herabgewürdigt worden sind.

Die Indios erheben sich mit der Parole, unter der die Scharen Emiliano Zapatas kämpften: Land und Freiheit.

Modesta, die vergewaltigt werden sollte und das Schicksal ihrer beiden Neffen beklagt, nimmt nun grausame Rache. Don Felix wird an einem Ohr aufgehängt, später abgeschnitten und von den Indio-Jungen langsam zu Tode gefoltert.

Die Indios wollen sich nicht nur ihre Freiheit wiedererobern, sondern auch das ihnen gestohlene Land. Ein Agitator erklärt ihnen, daß der Aufstand nur dann eine weitreichende Wirkung haben werde, wenn alle Papiere und Dokumente vernichtet werden. Trinidad, der gebildete Anführer der Rebellen, wird zur Stimme des Autors.

Entschieden ist „Der Marsch ins Reich der Caoba" gegenüber dem dann folgenden Roman „Die Rebellion der Gehenkten" das wirksamere Buch. In ihm konzentriert er sich auf die Rache eines einzelnen Mannes, auf die Celsos.

Celso und Andreas marschieren zu dem Holzfällerlager, in dem die Rebellion stattfinden wird.

Celso bleibt solange dort, bis er das Geld verdient hat, das er braucht, um das Mädchen zu heiraten, das er liebt. Da er ein geschickter

Arbeiter ist, will ihn Don Gabriel nicht ziehen lassen. Die beiden Aufseher stacheln Celso zu einem Kampf auf, für den er mit einer langen Gefängnisstrafe bestraft wird. Da er die Ablösesumme nicht aufbringen kann, bliebt ihm nichts anderes übrig, als Don Gabriel darum zu bitten und sich selbst in der Monteria für zwei weitere Jahre zu verdingen. Celso rächt sich. Sein Haß konzentriert sich auf die beiden Aufseher. Er hat keine Angst. Er ist ein Mann ohne Zukunft: *„Von nun an kümmerte ihn nichts mehr. Er würde das Mädchen vergessen, ihren Vater, seine fünfzehn Kinder. Er gehörte zu den Toten, und so stand es ihm frei zu tun, was ihm gefiel."*

Ganz ähnlich wie im „Totenschiff" wird hier hinter allem Elend, aller Bedrängnis ein Zustand der Freiheit und Furchtlosigkeit erreicht. Hier hat tatsächlich einer nichts mehr zu verlieren als seine Ketten. Auf einem langen Marsch schlägt Celso den ersten Aufseher, El Zorro, mit einem schweren Ast nieder. Der Mann wird von seinem eigenen Pferd zu Tode geschleift. Am Ende ist der Aufseher ohne Gesicht, seine Leiche ist kaum noch identifizierbar. Verlust der Identität und ein Tod, bei dem niemand um einen klagt, das sind die Strafen für El Zorros Verrat an Celso.

Auch El Camarón, der zweite Aufseher, findet einen grausamen Tod. Die Leiche musternd, bemerkt der Agent, Don Ramón: *„Danach zu urteilen, wie er uns anstarrt, würde ich darauf schwören, daß er unterdessen schon in der Hölle braten muß..."*
Ein ironischer Totengottesdienst mit einer Predigt und die Bemerkung von Don Ramón, der Tod des Aufsehers gehe ihm nahe, sind vorsichtige Hinweise darauf, daß der Autor selten bei Gewalttaten Triumphgefühle hat. Er ist sich vielmehr bewußt, daß die Mechanik von Gewalt und Gegengewalt furchtbar ist, ohne freilich dem Leser an Härte etwas zu ersparen.

Immer wieder in diesem Roman wird die Handlung durch lange Passagen unterbrochen, die wie Preislieder auf die Natur wirken.
Die Schönheit der Natur wird deshalb verherrlicht, weil mit ihr ein Stück Welt auftaucht, das zunächst von den Übeln der Ausbeutung und des Profitstrebens noch nicht berührt worden ist. Die alte Kultur der Indianer betrachtet Traven – ob zu Recht oder zu Unrecht, mag dahingestellt bleiben – als eine Gesellschaft, in der der Mensch mit der Natur in Harmonie lebte. Die Spanier haben Mexiko in seinen Augen ihre unnatürliche europäische Zivilisation aufgezwungen. Somit ist die Rebellion der Indianer ein Schritt auf das Paradies zu, das sich in dem Schlußband „Ein General kommt aus dem Dschungel" wenigstens andeutungsweise verwirklicht, als die Indios ein Dorf mit dem Namen „Solpaz" (Sonne & Frieden) gründen. Ein Wanderlehrer, der bei ihnen auftaucht, berichtet, daß der Diktator Diaz schon vor 16 Monaten außer Landes gegangen ist... etwa zu jenem Zeitpunkt, da sie die Monteria verließen.
Die politische Situation am Ende des Zyklus bleibt mehrdeutig. Einerseits ist da das starke Bild von der Gründung einer neuen,

freien Kommune. Andererseits erfährt der Leser: Regierungstruppen, Bundespolizei und Banditen ziehen durchs Land. Die Indianer werden abermals kämpfen müssen, wollen sie ihre neugewonnene Freiheit behaupten.
So betrachtet, stellt wohl der Schluß einen Kompromiß zwischen der historischen Realität und den Wünschen Travens dar.

Aus dem Hauptstrang der Handlung fallen eigentlich drei Bücher, nämlich „Der Karren", „Trozas" (Baumstrüncke) und „Die Regierung" und doch ist man am Ende davon überzeugt, daß sie für den Gesamtzusammenhang notwendig sind. Man denkt beim Lesen des Caoba-Zyklus unwillkürlich an die übergroßen Wandbilder eines Diego Riviera oder José Clemente Orozco, die seit Mitte der Zwanziger Jahre, also gerade seit der Zeit, in der Traven ins Land kam, in Mexiko entstanden waren. Man weiß, daß er in seinen späteren Lebensjahren mit einigen dieser Künstler bekannt, ja befreundet gewesen ist. Und so ist man geneigt zu vermuten, daß der Caoba-Zyklus nach dem Wunsch des Autors so etwas wie sein Wandbild in Worten sein soll.

„Der Karren" (Carreta) enthält eine ausführliche Beschreibung der Provinz Chiapas, aber auch eine Darstellung des sozialen Schandsystems, in dessen Fänge Andres Ugalde gerät, eine Person, die später in der „Rebellion der Gehenkten" wieder auftaucht. „Der Karren" zeichnet ein eindrucksvolles Bild von den sozialen Bedingungen des vorrevolutionären Mexikos, literarisch ist es jedoch gewiß das schwächste Buch des Zyklus.

Am weitesten vom Hauptstrang der Handlung entfernt sich der Autor in „Die Regierung".

Hier haben wir gewissermaßen eine Beispielgeschichte für die politische Repression unter Diaz vor uns.

Stellvertretend für das System der Diktatur steht Don Gabriel Orduñez, der Sekretär eines Indianerdorfes. Man erlebt seine Karriere mit, vom korrupten Beamten zum Agenten, der Nachschub für die Monterias beschafft. Er ist es, der in anderen Romanen Andres, Candido und Celso für die Holzcamps rekrutiert, in denen schließlich der Aufstand beginnt.

Aber in diesem Roman wird die Revolte im überschaubaren Bereich einer Dorfgemeinschaft beschrieben: das unabhängige Indianer-

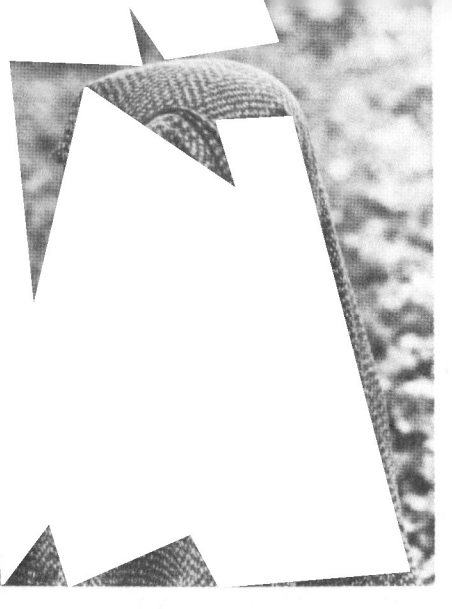

dorf Pebvil, das seine Dorfschulzen Jahr für Jahr auswechselt, widersetzt sich dem Willen der mächtigen Bundesregierung.
Don Gabriel, der Antiheld, beutet die Indianer aus, aber er ist auch selbst ein Getretener. Da sein Gehalt nicht hinreicht, um seine Familie zu ernähren, bleibt ihm gar nichts anderes übrig als Schmiergelder anzunehmen und die Steuern heraufzusetzen.

Don Gabriel trifft in Pebvil kurz vor der Wahl eines neuen cacique (Dorfführers) ein. Am Neujahrstag kommen die Angehörigen von vier miteinander verbündeten Stämmen zusammen, um die Wahl durchzuführen. Der neue Dorfschulze sitzt auf einem Stuhl mit einem Loch in der Sitzfläche. Darunter steht ein Topf mit glühender Holzkohle.

Das Feuer unter seinem Hintern soll den cacique daran erinnern, daß er dort nicht sitzt, um sich auszuruhen, sondern um für das Volk zu arbeiten. Das indianische System der Wahl entspricht nicht den Verordnungen von Diaz. Der alte cacique soll im Amt bleiben, aber er hat Bestechungsgelder vom örtlichen Sekretär, dem Regierungsvertreter, angenommen.

Trotz Verbot versammeln sich die Indianer am Wahltag. Amalio, der bisherige cacique, weigert sich, den Stab, das Zeichen seiner Würde, zu übergeben. Man stellt ihm ein Ultimatum. Als es abgelaufen ist und er den Stab immer noch nicht herausgerückt hat, stürzen sich

einige junge Männer auf ihn, töten ihn mit Macheten und übergeben das Würdenzeichen dem Gewählten.

Obwohl die Indianer von Pebvil die Beibehaltung ihres traditionellen, rätehaften Wahlmodus durchsetzen, bleibt letztlich auch die Gegenmacht ungeschwächt.

Don Gabriel ist zum Arbeitsvermittler, zum Zulieferer der Monterias geworden. Vierzehn unschuldige Arbeiter, die von einem Markt nach Pebvil zurückkehren, müssen für den Mord an Amalio, dem abgesetzten caciquen, büßen, obwohl sie völlig unschuldig sind. Sie bekommen Gefängnisstrafen. Don Gabriel zahlt Bestechungsgelder und löst die Strafen durch Geld ab. Wegen ihrer Schulden wandern die Arbeiter in die Monteria.

Am Ende des Buches fallen bei der Abreise des Regierungsvertreters jene Sätze, in denen sich wohl auch vieles von der Ansicht des Autors über Regierungen, wo auch immer, ausdrückt:

„Ich wünschte ... daß die Regierung uns dauernd vergäße." Für ihn ist *„Regierung ... immer Unterdrückung eines Teils des Volkes zum Nutzen eines anderen Teils desselben Volkes. Was Menschen brauchen, ist Organisation und Verwaltung. Was Menschen nicht brauchen, und was deswegen beseitigt werden muß, ist die Regierung."*

Was in Pebvil geschieht, könnte man als einen Tagtraum des Autors bezeichnen. Es siegen die alten Stammessitten, die deutliche Ähnlichkeit mit dem Rätesystem haben, über Gier und Irrationalität der modernen Regierungsmacht.

„Die Regierung" ist von Traven selbst als das beste Buch des Zyklus eingeschätzt worden. Er hoffte, die Indianer würden in diesem Roman einmal ein Denkmal ihre Freiheitskampfes sehen. Es ist aber auch im Hinblick auf seine persönliche Probleme interessant, zu der Handlung einige Überlegungen anzustellen.

Die jungen Indianer, die Amalio töteten, tauchen aus der Menge auf und tauchen in der Menge wieder unter. Die Anonymität schützt sie vor Bestrafung. Nachdem sie mit ihren Macheten Amalio zerstückelt haben, verschwinden sie im Busch.

Einmal mehr wird der Busch als ein Raum vorgestellt, wo Zuflucht, Schutz vor den autoritären Mächten noch möglich ist.

Nach einem abschließenden Urteil über die Coaba-Serie gefragt, wird man sagen müssen, daß manche der in diesen Geschichten geschilderten Grausamkeiten für einen mitteleuropäischen Leser harte Brocken darstellen.

Man wird aber auch nicht an der Einsicht vorbeikommen, daß das Kolonial- und Profitsystem der Europäer, das den Indianern mit Gewalt aufgezwungen worden ist, das erste Glieder dieser Kette darstellt. Wenn in „Ein General kommt aus dem Dschungel" auch so etwas wie eine Keimzelle für eine bessere Gesellschaft geschildert wird, so ließe sich andererseits durch viele Details in der Romanfolge auch nachweisen, daß beim Autor von einem übertriebenen Revolutionsoptimismus keine Rede sein kann.

Man kann, so meine ich, diese Romane im Hinblick auf die Situation und die Botschaft des Autors unter zwei verschiedenen Perspektiven sehen: Gewiß ist in ihnen ein Denkmal für die Rolle der Indios in der Mexikanischen Revolution errichtet worden. Anlaß zu einem solchen Versuch mögen soziale Sensibilität, aber auch Schuldgefühle Travens gewesen sein. Wie groß sein Verständnis und seine Sympathien für die Indios auch sein mochten, durch seine Hautfarbe blieb er ein Weißer. Zum anderen: Dadurch, daß Traven nach dem Scheitern bzw. der Verbürgerlichung der Revolution die Ereignisse in Chiapas in einem, wie es Ernst Preczang genannt hat „primitiven Stil" nacherzählte, der „nichts vernebelte", erinnern diese

Bücher an die Wichtigkeit der wirtschaftlichen und politischen Gegebenheiten. Sie erhalten damit auch indirekt den Gedanken lebendig, daß eines Tages die Unterdrückten, wo auch immer, sich von ihren Unterdrückern befreien werden.

Angesichts der Situation in Mexiko selbst und der politischen Großwetterlage bei ihrem Entstehen – zwischen 1930 und 1940 schien in Europa der Faschismus unaufhaltsam auf dem Vormarsch – müssen diese Bücher auch als Protest, als ein „Trotz alledem", als ein Stück unbeirrten Widerstands in finsteren Zeiten verstanden werden.

Nachspruch oder
Umriß einer Gesinnung

„In allen Menschen den Trotz zu erwecken, ist meine vornehmste Aufgabe. Trotz gegen jeden, Trotz gegen alles, Trotz gegen jedes Gesetz, gegen jede Idee, gegen jedes Programm, gegen jede Regierung. Mensch, sei ein ewiger Revolutionär, und du hast gelebt!"

Ret Marut im „Ziegelbrenner"

Eigentlich müßte hier eine ganze Sammlung von Sätzen stehen ... jene Sätze, die ich bei Traven bewundere. Sätze, mit denen wir alle unser Bewußtsein durchtränken sollten, um unsere Versteinerung aufzuheben. Aber diese Sätze stehen schon vor jedem einzelnen Kapitel, in kursiver Schrift hervorgehoben, damit sie dem Leser auch nicht entgehen.
Einige werden bei manch einem Ärgernis erregen. ·
Gut so!
Ich könnte hier noch einmal versuchen, Marut-Traven-Torsvans-Croves Bewußtsein zu konstruieren, ein Bewußtsein mit Widersprüchen und Schwachstellen (wie sympathisch, da menschlich!), ein freiheitsliebendes Bewußtsein und somit grob, unflätig manchmal, nicht einzäunbar, nicht festzulegen. Ein Bewußtsein, unbrauchbar, um von den Mächtigen zu ihrer Verherrlichung oder Bestätigung benutzt zu werden; freiheitsliebend in dem Sinn, daß es keine ewiggültigen Dogmen akzeptiert, weil hinter ihnen nur der Versuch steht, daß, wer auf sie pocht, über Menschen Herrschaft auszuüben im Sinn hat ... Ein Bewußtsein, das von dem Willen und der Notwendigkeit menschlichen Glücks im Diesseits und auf dieser Erde überzeugt ist, das die Erde als Schöpferin allen Reichtums preist und für das „Tierra" (Land, Erde) und „Libertad" (Freiheit) die Minimalvoraussetzungen menschlichen Glücks sind.
Ein Bewußtsein auch, das wußte, wie schwer sich selbst solche Minimalforderungen verwirklichen lassen, ein Bewußtsein, dem die Tragik menschlicher Existenz nicht fremd war.
Traven, so finde ich, hat viel mit uns hier und heute zu tun. Er kann uns eine nicht eurozentrische Sicht der Welt lehren. Er kann uns zeigen, daß viele Dinge, an die man uns zu klammern gelehrt hat, unwichtig sind und mit menschlichem Glück nichts zu tun haben. Er kann unseren Sinn zu störrischem Widerstand bestärken, wo wir resignieren und vor den Mächtigen zu kapitulieren bereit sind.
Er kann uns Mut machen, dort aufzubegehren, wo uns die Bürokratie unter den Daumen nimmt.
Er kann uns anstiften, weiter darüber nachzudenken, wie es möglich sein könnte, daß Menschen ohne Herrschaft (oder wenigstens doch mit einem Minimum davon) zusammenleben ... menschlich.
Und Traven, man mag sein Versteckspiel lächerlich finden, ver-

rückt, überspannt, hat viel darüber gewußt, was jeder einzelne Mensch braucht, was er als unveräußerlichen, unabdingbaren Teil seiner Selbst verteidigen und bewahren muß. In ihm steckt ein Stück Fundamentalopposition zu Gunsten der Menschlichkeit und der Menschheit.

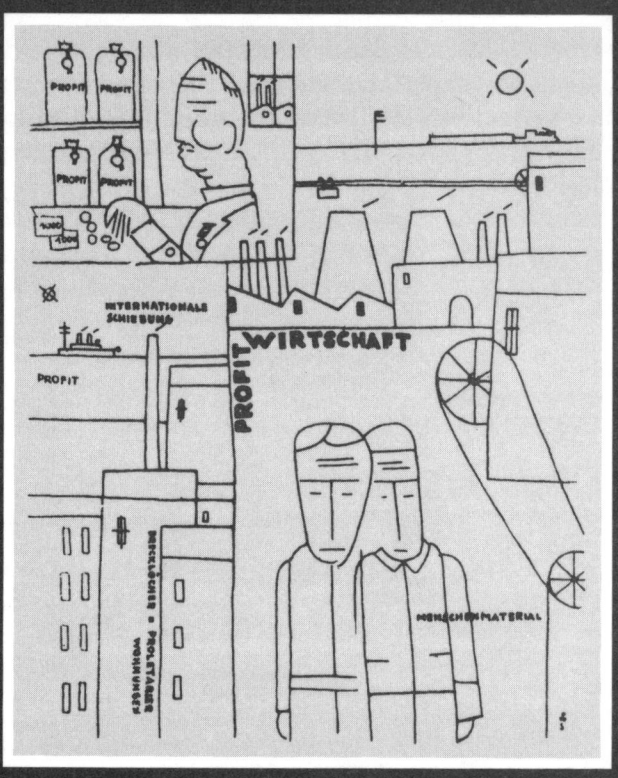

Gespräch mit Theo Pinkus am 12. 2. 1982

Theo Pinkus, geb. 1909 in Zürich. In Berlin hielt er sich von 1927–1933 auf und machte eine Verlagslehre. Seine jüngeren Freunde und Bekannten schätzen ihn als Kenner der linken Literatur und alten Aktivisten. Seit 1933 lebt er wieder in Zürich und ist mit seiner Frau in der Arbeiterbewegung tätig. In den letzten Jahren ist sie in der autonomen Frauenbefreiungsbewegung aktiv und er auch in der Alternativ- und Selbstverwaltungsbewegung bekannt geworden. Mit Freunden gründete er 1948 die unabhängige sozialistische Wochenkorrespondenz „Zeitdienst", die seitdem immer mit ehrenamtlichen Mitarbeitern erscheint. Der aus seiner Arbeitslosigkeit entstandene „Bücherdienst" wurde ein Antiquariat und später auch eine mittelgroße Buchhandlung, die er 1971 in eine selbstverwaltete Genossenschaft umwandelte. Seine private Bibliothek ist heute die öffentliche „Studienbibliothek zur Geschichte der Arbeiterbewegung" – eine Stiftung. Er übernahm in den 50er Jahren nach dem Tode des Schweizer Freundes von Traven die Vertretung seiner Autorenrechte, wirkte auf Grund seiner Kontakte mit der Witwe Travens Rosa Elena Luján in Mexico City an dem WDR-Fernsehfilm über Traven „Unser Bruder in Mexiko" mit und schrieb auch über Traven journalistische Beiträge. Da lag es für mich nahe, ihn über Traven zu befragen.

F. H. Worin liegt die ideologische Bedeutung der Romane B. Travens? Oder anders gefragt: was kann ein junger Leser aus ihnen über Politik lernen?

Theo Pinkus Laß mich zunächst einmal ein Wort sagen zu jener Generation von Lesern in den Zwanziger Jahren, die seine Romane lasen, und die er politisiert hat.
Ich persönlich kann mich nicht mehr genau daran erinnern, wann ich seine Bücher zum ersten Mal las. Es kann Anfang der Dreißiger Jahre gewesen sein. Kein Zweifel aber, daß das „Totenschiff", das ja durch die „Büchergilde" herausgegeben wurde, der erste große Bucherfolg war, auf links orientierte oder kritisch eingestellte Jugendliche Wirkung hatte.
Ich war damals schon Kommunist und Mitglied des Kommunistischen Jugendverbandes. Für mich war dieser Roman ein großartiges Symbol für das größere Totenschiff, d.h. für die Infamie der Profitwirtschaft. Es war eine dramatisierte Darstellung dessen, was ja auch in den Zeitungen zu lesen war: von der Vernichtung von Tomaten oder Kaffeesäcken, die man ins Meer geworfen hat, um die Preise zu halten... denk an das Lied, das Ernst Busch singt... bis hin zu einem solchen Versicherungsbetrug, bei dem man das Leben der Matrosen rücksichtslos in Gefahr brachte. Für mich war das Buch so eine Art Beweis. Was keine große Wirkung hatte... ich gehe immer noch von mir aus ... das war der individuelle Anarchismus, der sich ja auch in diesem Buch ausdrückt. Dazu war ich schon zu sehr Kommunist und lehnte von daher den Anarchismus ab. Ich wußte um die Auseinandersetzung zwischen Marx und Bakunin. Ich kannte mich in der marxistisch-leninistischen Parteitheorie aus. So mag diese Tendenz auf mich nicht die Wirkung gehabt haben, die sie wahrscheinlich auf andere hatte, auf junge Leute, die nicht bei den Kommunisten waren, sondern in anarchistischen Gruppen oder auch diejenigen, die nach den Jugendjahren der Entschiedenheit wieder unpolitisch und passiv geworden sind. Was natürlich besonders eindrucksvoll war ist das, was man als die literarische Durchschlagskraft dieses Werkes bezeichnen kann. Es geht ja bei Literatur nicht nur um ihren theoretischen Gehalt, sondern vor allem auch darum, daß ein Buch den Leser beeindruckt, ihn packt.
Also die „Baumwollpflücker", die ja zuerst als Fortsetzungsroman

im Berliner „Vorwärts" erschienen sind... eine Geschichte, die ich damals noch nicht kannte, ich lebte damals noch in Zürich, erst seit 1927 in Berlin... überhaupt alles an Traven-Büchern, was in der „Büchergilde" bis 1933 erschien, hatte damals schon eine beträchtliche Wirkung.

F.H. Nun bist du ja Anfang der 70er Jahre, als Traven schon tot war, in Mexico City bei seiner Frau gewesen, hast also das Haus, in dem er zuletzt gelebt hat, selbst gesehen, hast wahrscheinlich auch noch Leute getroffen, die ihn noch persönlich gekannt haben. Wie waren da deine Eindrücke?

T.P. Ehe ich das beschreibe, müßte ich wohl erklären, wie es dahin kam. Das war ein langer Weg und ein Stück deutsche Verlagsgeschichte.

1933 wurde die „Büchergilde" in Berlin... man kann nicht einmal sagen geschlossen, man muß sagen: in Nazibesitz überführt. Man versuchte, das geht aus Briefen und Dokumenten hervor, die demnächst einmal veröffentlicht werden, Traven zu vereinnahmen. Traven, seine Revolutionsauffassung, sein Anarchismus, das bezog sich ja scheinbar nicht auf Deutschland, die Handlung der Romane spielte sich in anderen Ländern ab. Also wollte man ihn in einer Nazi-Büchergilde weiter führen und bat ihn, seine Bücher bzw. die Rechte daran weiter zur Verfügung zu stellen. Nachdem er sich aber darüber orientiert hatte, was in Deutschland geschah – und das fiel ihm nicht schwer, weil ja sein großes Jugenderlebnis die Münchner Räterepublik gewesen war – hat er natürlich strikt abgelehnt. Er hat einen entsprechenden Absagebrief an die Nazis geschickt. Das war nicht ganz so selbstverständlich. Seine Ablehnung des Nationalsozialismus war eindeutig, aber im Hinblick auf Rassenfragen gibt es unklare Bemerkungen... wenn sie auch nicht Vorurteile waren oder Überheblichkeit... Ich glaube eher, daß er sie ironisch meinte. Also, er hat es abgelehnt, mit der von den Nazis übernommenen Büchergilde zusammenzuarbeiten. Der Gründer der Büchergilde, Bruno Dressler, ein hoher Funktionär und Aktivist des Buchdruckerverbandes, auch im Bildungsverband der Deutschen Buchdrucker tätig, der ja die Büchergilde seit 1925 mittrug, Bruno Dressler also ist dann in die Schweiz emigriert. Er hat die „Büchergilde" mit Unterstützung des Schweizer Gewerkschaftsbundes, insbesondere des Verbandes Öffentlicher Dienste, in der Schweiz wieder aufgebaut. Natürlich hat er Traven als Autor mitgenommen, so daß also Neuauflagen früherer Bücher und neue Bücher aus dem sogenannten Caoba-Zyklus nun in der Schweiz erschienen.

Jener Mitarbeiter der Büchergilde, der Traven betreute, war nun ein Schweizer, Josef Wieder. Er hat dann direkt mit Traven in Mexiko korrespondiert. Er war es, der dann, als es zwischen ihm, Wieder, und der Büchergilde zu einem Konflikt kam, dessen Gründe ich nicht kenne, Traven empfahl, nicht weiter bei der Büchergilde zu publizieren. Auf diese Weise erschien dann der letzte Band des Caoba-Zyklus „Ein General kommt aus dem Dschungel" in dem holländischen Exilverlag Albert De Lange. Das ist derselbe Verlag gewesen, der auch den Dreigroschenroman von Brecht herausgebracht hat, ein Verlag, der einen großen Anteil an der Rettung von deutschem, antifaschistischem Schrifttum hat.

Wieder kümmerte sich sofort nach dem Krieg um die Verbreitung der Traven-Bücher. Er gab damals auch die BT-Mitteilungen heraus, in denen er konsequent widerlegte, was über die Person bzw. die Biographie Travens spekuliert wurde. Er hat alles widerlegt. Er hat sogar die Ret Marut-Geschichte als völliges Hirngespinst abgetan. Und eines Tages kam Wieder zu mir, Ende der 40er Jahre wohl, vielleicht 1949, und sagte zu mir: Ja, eigentlich müßte man doch die Traven-Bücher auch in der DDR herausgeben. Ich wußte, daß ein solches Bedürfnis unbedingt besteht und habe dann die Rechte für die DDR übernommen und mit ihm ein Verrechnungssystem gefunden, mit dem es möglich wurde, als Travens literarischer Agent für die DDR und die sozialistischen Länder, soweit sie die Urheberrechtsordnung anerkannten, tätig zu werden. So erschien Traven im Verlag „Volk und Welt" in Riesenauflagen.

Ich konnte dort mit dem Geld, auf das er angesichts der hohen Auflagen teilweise verzichtete, andere Bücher kaufen. Das war vor der Währungsreform. Mir lag daran, in der DDR diese Bücher zu verbreiten und Wieder und Traven selbstverständlich auch. Die damalige Einstellung von uns, die ich auch heute noch einnehme, ist: Man sollte jenen sozialistischen Ländern, die nicht über genügend ausländische Guthaben verfügen, die Möglichkeit geben, diese Literatur kennenzulernen.

F. H. Kann man sagen, daß diese Aktion dazu geführt hat, daß Rolf Recknagel sich mit Traven zu beschäftigen begann oder hätte er das auch sonst getan?

T. P. Sicher hat die Herausgabe der Traven-Bücher in der DDR Recknagel erst das Material in die Hand gegeben, sich mit Traven zu beschäftigen. Er gehört ja zu der Generation, die als junge Leute kaum Gelegenheit hatten, Traven kennenzulernen. Aber wichtig ist, daß die Bücher in der DDR im Verlag „Volk und Welt" ein enormer Erfolg waren, daß die Traven Ausgaben bis heute fortgesetzt wurden. Du mußt bedenken, damals war Traven in Westdeutschland ein toter Hund.

F. H. Wie erklärst du dir das?

T. P. Die Europäische Verlagsanstalt ist nach 1945 in Hamburg als einer der ersten linken Verlage wieder aufgebaut worden. Durch Beziehungen zu Wieder hat dieser Verlag dann die Rechte bekommen ... vom Caoba-Zyklus und von einer ganzen Reihe anderer Bücher Travens. Die deutsche „Büchergilde" war noch gar nicht so richtig aufgebaut. Sie hätte später diese Titel übernehmen können, hat es aber nicht getan. Ich habe dann mit Mühe und Not bei der Europäischen Verlagsanstalt durchgesetzt, daß sie von „Volk und Welt" kleine Auflagen übernahmen ... so 1000 bis 1500 Exemplare. Also geradezu lächerlich. Das ging so bis in die 60er Jahre. Als Wieder starb, übernahm ich die Verwaltung der Rechte für die deutsche Sprache und für die sozialistischen Länder. Die Europäische Verlagsanstalt gab mir später, angesichts ihrer erfolglosen Bemühungen, die Rechte zurück. So kam ich im Einverständnis mit Traven zu den Rechten, soweit die Europäische Verlagsanstalt nicht (leider unbefriedigende) Taschenbuchverträge abgeschlossen hatte, die noch bestehen. In der DDR hatte sich, wie von mir erwartet, die Situation insofern verbessert, als nun nicht mehr solche Pauschalzahlungen von mir und Tauschgeschäfte notwendig waren. Es wird nun regulär abgerechnet, mit 10%, wie üblich.

F. H. Du hast also schon Anfang der 60er Jahre eine Korrespondenz mit Traven geführt. Wie waren denn die Briefe unterschrieben?

T. P. Die Korrespondenz vollzog sich so, daß Traven – dies geht ja auch aus dem Impressum der Bücher hervor – immer jemand hatte, der in Mexiko sein Literaturagent war. Jahrelang war dies die Schwester des mexikanische Präsidenten Mateos, Esperanza, die in den Bergen abstürzte. Bei den Filmarbeiten zu „Rebellion der Gehenkten" lernte Traven Rosa Elena Luján kennen, die als Scriptgirl arbeitete, eine Witwe mit zwei Töchtern. Mit ihr lebte er bis zu seinem Tod zusammen. Sie schrieb dann immer „im Auftrag des Autors".

F. H. Also lief zu dieser Zeit die Korrespondenz über sie?

T. P. Ja ... vorher hat er aber manchmal auch selbst geschrieben. Es ist nicht klar ... meist wird er die Briefe formuliert haben ... die Briefe waren in deutscher Sprache. Er konnte deutsch, sie nicht. Ich habe dann übrigens die BT-Mitteilungen nicht fortgesetzt. Auch Traven wünschte es nicht. Leider hatte Wieder kurz vor seinem Tod veranlaßt, daß bei seinem Ableben alle Unterlagen nach Mexiko geschickt werden sollten, was auch geschah.

Rosa Elena hatte nach dem Tod des Autors 1969 sprachliche Schwierigkeiten, sie auszuwerten und aufzuarbeiten. So ist der Nachlaß noch wenig erschlossen.

F. H. Ist zu erwarten, daß dort noch ganze Romanmanuskripte und Erzählungen auftauchen?

T. P. Kaum. Da ja immerhin soweit die Sachen schon überprüft wurden und auch Frau Luján immer mehr in die Sache hineinkam, auch viele Leute sich danach erkundigt haben. Es ist nicht zu erwarten, daß da noch unbekannte Texte zu finden sind.

F. H. Gut, das war also der Anlaß und die Vorgeschichte ...

T. P. Als Traven 1969 starb, kam Frau Luján ein Jahr später nach Zürich. Ich habe sie damals für den „Tagesanzeiger Zürich" interviewt. Wir haben uns gut verstanden. Sie war auch zufrieden, daß da wieder jemand ist, der sich um die Sachen kümmert, und sie lud meine Frau und mit nach Mexiko ein. Zwei Jahre später haben wir diesen Besuch gemacht.

So kam ich also in die Calle Mississippi 61, sah nun den letzten Lebensraum des Autors, bekam einen Eindruck von seinem Zusammenleben mit seiner Frau und den beiden Stieftöchtern. Sie waren inzwischen erwachsen und schilderten uns sehr lustig, daß

„Traven" in der Familie immer nur der „Skipper", also der Kapitän, genannt wurde. Er muß eine starke Zuneigung zu diesen Kindern gehabt haben. Die eine Tochter ist Soziologin. Sie hat sich von ihrem Mann getrennt, weil er bei den mexikanischen Studentenunruhen bei der Rettung eines Angeschossenen nicht die Solidarität an den Tag legte, die man von ihm erwartete. Sie arbeitet heute in einem Programm der Agrarreform, das, als Mittel gegen die Landflucht, sich selbst ernährende Siedlungseinheiten aufzubauen versucht. Die andere Tochter ist eine gutverdienende Sekretärin und arbeitet in einer internationalen Firma.

Dieses Haus Calle Mississippi liegt in einer Seitenstraße der Reforma, der größten Straße in Mexico City. Bei unserem ersten Besuch standen zwischen den Fahrspuren noch Palmen. Als wir dann ein paar Jahre später hinkamen, waren die Bäume fort. Das Ganze war die Ausfallstraße der Stadtautobahn geworden. Man mußte wegen Staub und Lärm alle Fenster immer fest verschlossen halten. Der kleine Hof, in dem eine Büste Travens steht, die sein Freund, der Bildhauer Canesi geschaffen hat, ist sehr idyllisch. Aber inzwischen sind in der Umgebung überall Riesenkästen hochgezogen worden. Das Leben ist dort eigentlich unerträglich geworden. Man brauchte manchmal Minuten, ehe man die Straße überqueren konnte. Deshalb hat sich Frau Luján mit ihrem Lebensgefährten, einem amerikanischen Drehbuchautor, der in der McCarthy-Ära arbeitslos geworden war, jetzt in Cuernavaca ein Haus gebaut, das wohl inzwischen fertig sein dürfte.

Aber die Calle Mississippi war die letzte Lebensstätte von Traven, in der er 1966 so einigermaßen aus seiner Namenlosigkeit herausgetreten war. Damals, bei der zweibändigen Dünndruckausgabe seiner Romane für Spanien, schrieb sein Freund Luis Suárez, ein mexikanischer Journalist, eine Einleitung, in der die wichtigsten Stationen von Travens Leben dargestellt werden.

Ich hatte nun 1976 Gelegenheit, mit einem sehr guten Filmemacher für die Serie „Spektrum" des WDR an einem Travenfilm mitzuarbeiten. Dank meiner Beziehungen nach Mexiko und durch die vorherigen Besuche, konnten wir da hinfahren, mit Kameramann und Tonmeister, zu viert. Ich wohnte bei Frau Luján, die anderen in einem Hotel in der Nähe. Wir drehten dann mit ihr den Dokumentarfilm

„Unser Bruder in Mexiko", den der WDR Weihnachten 1976 sendete. Bei der Gelegenheit filmten wir auch noch einige enge Freunde von Traven, die dann, als ich 1981 wieder dort war, nicht mehr lebten. Ein wichtiger Mann unter ihnen war Canesi, der Bildhauer, den wir auch in seinem Atelier besuchten, und der uns Einzelheiten aus Travens Leben erzählte. Canesi hatte Traven in Chiapas kennengelernt. Um die Ecke, zwei Straßen weiter, wohnte ein Arzt, Federico Marin, auch ein alter Freund Travens. Er besaß eine sehr schöne Sammlung mexikanischer Kunst. Dann lebte damals noch, allerdings schon schwer krank, (also bei unserem ersten Besuch, meine ich) der große mexikanische Maler David Alfaro Siqueiros, der, wie aus den Kondolenzschreiben und den Büchern Travens zu ersehen ist, die ich einsehen konnte, Traven jahrzehntelang kannte. Diego Riviera, aus der Reihe der großen Muralisten, war schon gestorben.

Was uns beeindruckte war, daß eine ganze Gruppe von Menschen in Mexico City Traven kannte, mit ihm verkehrte... unter anderem auch der Filmregisseur Figueroa... sie alle haben Traven absolut gedeckt, bis er selber 1966 sich als Autor der Bücher zu erkennen gab.

Man weiß: es waren Prämien ausgesetzt, um hinter dieses Geheimnis zu kommen. Man weiß, was alles angestellt wurde und heute noch angestellt wird... du wirst ja auch darüber in einem Kapitel deines Buches berichten... aber dieser Freundeskreis, seine engeren Bekannten, sie haben nie etwas preisgegeben.

Dann erschien die Biographie Recknagels, dem Traven durch Rosa Elena auch Geschenke schicken ließ. Damit gab er gewissermaßen zu, daß er Recknagels Forschungsergebnisse anerkenne. Er stellte auch vor seinem Tode seiner Frau frei, zuzugeben, daß Ret Marut = Traven ist.

Ich hatte auch Gelegenheit, in seinen Papieren zu blättern, in seinem Sterbezimmer Fotos zu sehen und eine große Mappe mit Kunstblättern und seine Bücher. Und dabei machte ich eine Beobachtung, die als weiterer Beweis für die Recknagel'sche Feststellung gelten kann, daß Ret Marut und B. Traven verschiedene Namen für ein und denselben Mann sind. Es stellte sich zunächst einmal heraus, daß da eine ganze Anzahl Bücher der frühen 20er Jahre standen... Bücher aus der Zeit zwischen 1919 und 1922, die mir sehr ver-

traut waren, weil es dieselben Titel waren, die ich von der Bibliothek meiner Eltern her kannte.
Diese Bücher wiesen Wasserschäden auf, waren also bestimmt mit herumgeschleppt worden an verschiedene Orte. Wahrscheinlich hatte er sie auch auf dem Schiff, auf dem er nach Tampico kam, mitgebracht. Später hat er sie in den Busch mitgenommen. Es war ganz deutlich: diese Bücher gehörten ihm. Schon sie allein bewiesen, daß dieser Mann aus Deutschland kam. Und dann gab es noch einen zweiten, noch überzeugenderen Anhaltspunkt. Es ist bekannt geworden, daß Marut nach seiner Flucht aus München in der entschieden kommunistisch orintierten Künstlergruppe in Köln um Seiwert und Arnst untertauchte. Über Seiwert, dessen Zeichnungen ja auch im „Ziegelbrenner" abgedruckt sind, hat Uli Bohnen ein Buch geschrieben. In Köln gab es eine große Seiwert-Ausstellung. Und nun also der Fund! In diesen großen Kunstmappen im Sterbezimmer fand ich Zeichnungen, unter anderen auch jene, die im „Ziegelbrenner" erschienen sind ... vom gleichen Künstler, in Probeabzügen. Kurzum: Das Arbeitszimmer Travens überzeugte mich restlos, daß er mit Ret Marut identisch war. Frau Luján hat bei den Filmaufnahmen sehr feierlich ein in Stoff eingeschlagenes Buch gebracht und erzählt, das hätte er ihr geschenkt. Das war die erste Ausgabe von „An das Fräulein von S." Ein Beweis mehr. (Dieser Druck erschien 1916 im J. Mermet Verlag München. Die ersten 30 Stück wurden numeriert, auf echt Bütten gedruckt und mit Liebhaber-Einbänden versehen. Übrigens benutzt Ret Marut bei dieser Schrift ein weiteres Pseudonym: Richard Maurhut.)

F.H. Ich gehe ja nun in meinem Buch nicht so sehr dem Rätselraten um die verschiedenen Namen nach. Mich interessiert vor allem: Wie kommt eigentlich ein Mensch dazu, so verschiedene Namen anzunehmen? Hängt das auch mit der Zeitgeschichte, mit den politischen Umständen zusammen? Wie erklärst du dir die Notwendigkeit dieses Versteckspiels?

T.P. Ich glaube, ich könnte mich mit Travens eigener Antwort abfinden. Er sagt: Meine Biografie ist mein Werk. Wer das liest, der weiß, wer ich bin, der weiß, was mich bewegt.
Nun ist es freilich so, daß man sich eben doch interessiert, wer hat was geschrieben? Wer ist das? Woher kommt er? Unter welchen

Einflüssen stand er? Wovon sollten unsere Sprachforscher und Literaturwissenschaftler leben, wenn sie sich nur auf das Werk konzentrieren würden und nicht auch noch historische und biografische Untersuchungen anstellen dürften?

Umso mehr, da man ja auch das Werk aus der Biografie ableitet. Da man sagt: dieses hier sind Jugenderinnerungen, das da Einflüsse der Umgebung usw.

Der Schauspieler am Theater der damals berühmten Direktorin Luise Dumont in Düsseldorf, der dann nach München ging, der als Ret Marut anarchistisch orientiert war, den „Ziegelbrenner" herausgab, der sich nach dem Ende der Räterepublik der Gefahr, erschossen zu werden nur durch Flucht entziehen konnte ... der sah, wie es seinen Freunden und Gesinnungsgenossen erging: Gustav Landauer erschossen, Leviné erschossen, die anderen zu Festungshaft verurteilt ... dieser Ret Marut tauchte unter. Auch seine Freunde in Köln, bei denen er sich gewiß nicht sehr lange aufgehalten hat, haben seine Anonymität absolut geschützt. Er durfte dort nicht einmal Ret Marut sein, was ja schon ein Künstlername war und erst recht nicht derjenige, der er ursprünglich gewesen ist, und über den wir ja eigentlich nichts wissen.

(Theo Pinkus erscheinen die von Will Wyatt angestellten Recherchen zu diesem Punkt bzw. die Identität von Otto Feige mit Ret Marut nicht überzeugend.)

All dies hat wohl mit dazu beigetragen, daß er sich dann, als er Schriftsteller wurde und die Geschichte des „Totenschiffs" schrieb, die ihm wohl auf seiner Reise nach Mexiko erzählt oder zugetragen worden ist, diesen Namen gab, wobei er immer Wert darauf legte, den Vornamen nie auszuschreiben. Also er bestand auf B. Traven, weder Bruno, noch sonst etwas.

Unter diesem Namen hat er seine ersten Erzählungen an den „Vorwärts" geschickt. Unter diesem Namen ist er, dank der Initiative von Ernst Preczang, der damals literarischer Lektor der Büchergilde war, als Autor des „Totenschiffs zu dem Büchergilden-Autor geworden. Und man muß auch einmal sagen: durch ihn und durch Andersen-Nexö, den großen dänischen sozialistischen Schriftsteller, ist die Büchergilde in der Weimarer Republik in der kurzen Zeit, in der sie existierte, nämlich Ende 1924 bis 1933, zu der großen Buchgemeinschaft der deutschen Arbeiterbewegung geworden.

F. H. Ich möchte aber doch noch einmal nachfragen... abgesehen von den revolutionären Zügen, von dem sozialen Engagement, von dem Protest, beispielsweise gegen die Zerstörung der indianischen Kommunen durch die Landenteignung zu Gunsten mächtiger Großgrundbesitzer in Mexiko, ist ja durchgehend in diesem Werk ein leidenschaftlicher, manchmal sogar verbissener Angriff gegen die Macht der Bürokraten enthalten?

T. P. Das stimmt. Bei B. Traven bedeutet Anarchismus vor allem die Kritik an der Herrschaft der Menschen über Menschen. Stattdessen sollten die Menschen nach seinen Vorstellungen in kleinen Lebens- und Produktionsgemeinschaften über sich selbst bestimmen und in größeren Zusammenhängen, kommunal, regional und national, ständig durch von der Wählerbasis (und eben nicht durch höhere Parteiinstanzen) absetzbare Räte ihre Angelegenheiten in Übereinstimmung zu bringen und selbst zu regeln. B. Travens Erlebnisse in der Münchner Rätezeit und später seine Beobachtungen bei den kleinen Stammesgemeinschaften der Chiapas-Indianer bestärkten ihn in seinen grundsätzlichen Anschauungen. Das kommt in seinem ganzen Werk vom „Totenschiff" bis zur Darstellung einer möglichen Gemeinschaft freier Bauern im letzten Band der Caoba-Serie, „Ein General kommt aus dem Dschungel" zum Ausdruck.

Bürokratie und Verwaltungsroutine mit ihrer Korruptionsgefahr und hierarchischen Machtstruktur erwürgen Kreativität und zerstören die menschlichen Beziehungen – und um diese geht es dem revolutionären Schriftsteller B. Traven und letzten Endes auch uns und seinen Lesern. Selbstverständlich brauchen größere Gebiete mit immer noch (von früher) vorhandenen zentralen Energie – u.a. Produktionsstätten Verwaltung.

Aber auch hier kann die stufenweise Räteform der Verwaltung bei Durchführbarkeit des Betriebes für alle Mitarbeitenden, Bürokratie und Routine ständig bremsen, ja unwirksam oder wenigstens korrigierbar machen. B. Traven ist sich sicher dessen bewußt gewesen. Es wäre ihm sonst unmöglich gewesen, mit Verlegern wie der Büchergilde und erst recht mit kapitalistischen Privatfirmen wie seinen US-Verlegern, zusammenzuarbeiten. Er benutzte im Gegenteil diese ihm widerstrebenden Einrichtungen, wie auch den mexikanischen Staat, dessen Paß er hatte, um seine Botschaft, besser sein politisches Anliegen zu verbreiten. Ein Widerspruch, mit dem wir alle, die dieses Anliegen aufnehmen und teilen, leben.

F. H. Ich frage noch einmal: Warum? Was steht hinter dem Bedürfnis der Anonymität?

T. P. Es gibt da wohl zwei Ansichten. Die einen meinen: Die Geheimhaltung seines Namens sei ein Reklamegag gewesen ... jede Jagd auf den Unbekannten, jeder erneute Versuch die Frage zu beantworten, wer ist er wirklich, sei dem Absatz seiner Bücher zugute gekommen.
Ich bin da ganz anderer Meinung. Die Tatsache, daß er seinen Namen nicht preisgab, hat andere veranlaßt, im Sinn ihres eigenen geschäftlichen Interesses, als Journalisten, Reporter und Redakteure der Sensationspresse auf ihn Jagd zu machen. Ihn deswegen des Reklamegags zu bezichtigen, ist eine kapitalistische Verleumdung. Die Behauptung, er beharre aus Reklamegründen auf seiner Anonymität, ist unsinnig. Es muß ja ein Werk sein, für das sich Reklame lohnt. Und wenn es so bedeutsam ist, wie das von Traven, dann hat derjenige, der es geschaffen hat, es gar nicht nötig, für sich Reklame zu machen.

F. H. Wie siehst du denn das Problem mit dem Gale? Also die Behauptung, die Max Schmid vertreten hat und die sich so zusammenfassen läßt, daß er sagt: da hat es einen amerikanischen Wobbly (revolutionärer Gewerkschafter) gegeben, der lange vorher schon zur See gefahren ist, der Manuskripte gehabt hat. Dieser Mann ist mit Ret Marut in Chiapas, oder sonst wo im Busch, zusammengetroffen. Er hat ihm seine Manuskripte dagelassen, um endgültig unterzutauchen?

T. P. Also, unter uns gesagt ... es ist ein Mann aufgetaucht, irgendwo in Brasilien. Er ist 89. Er behauptet, er sei der fragliche Mann und jetzt sei es nun an der Zeit, daß er seinen Anteil bekommt von den Honoraren des Welterfolgs. Er wird inzwischen gestorben sein. Dann gab es eine Frau, die einen fanatischen Kampf führte. Sie hatte während des Krieges in Kiel einen Mann aus Lettland kennengelernt. Sie sagt nun: das war Traven, und er war mit diesem Torsvan befreundet, hat seine Manuskripte ihm geschickt. Ihr sei das angeblich alles eingefallen, als sie in der Seiwerts-Ausstellung in Köln plötzlich Bilder sah, die ihr damaliger Freund und späterer Mann, der dann auf See im Krieg umkam, während des Krieges in einer Kiste nach London gerettet habe. Also eine ganz wilde Geschichte! Sie hat ein Manuskript geschrieben, war bei Rowohlt und anderen Verlegern. Sie hat die Friedrich-Ebert-Stiftung verrückt gemacht, wobei sie immer betont, es gehe ihr nicht ums Geld. Sie kämpft heute immer noch darum zu beweisen, daß Herr Burla, dieser Schiffsingenieur aus Lettland, der durch die Russische Revolution in den Westen verschlagen worden ist, in Wirklichkeit Traven gewesen sei.

F. H. Ich habe häufig darüber nachgedacht: Ist es nicht so, daß dies die dialektische Kehrseite der Anonymität ist ... irgendwie verraten ja diese Vorgänge auch etwas über die Notwendigkeit einer offiziell bestätigten Identität. Wenn man keine beglaubigte Identität mehr hat, kann jeder kommen und sagen: das bin ich, du bist das nicht. Auch was du zuvor von den Sensationsreportern gesagt hast: diese Leute zwingen ihm ja gewissermaßen eine Identität auf, wie in einer kapitalistischen Gesellschaft vom Schriftsteller erwartet wird. Sie legen ihn auf jene Rolle fest, die den Schriftsteller, sein Werk, die Neugierde auf ihn, als eine exotische Existenz zur in den Medien verwertbaren Ware machen.

T. P. Ein Autor ist eine Rechtspersönlichkeit. Er lebt davon, daß er schreibt. Also hat jeder Autor normalerweise seine Identität, seinen Vertrag, seine Sicherungen, die in der Bundesrepublik auch für die Erben noch 60 Jahre weiter laufen. Wenn ein Auto anonym bleibt, hat er Schwierigkeiten ... einfach juristische, zivilrechtliche Schwierigkeiten. Er kann sein Werk nicht schützen. Jeder kann behaupten, er sei der Verfasser dieses Werkes.
Aber wenn er eine so eindeutige Handschrift, einen so unverwechselbaren Stil als Autor hat wie Traven, dann ist er nicht nachmachbar. Es gibt da ja den Streit um den letzten Roman „Aslan Norval" ... ist er von Traven oder ist er es nicht? Seine Frau beschwört, daß der Mann, mit dem sie fünfzehn Jahre zusammenlebte, der als Sachverständiger bei den Verfilmungen auftrat, daß dieser Mann „Aslan

Norval" geschrieben hat. Was auch durchaus möglich ist. Warum sollte er nicht auch einen Roman haben schreiben können, der in den USA spielt?

F. H. Wenn man sich mit der Lebensgeschichte des Ret Marut und des B. Traven beschäftigt, macht man eine seltsame Erfahrung. Es wird einem klar, welch fragwürdige Sache doch die staatlich beglaubigte Identität eines Menschen ist, also sein Zivilstand.

T. P. Ja, und von daher müßte man dann eigentlich auch zu einer antikarrieristischen Grundeinstellung kommen. Ich meine die bürgerliche Karriere als Herr soundso (dessen Frau macht üblicherweise keine Karriere, sondern wird nur mitgeschleppt, um zu repräsentieren und um den Mann zu bedienen), als der Mann, der in ein bestimmtes Milieu hineingeboren ist. Entweder breche ich dort aus und steige auf oder ich setze fort... verbrauche schmarotzerisch, was mein Vater, meine Vorfahren durch geschickte Vermögensanlage oder anderswie angehäuft haben... auch durch ihre Leistung, gewiß. Es ist heute nicht möglich, eine Erbschaft zu machen, ein Erbe anzutreten, ohne diesen Zivilstand anzuerkennen. Wenn ich also diesen Zivilstand in Frage stelle... wenn ich sage: ich bin nicht derjenige, dem man bei seiner Geburt einen Namen gab, für den er nichts kann... der so und so aufgewachsen ist, in die Schule ging, woran er auch nicht schuld ist, sondern erkläre: ich will derjenige sein, zu dem ich **trotzdem** geworden bin, dann wird es unwesentlich, ob ich der von damals bin oder der, der ich jetzt bin. Beides kann übereinstimmen. Das hängt von der Verarbeitung des eigenen Lebenslaufs durch einen selbst ab. Aber es muß nicht identisch sein, besonders dann nicht, wenn ich mir eine zweite Gestalt erfinde, durch die ich wirke und handle. Also als Revolutionär, der in einer großen Bewegung mitwirkt und für den die Anonymität ein Schutz ist... als Schriftsteller wie im Fall Traven... als Schauspieler, die ja oft einen Bühnennamen annehmen... oder als Frau, die ihren verlorenen Mädchennamen wieder aufnimmt, die ihre alte Persönlichkeit, die durch den Zivilstand verdeckt oder verschüttet worden ist, wieder lebendig macht.

F.H. Dann wäre also diese Erfindung und Annahme eines selbstgewählten Namens auch ein Akt der Befreiung, der Selbstbestimmung, der Verlebendigung. Würdest du meinen, daß solche Überlegungen von Traven ganz bewußt angestellt worden sind?

T. P. Ganz bestimmt. Das geht meiner Ansicht nach schon allein aus dem Text des „Totenschiffs" hervor. Er hatte eine solche Grundeinstellung. Und was nun die Behauptung angeht, Traven habe Material oder Manuskripte anderer verarbeitet oder benutzt, also die Gales-These, so wäre dazu doch auch dieses zu sagen: Eines steht fest: es gibt keinen Autor, der sich nicht entweder auf eigene Beobachtungen oder die anderer stützt, der nicht in irgendeiner Form von Quellen ausgeht, die schon vorliegen. Wenn es Dokumente sind, ist es gerechtfertigt, wenn er sie einem anderen Schriftsteller zu verdanken hat, ist es geistiger Diebstahl. Wer sich aber beeinflußen läßt von anderen Schriftstellern – alles umwandelt, der ist kein Abschreiber, der hat das Werk eines anderen in sich aufgenommen.

Also, warum sollten nicht Erzählungen, Notizen von irgendeinem, also meinetwegen auch von diesem Gales, Traven in die Hände gekommen sein. Das ist doch selbstverständlich: wenn einer von uns irgendwo ein paar Tagebuchblätter findet und daraus eine ganze Geschichte macht, so ist der andere der Anreger und er der Schreiber. Ich behaupte damit nicht, daß nichts Neues gemacht wird. Aber das Neue ergibt sich immer aus bereits Vorhandenem.

F.H. Ich finde es schon auch wichtig, diese immer noch weitverbreitete Vorstellung vom „Schöpfer aus dem Nichts" mal in Frage zu stellen.

T.P. Dieser Zusammenhang hat ja noch eine andere Bedeutung für die Entwicklung vom angepaßten Helfer der Ausbeutung. Du mußt dir darüber klar sein, daß es ohne Erbrecht keine Profitmacherei gäbe. Da bin ich der Meinung: wir müssen den Jungen zeigen, daß alles, was sie erleben... auch alles, was sie lesen, was sie sehen... im Fernsehen oder sonstwo... sie formt. Und wenn sie etwas hervorbringen, so ist dies mit eingegangen. In jedem Buch, das ich schreiben würde und nicht mehr schreiben werde, würde ich immer wieder darauf hinweisen wollen: Es gibt keinen Einzelmenschen.

Es gibt Menschen, die sich isoliert fühlen. Es gibt Menschen, die abgesondert werden... hinter Gefängnismauern, die andere gebaut haben. Es gibt Menschen, die in Fabriken gepreßt werden und dort immer wieder das Gleiche machen müssen. Aber der Mensch ist ein Gattungswesen. Er kann nur in der Gattung leben. Und die Beziehungen untereinander: das sind die sogenannten „ökonomischen Bedingungen" und nicht ein mystisches, gottgewolltes System oder eine betonierte Basis. Deswegen ist Individualismus selbst nur denkbar als dialektischer Prozeß der Gesellschaft. Die Menschen zusammen bilden eine Gattung. Diese Gattung muß überleben. Die Gefahr ist, daß diese Gattung durch sich selbst vernichtet wird. Dieses Gattungsbewußtsein ist die Voraussetzung jeden kollektiven Denkens, jeder menschlichen Beziehung, einschließlich der sexuellen Beziehungen, wo es sich ja sozusagen schon im Sprachgebrauch ausdrückt. Man redet von „Begattung". Da wird also von der Sprache sogar die Fortsetzung des Menschengeschlechts mit diesem Bewußtsein verknüpft. Das scheint mir unerhört wichtig. Und da ist diese Anonymitätsproblematik bei Traven. Die Tatsache, daß auch andere Schriftsteller wie Brecht, deren Originalität keiner bestreiten kann, erklären „wo ich's kriege, da nehm ich's" und diese Haltung verteidigen, hat hier ihren Grund und bestätigt auch wieder solches Denken. Ich finde auch, daß dies ein sehr wichtiger Aspekt bei der Beschäftigung mit Traven und seinen Romanen ist.

F. H. Was kannst du über die Wirkung und Verbreitung der Bücher Travens in der Bundesrepublik in den letzten Jahren sagen?

T. P. In den 60er Jahren habe ich immer wieder versucht, bei dem Nachfolger des alten Bruno Dressler, bei seinem organisatorisch und verlegerisch sehr tüchtigen Sohn Helmut, durchzusetzen, daß er die Traven-Bücher wieder auflegte. Die persönlichen Hindernisse waren beseitigt. Die Erben waren damit einverstanden, gaben mir Vollmacht. Es ist mir nicht gelungen, ihn davon zu überzeugen, daß der Caoba-Zyklus einen solchen Versuch wert sei. Die „Baumwollpflücker" hat er neu herausgegeben. Den Caoba-Zyklus fand er schlecht. Als er dann starb, fand ich bei seinen Nachfolgern eher Gehör. Plötzlich stand ich vor der Situation, daß mehrere Verlage sich für Traven interessierten, große Verlage. Im Einverständnis mit den Erben habe ich dann entschieden, daß dieser Autor mit seinem Caoba-Zyklus, mit seinem Dritten-Welt-Problem und seinem revolutionären Inhalt, einbezogen auch der Bürokratie-Kritik, durch die

Kanäle der deutschen Gewerkschaftsbewegung von heute wieder an junge Arbeiter herangetragen werden sollte. Deswegen haben wir uns entschieden, in der Büchergilde die Gesamtausgabe herauszugeben, die nun im Buchhandel vom Diogenes Verlag in Zürich in eigener Ausstattung verbreitet wird und bald auch bei ihm in Taschenbuchkassetten erscheinen wird. Seit einigen Jahren sind einige der Travenbände in Taschenbuchauflagen von über 100 000 Exemplaren verbreitet worden.

Vermutlicher Lebenslauf des B. Traven alias Traven Torsvan alias Hal Croves alias Ret Marut alias Otto Feige

1882 23. Februar möglicherweise als Sohn der unverheirateten Fabrikarbeiterin Hermine Wienecke geboren. Geburtsort: Schwiebus (Swiebodzinie). Später heiratet Hermine den Töpfer Adolf Rudolf Feige. Das Kind erhält den Namen Feige.
1890 3. Mai Traven Torsvan (laut Angaben seines mex. Paßes und Testaments) in Chicago geboren.
1896 Schlosserlehre in Schwiebus.
1902 Theologiestudent Ch. Trefny, geb. in St. Louis; von der Universität Freiburg verwiesen und zu Gefängnis verurteilt.
Otto Feige leistet Militärdienst in Bückeburg, Familie wohnt in Wallensen.
1904 Otto Feige bei seiner Familie in Wallensen.
1905 Ret Marut alias Otto Feige (?) unter sozialdemokr. Arbeitern im westf. Bergbaugebiet.
1907–08 Ret Marut als Schauspieler in Essen.
1908 an Theatern in Suhl und Ohrdruf/Thüringen.
1909 Jugendlicher Held am Stadttheater Crimmitschau. Beginn der Freundschaft mit Elfriede Zielke (geb. 1886).
1911 „Neue Bühne", Berlin.
1912 in Danzig, 20. März: Tochter Irene Zielke in Danzig geboren.
1913 in Düsseldorf an den Dumont-Lindemann-Bühnen.
1914 Trennung von Elfriede Zielke
Gastspiel am Münchner Künstlertheater.
1915 Bekanntschaft mit der Schauspielschülerin Irene Mermet, geb. 27.7.1893.
Seit 11. November 1915 in München gemeldet.

1917 Erste Nummer des „Ziegelbrenner" (Sept.)
1918 7./8.11. Ausrufung der Bayrischen Republik.
14. u. 24. Dezember 1918: Die Ziegelbrenner-Abende
1919 21. Februar: Ermordung Kurt Eisners.
8. April: Ret Marut fordert Vorzensur; Sozialisierung der Presse.
In den Propagandaausschuß der Räterepublik gewählt.
1. Mai: Verhaftung auf dem Weg zum Kongreß der revolutionären und freiheitlich denkenden Schriftsteller.
Flucht.
Anklage wegen Hochverrat.
1920 „Ziegelbrenner" erscheint in Wien (Januar).
„Ziegelbrenner" erscheint in Köln-Nippes.
1921 in Berlin.
dann in Köln. Im Dezember erscheint letzte Ausgabe des „Ziegelbrenners".
1922 möglicherweise in der Schweiz und der Tschechoslowakei, Belgien und Holland.
1923 verläßt mit Irene Mermet Deutschland. Irene geht in die USA.
Versuch, über England nach Kanada zu reisen (Juni).
Rückkehr nach England (August).
Verhaftung wegen Verstoß gegen das Meldegesetz. (November).
1924 15. Februar aus dem Brixton Gefängnis entlassen.
Adresse: London, Commercial Road.
Auf der Mannschaftsliste eines norw. Dampfers.
Sein Name wird aber wieder durchgestrichen.
Ankunft in Mexiko (Tampico (Juni/Juli).
1925 Juni: Abdruck von „Die Baumwollpflücker" im „Vorwärts".
Irene Mermet in Mexiko.
Arbeit im Bungalow im Busch.
Irene Mermet kehrt in die USA zurück.
September: „Das Totenschiff"-Manuskript trifft bei der „Büchergilde Gutenberg" ein.

1926 Der Roman „Das Totenschiff" erscheint in Deutschland.
Fotolehre bei dem amerik. Photographen Edward Weston in Mexico-City.
Mit der sogannten Palacios-Expedition in Chiapas.
Name: T. Torsvan.
1928 Studium an der National Universität in Mexico City unter dem Namen Traven Torsvan.
Wohnt bei Maria de la Luz Martinez in der Calle Isabel la Catolica 17.
1929 Besuch in Yucatan.
1930 Ingenieur B. T. Torsvan in Chiapas.
Paßkarte bzw. Einwandererkarte.
Wohnsitz: Acapulco, Cashew Parks.
1934 englische und amerik. Ausgabe von „Das Totenschiff".
1937 erste Begegnung mit Rosa Elena Luján. Er nennt sich Torsvan.
1939 (August) Korrespondenz zwischen Esperanza Lopez Mateos und dem am. Verleger Alfred Knopf.
1946/47 John Huston trifft sich mit dem angeblichen Beauftragten von Traven Hal Croves, Translator im Reforma Hotel in Mexico City.
Croves als Berater bei der Verfilmung von „Der Schatz der Sierra Madre"
(März 1947) Im „Life" erscheint der Artikel „Who is Bruno Traven?". In „New York Times Book Review" der Aufsatz „The Traven Case".
1948 Die Luis Spota-Affäre.
1949 Wegzug aus Cashew Parks, Acapulco.
1951 Einbürgerung als Traven Torsvan.
Freitod von Esperanza Lopez Mateos.
Beginn der B.T. Mitteilungen.
1954 Croves bei den Dreharbeiten von „Rebellion der Gehenkten" in Chiapas.
1956 Irene Mermet stirbt in New York.
1957 heiratet Rosa Elena Luján in San Antonio, Texas, USA.

1958 als Hal Croves mit Rosa Elena Luján zur Premiere des „Totenschiff"-Films in Berlin.
19. September auf dem Meldeschein im „Hilton": „Torsvan called Croves".
1967 Gerd Heidemann im „Stern" „Wer ist der Mann, der Traven heißt?"
Gespräch mit dem norwegischen Journalisten Erich Lampl (November).
1969 26. März. Traven stirbt an Herzschlag.
28. März: Rosa Elena Luján de Torsvan gibt bekannt, daß B. Traven und Ret Marut identisch gewesen sind.

Bibliographie

Diese Bibliographie erhebt keinen Anspruch auf Vollständigkeit. Ich habe nur jene Werke aufgeführt, die ich direkt oder indirekt für mein Manuskript benutzt habe. Es sind dies:
die bisher vorliegenden Bände der „Werkausgabe B. Traven bei der Büchergilde Gutenberg;
B. Traven/Ret Marut, Das Frühwerk, Verlag Klaus Guhl, Berlin 1977;
B. Traven/Ret Marut, Der Ziegelbrenner, Faksimiledruck, Pinkus Genossenschaft Zürich 1976.

Sekundärliteratur:
Johannes Beck/Klaus Bergmann/Heiner Boehncke (Hg),
Das B. Travenbuch, sachbuch-rororo Nr. 6986.
Bernal Diaz, The Conquest of New Spain, translated with an introduction by J.M. Cohen, Penguin Books. Harmondsworth, Middlesex, England 1963.
Tankred Dorst (Hg), Die Münchner Räterepublik – Zeugnisse und Kommentar, edition suhrkamp 178.
Gerd Heidemann, Postlagernd Tampico – die abenteuerliche Suche nach B. Traven. Blanvalet Verlag, München 1976.
Hannes Jähn (Hg), The Works of / das Werk von José Guadalupe Posada, Zweitausendeins, ohne Jahresangabe.
Karl-Heinz-Kohl (Hg), Mythen der Neuen Welt – Zur Entdeckungsgeschichte Lateinamerikas, Frölich & Kaufmann Berlin 1982.
Nationalgalerie Berlin (Hg), Wandbild Mexico, Frölich & Kaufmann, Berlin 1982.
Neue Gesellschaft für Bildende Kunst (Hg), Kunst der mexikanischen Revolution – Legende und Wirklichkeit, Berlin 1974.
Rolf Recknagel, B. Traven – Beiträge zur Biographie, Verlag Philipp Reclam jun. Leipzig 1971.
Will Wyatt, B. Traven – Nachforschungen über einen Unsichtbaren, Papyrus Verlag, Hamburg 1982.
Hansjörg Viesel (Hg), Literaten an die Wand – Die Münchner Räterepublik und die Schriftsteller, Büchergilde Gutenberg, Frankfurt/Main 1980.

Das englische Zitat aus dem Roman „Das Totenschiff" stammt aus
der Ausgabe bei Collier, New York 1962, Seite 53.

Materialien:
Hans Erich Lampl: B. Traven, Aftenposten, 22. April 1969.
Text des Gesprächs mit Frau Luján und Tochter Malu anläßlich
ihres Aufenthalts in Zürich am 20. Juni 1970 mit Theo Pinkus.
News from Neasden – A Catalogue of New Radical Publications,
Number 13 – Spring 1981 – B. Traven – the Trush, London 12 Fleet
Road.

Worterklärungen

Anarchismus: Lehre von der Verneinung der Staatsgewalt und Staatsordnung.
Anarchosyndikalismus: Eine Sonderform des Anarchismus. An Stelle des Staates sollen kleine, freiwillig vereinbarte Gemeinschaften treten.
Anonymität: Nichtangabe des Namens.
Bolschewismus: Russische Form des Kommunismus. Von „Bolschewiki".
Chauvinismus: übersteigerte Vaterlandsbegeisterung.
Chauvi: umgangssprachliche Bezeichnung für einen Mann, der seine durch die vaterrechtliche Gesellschaftsordnung gegebenen Vorrechte egoistisch ausnützt.
Denunziant: Angeber, Verräter.
Dialektik: eine von der griechischen Philosophenschule ausgebildete (spitzfindige) Art der Gesprächsführung.
Diffamierung: Verleumdung.
Dogma: Glaubenssatz, Lehrmeinung.
Eurozentrisch: aus der Sichtweise der Europäer gesehen.
Fabel: lehrhafte Geschichte, die lehrhaften Bestandteile einer Erzählung oder eines Romans.
Freigeldtheorie: Lehre, die auf die Abschaffung des Geldes hinzielt.
Fundamentalopposition: Opposition = Gegenpartei, die nichtregierende Partei in einer parlamentarischen Demokratie. Sofern diese in bestimmten entscheidenden (fundamentalen = grundsätzlichen) Fragen zu keinem Kompromiß bereit ist.
Ideologie: Begriffslehre, Gedankengut.
Infamie: Schändlichkeit.
Kapitalismus: Wirtschaftsordnung, deren bestimmende Kraft das Gewinnstreben ist.
Kollektiv: gemeinschaftlich, als Gruppe.
Kompensation: Entschädigung, Ausgleich.
Konterrevolution: die gegen einen Umsturz oder eine Veränderung arbeitenden Kräfte.
Korrupt: Verderbt.
Kreole: Nachkomme von weißromanischer Abstammung, in Amerika geboren.

Lacondonen: Indianerstamm in Chiapas, Mexiko.
Lanziert: aufbringen, vorbringen.
Leptosom: schmal gebaut.
Mestize: Abkömmlinge von Weißen und Indianern.
Mulatte: Abkömmling weißer und schwarzer Eltern.
Mythe: Göttersage, auch Mythos.
Nominallohn: Nennbetrag des Lohnes.
Nihilismus: Standpunkt allgemeiner Verneinung und Leugnung von Sinn.
Nosketier: Verballhornung von Noske = Kriegsminister der SPD 1918/19 und Musketier = Soldat, der mit einer Muskete bewaffnet ist.
Pathologisch: Krankhaft verändert.
Pauschal: den Gesamtbetrag ausmachend.
Pazifist: Anhänger einer Friedfertigkeit.
Peon: Ungelernter Arbeiter.
Plagiat: Diebstahl geistigen Eigentums.
Pleistozan: Oberste Ableitung der Tertiarformation. Bezeichnung aus der Erdgeschichte.
Präventiv: Vorbeugend.
Proletarisierung: Abstieg in die gesellschaftlich unselbständige, besitzlose Klasse.
Realutopie: Wunsch, Entwurf, der Chancen hat, in der Wirklichkeit ausgeführt bzw. eingelöst zu werden.
Rekrutieren: ausheben, zu den Soldaten einberufen.
Repressiv: Unterdrückung bewirkend.
Revisionismus: Streben nach Änderung des Zustandes oder des bestehenden Programms.
Sarkasmus: beißender Spott.
Sozialismus: Wirtschaftsordnung, in der die Produktionsmittel in Gemeineigentum überführt sind.
Spartakist: Anhänger des Spartakusbundes. Sogenannt nach dem Anführer eines Sklavenaufstands im alten Rom. Aus dem Spartakusbund ging 1918/19 die Kommunistische Partei Deutschlands hervor.
Trivial: platt, abgedroschen.
Urbanisierung: Verstädterung.
Vaquero: Rinderhirte.

Bildquellenverzeichnis:

S. 2, 3, 4, 5 D. Foertsch, Basel – S. 6 Uwe Neumann, Stuttgart – S. 17 aus: W. Ruppert, Die Fabrik S. 3, München – S. 25 aus: F. Cooper, Lederstrumpf S. 133, Nürnberg – S. 26 H. Brehme, Mexiko – S. 30 aus: H.O. Meissner, Meine Hand auf Mexiko S. 113, Stuttgart – S. 42 aus: R. Recknagel, Beiträge zur Biographie des B. Traven S. 65, Berlin – S. 56 aus: B. Traven – Ret Marut, Der Ziegelbrenner – S. 58 M. Nissen, Berlin – S. 63 Bildarchiv Preußischer Kulturbesitz, Berlin – S. 67 Archivo Casasola, Mexiko – S. 70 aus: H. Viesel, Literaten an der Wand S. 530, Frankfurt – S. 84, 87, 89 Archivo Casasola, Mexiko – S. 91 aus: Nationalgalerie Berlin, Wand Bild Mexico S. 42, Berlin – S. 92 Zeichnung von Diego Rivera in: J. Beck/K. Bergmann/H. Boehncke, Das B. Traven Buch S. 268, Hamburg – S. 95 aus: Fuentes para la Historia de la Revolucion Mexicana, Band II: La caricatura politica, Fondo de Cultura Economica, Mexiko – S. 97, 98 Archivo Casasola, Mexiko – S. 100, 103, 107, 108, 109 aus: H. Viesel, Literaten an der Wand S. 776, 59, 385, 174, 675, Frankfurt – S. 123 Nationalgalerie Berlin, Wand Bild Mexico S. 164, Berlin – S. 131 H. Garcia, Mexiko – S. 136 D. Foertsch, Basel – S. 145 aus: H. Viesel, Literaten an der Wand S. 538, Frankfurt – S. 150 H. Brehme, Mexiko – S. 167, 168 aus: R. Recknagel, Beiträge zur Biographie des B. Traven S. 157, 329, Berlin – S. 178 B. Traven, Mexiko – S. 181 C. Seler-Sachs, aufbewahrt im Forschungsinstitut des Museums für Völkerkunde in Berlin – S. 189 aus: J. Beck/K. Bergmann/H. Boehncke, Das B. Traven Buch S. 195, Hamburg – S. 196 Gruner und Jahr, Hamburg – S. 213 B. Traven – Ret Marut, Der Ziegelbrenner S. 105 – S. 214 H. Brehme, Mexiko – S. 219 C. Seler-Sachs, Berlin – S. 222, 223 H. Garcia, Mexiko – aus: R. Recknagel, Beiträge zur Biographie des B. Traven S. 363, Berlin – S. 230 B. Traven – Ret Marut, Der Ziegelbrenner. Die Abb. S. 12, 18, 146, 193, 200/201 wurden dem Buch „B. Traven" v. W. Wyatt, Hamburg entnommen.

Die Zeichnungen Posadas (Abb. S. 118, 122, 128, 129, 134, 186) wurden dem Buch „Das Werk des J. G. Posada" v. H. Jähn, Frankfurt entnommen.